本书出版得到国家重点文物保护专项

补助经费资助

中国历史文化名城

承德文物考古志略

河北省文物考古研究院　编

郑绍宗　著

文物出版社

图书在版编目（CIP）数据

承德文物考古志略／河北省文物考古研究院编；郑
绍宗著 . -- 北京：文物出版社，2020.7
ISBN 978 - 7 - 5010 - 6083 - 2

Ⅰ. ①承… Ⅱ. ①河… ②郑… Ⅲ. ①文物 - 考古 -
概况 - 承德 Ⅳ. ①K872. 223

中国版本图书馆 CIP 数据核字（2018）第 296909 号

承德文物考古志略

编　　者：河北省文物考古研究院
著　　者：郑绍宗

责任编辑：蔡　敏
特约编辑：陈春婷
封面设计：王文娴
责任印制：陈　杰
出版发行：文物出版社
社　　址：北京市东直门内北小街 2 号楼
邮　　编：100007
网　　址：http：//www.wenwu.com
邮　　箱：web@ wenwu.com
经　　销：新华书店
印　　刷：北京京都六环印刷厂
开　　本：889mm × 1194mm　1/16
印　　张：19　插页：5
版　　次：2020 年 7 月第 1 版
印　　次：2020 年 7 月第 1 次印刷
书　　号：ISBN 978 - 7 - 5010 - 6083 - 2
定　　价：320.00 元

序 言

承德是我国的历史文化名城，原名热河，乃有清一代避暑胜地，山川景物秀丽，宫殿庙宇辉煌，是清朝皇家收国内园林艺术之总汇，汉藏伽南建筑之大成，并具南秀北雄之壮美。康乾盛世达到了巅峰，蜚声于海内外。世人形容热河遗迹为神秘胜境，有如海市蜃楼之再现，实是中国和世界建筑史上所创造的奇迹，为世界一大文化遗产。其四周环境，如《承德府志》所言，"千山环紫塞，一水护丹青"，其秀丽多姿之景色甲于天下。

幼时随从学校，游历热河诸景，每当忆起，犹如梦境。特别是见到日本军国主义，践踏祖国大好河山，肆无忌惮地掠夺热河避暑山庄和外八庙珍贵文物瑰宝，更是义愤填膺。新中国成立后，这些珍贵文化遗产又回到了祖国人民的手中。

此《承德文物考古志略》乃作者早年旧作。当时曾刻印初稿，某上司索去，答应出版。后由于人事变故未果而搁置。去年秋季，从柜中捡出，进行统一修改，补充文字和篇章，增加线图和照片，又蒙国家重点文物保护专项补助经费支持得以出版，诚表谢意。

书中所涉史迹颇多，有承德地理历史、历史沿革、文物考古概况、清代木兰围场、避暑山庄、外八庙等。材料的来源是新中国成立初年（1957 年）进行的文物普查资料。当时的文物普查队伍由考古、古建筑专业人员组成，工作细致、水平高、态度严谨，所记录的材料翔实可靠，就木兰围场、避暑山庄、外八庙而言，逐处逐座建筑、碑刻、文物一一登记在案，可谓无一遗漏。这次科学登记，是自清末以来，历经民国、日伪时期，数经战乱之破坏，特别是日伪掠夺后的劫余情况，进行一次总的盘查，这部书所采用的材料就是当时承德文物遗迹、避暑山庄和外八庙等的调查登记和保存状况的记录。

对 20 世纪从 50 年代开始，特别是 80 年代以来，避暑山庄、外八庙建筑群所进行的修复，文中做了说明。凡遗漏掉的要待日后补充。

避暑山庄、外八庙诸多景苑牵涉到清代历史或某一重大政治事件，叙述时都做了简单的交代，由于篇幅所限，不做过多细致的考证和叙述。文中对于宫殿、景苑、庙宇建筑结构，建筑造园艺术价值和现状进行叙述外，还初步进行了考证。一些仅存遗址则一带而过，不做过多的笔墨渲染和描述。《钦定热河志》主要记载了康、乾两帝对避暑山庄、外八庙、木兰围场等经营情况，而《承德府志》则补充了嘉、道以后的情况。离宫中康乾七十二景，另加其他景观、寺院共 110 余处，每处多康、乾二帝诗文，对每处景苑或吟咏，或描述，或以诗纪事，对史料多所引征，特别是对各景历史、背景、成因、特点、遗迹遗物都描述得淋漓尽致，并多作注脚。所以本书所引诗文，不做解释，以免有梗添叶，弄巧成拙，成为笑柄。

现在市面上流行的有关避暑山庄、外八庙的导览性质的书籍不少，一般多从旅游角度着重对景苑进行介绍，说明上过多渲染，致脱离历史事实，甚而利用民间故事编纂，来解释承德的文物历史，这些都是不科学的，至于建筑年代、历史事件搞错的更是多见，凡此种种本书则作为警示，尽量避免重蹈覆辙。至于利用山庄、外八庙、承德古迹等为背景，编写的文学小说等作品，则另当别论了。

"一座避暑山庄，半部清史"，诚如斯言，康熙、雍正、乾隆三朝，构成了康乾盛世，其文治武功盛于前代，许多遗迹贯穿着百余年的清代历史。乾隆晚年亲撰《御制十全记》并树碑于帝京和承德文庙，概括满人自入关建立大清帝国以来的武功事迹，其中多与热河遗迹特别是木兰围场、避暑山庄和外八庙有关。

康熙二十九年（1690 年）清廷征讨准噶尔部噶尔丹乌兰布通之战。康熙三十年（1691 年）多伦会盟，实现了内外札萨克、蒙古诸部的团结和统一，坚持了"诘戎绥远、恩威并施"的国策。康熙三十五年（1696 年）、三十六年（1697 年）连续三次征讨准噶尔部，维护了国家的统一。乾隆二十年至二十二年（1755～1757 年）平定准噶尔部阿睦尔撒纳之战，乾隆二十四年（1759 年）平定新疆回部大小和卓事件，乾隆三十六年（1771 年）土尔扈特部首领渥巴锡率部返回祖国事件，乾隆四十五年（1780 年）六世班禅来热河为乾隆七十寿辰祝厘事件等，都是正义的符合时代潮流的行动，对维护清朝多民族国家统一，国内各民族的团结，反对外来侵略起着决定性作用。

所以说，清代木兰围场、避暑山庄、外八庙是我国统一多民族国家形成和历史的见证。

乾隆晚年政治上闭关自守。英国由马戈尔尼率领的第一个使团在热河行宫谒见乾隆皇帝时，乾隆表现出大清帝国的盲目自大和目光短浅，反映了中国和西方两个世界的自闭和开放两种不同理念的撞击。嘉庆以后，清朝走了下坡路，避暑山庄这座政治中心再也见不到往日的辉煌。咸丰十一年（1861 年）八国联军打进北京，咸丰皇帝仓皇逃往热河，签订了丧权辱国的《北京条约》，他最后死在了避暑山庄正殿——烟波致爽殿的西暖阁中，暴发了"辛酉政变"（1861 年），之后政权落入慈禧太后手中，这位叶赫那拉氏女子，统治了中国近半个世纪，使清朝的国运如江河日下，衰败到了极点。咸丰以后，避暑山庄也随着清朝的衰败一步一步地走向了落日的黄昏，逐渐颓废。以一幕一幕历史，反映了清帝国从康乾盛世到衰亡的过程，许多重大政治变数都和避暑山庄、外八庙的历史有关。这样的历史长篇，要想在这本篇幅有限的书中一一说清楚是不可能的。几乎每一事件都是一部重头戏，此书只能抛砖引玉，就有关史迹而论，提个开头而已。从本书题名《承德文物考古志略》，就已说明即略而不详。

最后希望有识之士，在承德这块历史悠久、文化底蕴丰富的地方，大显身手，更多地做些系统的专题研究，出版更多的专著，使这座久负盛名的避暑山庄、外八庙成为世界文化遗产中名副其实的世界之最。

前　言

　　承德地区位于河北省长城以北，我们伟大祖国首都北京的东北方，首市承德南距北京 240 千米，地扼关内外要冲，形势险要，是塞外重镇，也是首都的北大门。全区包括承德市、承德县、围场县、隆化县、平泉市、滦平县、丰宁县、兴隆县、宽城县等，总面积 39519 平方千米，是河北省面积较大的地区之一。

　　在地理上，承德旧属热河①，为著名的热河山地，地域辽阔，历史悠久。境内山川绵亘，水流纵横。耕地多分布在沿河两岸的冲积台地和西北部的高寒地带。许多名山大川，嶂屏叠翠，气势之雄，甲于紫塞。承德北面为兴安大岭南脉，气势磅礴峻峭。大岭之巅，即丰宁、围场西北坝上地区，为漫无边际的草原，古为刍牧之地，是许多河流的发源地。东南麓则林海波涛，气象万千，景色迥异。七老图山沿围场、隆化、平泉三地东西横贯，著名的光头山（史称马盂山）是辽河支流老哈河的发源地，又是史载契丹民族发迹地之一。源于坝上之滦河（史称濡水）宛如银带环绕于燕山之间，自西北而东南，沿岸为冲积的黄土台地，适于耕作，兴隆、宽城为燕山山区，越喜峰口直趋华北平原。在滦平和丰宁的西南面有大马群山和军都山。军都山、燕山山脉横跨幽燕，矗立于华北平原北部，宛如屏嶂，延绵千里。承德自古以来又是华北平原通往蒙古高原和东北地区的联结点，地理位置十分重要。②

　　在历史上，承德地区和河北其他地区一样，经历了从石器时代到明、清的各个时期。在有文字记载的三千多年以前的商周时期就已经正式隶入中国版图。燕秦时期这里设置了郡县，特别是自秦统一以后，废除分封制，建立郡县制，在我国北方，包括承德全境设置各级地方政府，施行主权管辖起，此后历届封建中央政府包括少数民族建立的地方性政府，对这里一直实行有效的主权管辖，从未间断。

　　毛泽东同志指出："中国是一个由多数民族结合而成的拥有广大人口的国家。"承德地区自古以来是中原地区华夏民族（即汉族）和北方少数民族政治、经济和文化交流的活跃地区之一，是通往北方兄弟民族居住地区的必经孔道。在我国早期历史上民族融合，中华民族的形成和发展，特别是进入有史以后，在历史上我国多民族国家的长期统一表现非常明显。甲骨文中的土方部落联盟，居住在商京北面千里而外，就是河北省北部的张家口、承德一带。商周时期的孤竹、早期的郾，都活跃在滦河、老哈河流域。继之有春秋战国时期的山戎、东胡，秦汉时期的匈奴，东汉时期的乌桓和鲜卑，特别是鲜卑拓跋氏，入主中原建立了北魏王朝以后，由于游牧民族的大量南徙，开始了民族大融合。北齐、北周以后，东胡民族一支库莫奚、契丹民族崛起西辽河、老哈河上游。辽太祖耶律阿保机统一各个部

以后，承德地区位于辽中京大定府（今宁城县大名城）和南京析津府（今北京）之间，广设州县。当时这里又成了汉、契丹、奚民族的文化荟萃之地。公元1112年，中国北方处于女真族建立的金朝统治之下，继之有元、明、清的长期统一。总之，在历史发展的长河中，不管是封建中央政府管辖之下，还是由地方民族建立的区域性政权，这一地区的历史，都是以汉族为主体的中华民族劳动人民共同创造的。从已发现的古文化遗物观察，由于所处的地理位置不同，承德地区南部的华北平原，古来为农耕民族活动之所，而北部特别是坝上地区则系游牧民族的聚居地。所以，这一地区的古代文化表现为农耕和畜牧。文化的交错存在，呈现着古代文化的绚丽多彩。各种不同的文化类型表现为我国古代各族劳动人民的智慧结晶和无限的创造力。各族人民在长期的生产和劳动中，共同建设祖国北方，繁荣祖国经济，创造我国统一多民族国家的历史都做出了一定的贡献。在中原地区与北方经济文化交流方面，中原的先进文化、科学、农耕技术等通过这一地区传播到东北和蒙古大草原，带去了像棉布、丝绸、红茶、金属工具、青铜器、铁器、制陶等先进技术和草原民族生活必需品，促进和帮助了北方兄弟民族的生产建设和经济繁荣。远从公元前3世纪起，河北北部的承德、张家口地区就成了内地与边疆互市贸易之所。历届封建中央政府在塞外设置集市，繁荣商业，使汉族和少数民族通过互市贸易，沟通有无。元、明、清三朝特别是清初以来，喜峰口、古北口、独石口、张家口等地则成了北方各民族特别是外蒙古喀尔喀各部和东蒙古各盟的纳贡、输送毛皮和各种珍禽异兽的贡道。历届封建中央政府通过在北方设置各级地方政府包括历史上各少数民族建立地方性政权，加强了汉族和少数民族之间的政治经济联系，通过互市贸易，巩固和加强了民族友好往来，促进了文化交流。

从17世纪末叶开始，承德一直是清王朝在塞外从事政治活动的一个中心，不但增加了这一地区的历史篇章，也留下了大量的历史文物。避暑山庄、外八庙和木兰围场就是在康熙、乾隆时期开辟和营建的。这些历史文物遗迹早已驰名中外，是研究我国统一多民族国家巩固和发展的历史见证，同时也是我国造园艺术和宗教建筑艺术的瑰宝。

为了满足广大人民群众和部分专业工作者了解承德历史文物情况的需要，特编写《承德文物考古志略》这本书，并作为将来正式编写《承德地区文物详志》的一个准备，以供同志们研究参考。

本书共分七章，对承德地区的地理历史、文物、考古包括清代木兰围场、承德避暑山庄、外八庙等都重点作了介绍。大凡重要的文物、碑碣都附录于后。文中所采用的考古方面材料，有一些是尚未公布的研究成果，为了比较全面地说明这一地区历史情况，本书也均一一录入。

本书作者为了搜集文物、考古资料，曾在承德各县工作了较长时间，也花费了一定的心血。

由于作者的业务水平和思想认识水平有限，文中疏漏之处在所难免，敬请读者指正。

郑绍宗

2015年7月于石门

目　录

序　言 ⋯⋯⋯⋯⋯⋯⋯⋯⋯⋯⋯⋯⋯⋯⋯⋯⋯⋯⋯⋯⋯⋯⋯⋯⋯⋯⋯⋯⋯⋯⋯⋯ *i*

前　言 ⋯⋯⋯⋯⋯⋯⋯⋯⋯⋯⋯⋯⋯⋯⋯⋯⋯⋯⋯⋯⋯⋯⋯⋯⋯⋯⋯⋯⋯⋯⋯⋯ *iii*

第一章　承德地理历史 ⋯⋯⋯⋯⋯⋯⋯⋯⋯⋯⋯⋯⋯⋯⋯⋯⋯⋯⋯⋯⋯⋯⋯ 1

一　地质形成 ⋯⋯⋯⋯⋯⋯⋯⋯⋯⋯⋯⋯⋯⋯⋯⋯⋯⋯⋯⋯⋯⋯⋯⋯⋯⋯ 1

二　承德的地势 ⋯⋯⋯⋯⋯⋯⋯⋯⋯⋯⋯⋯⋯⋯⋯⋯⋯⋯⋯⋯⋯⋯⋯⋯ 1

三　承德的气候 ⋯⋯⋯⋯⋯⋯⋯⋯⋯⋯⋯⋯⋯⋯⋯⋯⋯⋯⋯⋯⋯⋯⋯⋯ 2

四　承德的雨量 ⋯⋯⋯⋯⋯⋯⋯⋯⋯⋯⋯⋯⋯⋯⋯⋯⋯⋯⋯⋯⋯⋯⋯⋯ 2

五　承德的河流 ⋯⋯⋯⋯⋯⋯⋯⋯⋯⋯⋯⋯⋯⋯⋯⋯⋯⋯⋯⋯⋯⋯⋯⋯ 2

第二章　承德历史沿革——《承德府志》府隶建置沿革摘录（说明） ⋯⋯⋯⋯ 7

一　承德府（今承德市、承德县、兴隆县） ⋯⋯⋯⋯⋯⋯⋯⋯⋯⋯⋯ 7

二　滦平县（今滦平县和承德市滦河镇） ⋯⋯⋯⋯⋯⋯⋯⋯⋯⋯⋯⋯ 8

三　丰宁县（今丰宁县、隆化县） ⋯⋯⋯⋯⋯⋯⋯⋯⋯⋯⋯⋯⋯⋯⋯ 8

四　平泉州（今平泉、宽城、承德和青龙等县一部分，内蒙古宁城县） ⋯ 9

五　建昌县（今青龙县一部分，辽宁省建昌、凌源、喀左县） ⋯⋯⋯ 9

六　木兰围场（今围场县） ⋯⋯⋯⋯⋯⋯⋯⋯⋯⋯⋯⋯⋯⋯⋯⋯⋯⋯ 9

第三章　承德文物考古概况 ⋯⋯⋯⋯⋯⋯⋯⋯⋯⋯⋯⋯⋯⋯⋯⋯⋯⋯⋯⋯ 11

一　原始社会文化遗物 ⋯⋯⋯⋯⋯⋯⋯⋯⋯⋯⋯⋯⋯⋯⋯⋯⋯⋯⋯⋯ 13

二　夏、商、周时期文化遗物 ⋯⋯⋯⋯⋯⋯⋯⋯⋯⋯⋯⋯⋯⋯⋯⋯⋯ 15

三　战国、秦、汉时期文化遗物 ⋯⋯⋯⋯⋯⋯⋯⋯⋯⋯⋯⋯⋯⋯⋯⋯ 18

四　魏晋至隋唐时期文化遗物 ⋯⋯⋯⋯⋯⋯⋯⋯⋯⋯⋯⋯⋯⋯⋯⋯⋯ 23

五　辽至明、清时期文化遗物 ⋯⋯⋯⋯⋯⋯⋯⋯⋯⋯⋯⋯⋯⋯⋯⋯⋯ 23

第四章　清代木兰围场 ⋯⋯⋯⋯⋯⋯⋯⋯⋯⋯⋯⋯⋯⋯⋯⋯⋯⋯⋯⋯⋯⋯ 28

第一节　木兰围场 ⋯⋯⋯⋯⋯⋯⋯⋯⋯⋯⋯⋯⋯⋯⋯⋯⋯⋯⋯⋯⋯⋯ 28

一　木兰围场的地理环境 ⋯⋯⋯⋯⋯⋯⋯⋯⋯⋯⋯⋯⋯⋯⋯⋯⋯⋯ 28

　　二　清廷设置木兰围场的政治背景 …………………………………………… 29

　　三　康熙皇帝设置木兰围场之经过 …………………………………………… 30

　　四　清帝行围肄武的时间 ……………………………………………………… 31

　　五　出塞路径情况 ……………………………………………………………… 31

　　六　木兰围场概况 ……………………………………………………………… 31

　第二节　木兰围场文物 …………………………………………………………… 35

　　一　东庙宫 ……………………………………………………………………… 35

　　二　西庙宫 ……………………………………………………………………… 36

　　三　乾隆《入崖口有作》碑 …………………………………………………… 36

　　四　嘉庆《木兰记》碑 ………………………………………………………… 36

　　五　乾隆《永安莽喀》碑 ……………………………………………………… 37

　　六　乾隆《古长城说》碑 ……………………………………………………… 37

　　七　乾隆《虎神枪记》碑 ……………………………………………………… 38

　　八　乾隆《永安湃围场殪虎》碑 ……………………………………………… 38

　　九　乾隆《于木兰作》碑 ……………………………………………………… 39

　　十　红山将军泡子 ……………………………………………………………… 40

　　十一　连营遗址 ………………………………………………………………… 40

　　十二　四旗拨清代石庙 ………………………………………………………… 41

　　十三　练兵台 …………………………………………………………………… 41

　第三节　木兰围场和行宫之关系 ………………………………………………… 41

　第四节　清代木兰围场在巩固多民族国家统一和抗击外来侵略中的政治作用 … 43

　　一　康熙、乾隆时期平定准噶尔的战争 ……………………………………… 43

　　二　多伦会盟 …………………………………………………………………… 51

　　三　木兰围场是团结蒙古及国内各少数民族的重要活动场所 ……………… 53

　　四　土尔扈特部首领渥巴锡率众返回祖国的事件 …………………………… 54

　　五　平定新疆回部大小和卓事件 ……………………………………………… 57

　结　语 ……………………………………………………………………………… 58

第五章　承德市的早期历史 ………………………………………………………… 60

　　一　北安州和大小兴州考辨 …………………………………………………… 60

　　二　喀喇河屯行宫 ……………………………………………………………… 68

　　三　关于热河的来历 …………………………………………………………… 70

　　四　上营和下营 ………………………………………………………………… 71

　　五　承德市清初以来沿革变迁 ………………………………………………… 71

　　六　清初以来承德市人口、商业、经济变化情况 …………………………… 72

第六章　承德避暑山庄 ……………………………………………………………… 75

　前　言 ……………………………………………………………………………… 75

　　一　清朝在承德修筑避暑山庄之缘起 …………………………………………… 75

　　二　清代木兰围场和避暑山庄、外八庙之关系 ………………………………… 76

　　三　口外行宫概况 ………………………………………………………………… 76

　　四　康熙创建热河避暑山庄的背景 ……………………………………………… 77

　　五　热河避暑山庄在地理上的重要地位 ………………………………………… 78

　第一节　避暑山庄概况 …………………………………………………………… 79

　　一　避暑山庄之兴建过程 ………………………………………………………… 79

　　二　康熙三十六景 ………………………………………………………………… 79

　　三　乾隆三十六景 ………………………………………………………………… 81

　　四　康、乾三十六景以外诸景和寺院 …………………………………………… 82

　　五　避暑山庄之布局 ……………………………………………………………… 84

　第二节　避暑山庄苑景分区解说 ………………………………………………… 89

　　一　宫殿区 ………………………………………………………………………… 89

　　二　湖区 …………………………………………………………………………… 94

　　三　平原区 ……………………………………………………………………… 108

　　四　山岳区 ……………………………………………………………………… 114

　　五　狮子园行宫 ………………………………………………………………… 122

第七章　承德外八庙 ……………………………………………………………… 124

　　一　外八庙概况 ………………………………………………………………… 124

　　二　外八庙兴建前的历史背景 ………………………………………………… 125

　　三　清廷和喇嘛教之关系 ……………………………………………………… 128

　　四　喇嘛教之管理体系 ………………………………………………………… 130

　　五　外八庙各寺院解说 ………………………………………………………… 132

附录1　清代木兰围场七十二围统计表 …………………………………………… 147

附录2　清代木兰围场碑文辑录 …………………………………………………… 150

附录3　清朝热河各寺庙喇嘛职官 ………………………………………………… 155

附录4　民国初年热河各寺院喇嘛职官 …………………………………………… 158

附录5　避暑山庄现存古代建筑登记（1957年） ………………………………… 160

附录6　外八庙现存古代建筑登记 ………………………………………………… 165

附录7　避暑山庄、外八庙重要碑文辑录 ………………………………………… 170

附录8　热河十景 …………………………………………………………………… 184

后　记 ……………………………………………………………………………… 187

插图目录

图 1a　承德避暑山庄、外八庙总平面图

图 1b　承德避暑山庄、外八庙总平面图（摘自《中国古代建筑史》）

图 2　承德避暑山庄总图（摘自《钦定热河志》）

图 3　溥仁寺平面图

图 4　普宁寺平面图

图 5　普宁寺大乘之阁正立面图（摘自《中国古代建筑史》）

图 6　普宁寺大乘之阁第一层平面图（摘自《中国古代建筑史》）

图 7　安远庙平面图

图 8　普乐寺平面图

图 9　普陀宗乘之庙平面图

图 10　普陀宗乘之庙大红台平、立面图（摘自《中国古代建筑史》）

图 11　殊像寺平面图

图 12　须弥福寿之庙平面图

图版目录

图版 1. "亚微"铜鼎（丰宁出土）

图版 2. 鹿首铜弯刀（青龙抄道沟出土）

图版 3. 羊首曲刃铜剑（青龙抄道沟出土）

图版 4. 莲瓣盖铜壶（承德县头沟瓦房出土）

图版 5. 错银云纹铜镈（承德县头沟瓦房出土）

图版 6. 石砚和研石（承德县头沟瓦房出土）

图版 7. 铜戈（承德县头沟瓦房出土）

图版 8. 契丹文金、银牌（承德县深水河出土）

图版 9 - 1. 铁范（锄范）（兴隆大付将沟出土）

图版 9 - 2. 铁范（斧范）（兴隆大付将沟出土）

图版 10. 秦始皇二十六年诏铁权（围场县小锥山出土）

图版 11. 清代木兰围场全图

图版 12. 木兰围场庙宫正门（1976 年）

图版 13. 乾隆《入崖口有作》诗碑（1978 年）

图版 14. 嘉庆《木兰记》碑（1973 年）

图版 15. 乾隆《古长城说》碑（1976 年）

图版 16. 木兰围场红山将军泡子乌兰布通（1976 年）

图版 17. 多仑汇宗寺（1977 年）

图版 18. 避暑山庄全景（1919 年前）

图版 19. 承德离宫——避暑山庄（1933 年前后）

图版 20. 丽正门（1980 年）

图版 21. 正宫钟楼（1980 年）

图版 22. 正宫宫门（外午门）（1980 年）

图版 23. 正宫内午门"避暑山庄"匾额（1980 年）

图版 24. 正宫内午门前之铜狮子（1980 年）

图版 25. 澹泊敬诚殿（正宫楠木殿）前东方亭（1980 年）

图版 26. 澹泊敬诚殿（热河行宫正殿）（1980 年）

图版 27. 依清旷殿（四知书屋）（1980 年）

图版 28. 正宫十九间房（1980 年）

图版 29. 十九间房长廊（1980 年）

图版 30. 烟波致爽殿（1980 年）

图版 31. 云山胜地楼（1980 年）

图版 32. 岫云门外玉鳞坡（1980 年）

图版 33. 望鹿亭（1980 年）

图版 34. 松鹤斋（1980 年）

图版 35. 德汇门（1980 年）

图版 36. 清音阁（1933 年）

图版 37. 卷阿胜境殿（1980 年）

图版 38. 万壑松风殿（1980 年）

图版 39. 万壑松风殿长廊（1980 年）

图版 40. 万壑松风桥（1980 年）

图版 41. 万壑松风北望如意洲（1980 年）

图版 42. 水心榭（摄于 1919 年前，当时榭东大部分建筑仍保存）

图版 43. 水心榭（1978 年）

图版 44. 水心榭中亭（1980 年）

图版 45. 东湖水心榭荷塘（1978 年）

图版 46. 牣鱼亭（1980 年）

图版 47. 文园狮子林假山遗址（1980 年）

图版 48. 月色江声和芝径云堤（1980 年）

图版 49. 月色江声（1919 年前）

图版 50. 月色江声和冷香亭远景（1978 年）

图版 51. 月色江声门殿（1980 年）

图版 52. 静寄山房（1980 年）

图版 53. 莹心堂（1980 年）

图版 54. 湖山罨画（1980 年）

图版 55. 冷香亭（1980 年）

图版 56. 采菱渡（1980 年）

图版 57. 采菱渡亭（1980 年）

图版 58. 无暑清凉（1993 年）

图版 59. 延薰山馆（1980 年）

图版 60. 延薰山馆匾额（1980 年）

图版 61. 观莲所（1980 年）

图版 62. 水芳岩秀（乐寿堂）（1980 年）

图版 63. 金莲映日（1980 年）

图版 64. 如意湖亭（1980 年）

图版 65. 如意湖北眺青莲岛（1980 年）

图版 66. 法林寺（般若相）（1980 年）

图版 67. 一片云楼（1980 年）

图版 68. 一片云楼南侧面（1980 年）

图版 69. 烟雨楼（北面）（1919 年）

图版 70. 烟雨楼门殿（1978 年）

图版 71. 烟雨楼匾额（1978 年）

图版 72. 烟雨楼（1978 年）

图版 73. 烟雨楼假山及翼亭（1980 年）

图版 74. 金山、天宇咸畅、镜水云岑（1919 年）

图版 75. 金山及建筑遗迹（1933 年前后）

图版 76. 复建后之天宇咸畅、镜水云岑（1980 年）

图版 77. 天宇咸畅（金山亭）（1980 年）

图版 78. 镜水云岑长廊（1980 年）

图版 79. 热河泉（1980 年）

图版 80. 甫田丛樾（1980 年）

图版 81. 莺啭乔木（1980 年）

图版 82. 濠濮间想（1980 年）

图版 83. 水流云在（1980 年）

图版 84. 绿毯八韵碑（1980 年）

图版 85. 万树园及永佑寺（1919 年前）

图版 86. 文津阁全景（全面修复前）（1980 年）

图版 87. 文津阁（1980 年）

图版 88. 广元宫建筑旧貌（1933 年前后）

图版 89. 梨花伴月（1933 年前后）

图版 90. 珠源寺（1919 年前）

图版 91. 珠源寺山门（1980 年）

图版 92. 珠源寺宗镜阁（铜殿）（1933 年前后）

图版 93. 珠源寺石幢竿座（1980 年）

图版 94. 普宁寺（大佛寺）（1919 年前）

图版 95. 普宁寺（大佛寺）（1953 年）

图版 96. 普宁寺（大佛寺）全景（1980 年）

图版 97. 普宁寺天王殿（1980 年）

图版 98. 普宁寺大碑亭（1980 年）

图版 99. 普宁寺钟楼（1980 年）

图版 100. 普宁寺大雄宝殿（1980 年）

图版 101. 普宁寺三角殿（1980 年）

图版 102. 普宁寺大乘之阁（1980 年）

图版 103. 普宁寺大佛像侍者（善财像）（1980 年）

图版 104. 普宁寺千手千眼观世音菩萨像头部（1980 年）

图版 105. 普宁寺大乘之阁东配殿（日光殿）（1980 年）

图版 106. 普宁寺大乘之阁西配殿（月光殿）（1980 年）

图版 107. 大乘之阁西重层白台（1980 年）

图版 108. 大乘之阁侧面之喇嘛塔（1980 年）

图版 109. 大乘之阁东重层白台及喇嘛塔（1980 年）

图版 110. 普宁寺大乘之阁后之财宝天王殿（1980 年）

图版 111. 普佑寺旧址（1980 年）

图版 112. 安远庙远景（1919 年）

图版 113. 普乐寺全景（1919 年）

图版 114. 普乐寺旭光阁（1982 年）

图版 115. 普乐寺正殿（宗印殿）（1982 年）

图版 116. 普乐寺中层平台及琉璃塔（1982 年）

图版 117. 普乐寺旭光阁藻井（1958 年）

图版 118. 普乐寺阁藻井修复后（1982 年）

图版 119. 普陀宗乘之庙全景（1919 年）

图版 120. 普陀宗乘之庙侧视（1933 年前后）

图版 121. 普陀宗乘之庙全景（1953 年）

图版 122. 普陀宗乘之庙大碑亭（1980 年）

图版 123. 五塔门（1980 年）

图版 124. 石象生（1980 年）

图版 125. 普陀宗乘之庙琉璃牌坊（1980 年）

图版 126. 普陀宗乘之庙大红台（1980 年）

图版 127. 普陀宗乘之庙万法归一殿修复情况（1980 年）

图版 128. 普陀宗乘之庙万法归一殿鎏金瓦顶（1980 年）

图版 129. 洛伽胜境殿（1980 年）

图版 130. 权衡三界亭（修复中）（1980 年）

图版 131. 广安寺（1933 年前后）

图版 132. 殊像寺山门（1980 年）

图版 133. 殊像寺石狮（1980 年）

图版 134. 殊像寺钟楼（1980 年）

图版 135. 大殿（会乘殿）（1980 年）

图版 136. 罗汉堂（1933 年前后）

图版 137. 须弥福寿之庙全景（1919 年前）

图版 138. 须弥福寿之庙（1953 年）

图版 139. 须弥福寿之庙碑亭（1980 年）

图版 140. 须弥福寿之庙琉璃牌坊及大红台（1982 年）

图版 141. 须弥福寿之庙琉璃牌坊及碑亭（1980 年）

图版 142. 石象生（1980 年）

图版 143. 妙高庄严殿鎏金瓦顶（1980 年）

图版 144. 须弥福寿庙之吉祥法喜殿（1980 年）

图版 145. 须弥福寿庙之东山门（1980 年）

图版 146. 须弥福寿庙之琉璃宝塔（1980 年）

图版 147. 磬锤峰（1982 年）

图版 148. 蛤蟆石（1982 年）

彩版目录

彩版 1. 康熙皇帝像

彩版 2. 乾隆皇帝戎装像

彩版 3. 清盛避暑山庄图

彩版 4. 康熙皇帝亲题避暑山庄匾额

彩版 5. 公元1771年避暑山庄初具规模，清冷枚康熙三十六景图

彩版 6. 盛夏之避暑山庄（1992年）

彩版 7. 避暑山庄湖区航拍照片（1993年前）

彩版 8. 澹泊敬诚殿内部陈设（1993年）

彩版 9. 烟波致爽殿内部陈设（1993年）

彩版 10. 文园狮子林恢复前旧貌

彩版 11. 文园狮子林

彩版 12. 芝径云堤（1992年）

彩版 13. 水芳岩秀（乐寿堂）内部陈设（1993年）

彩版 14. 沧浪屿（2003年）

彩版 15. 如意湖、锤峰落照（1992年）

彩版 16. 芳渚临流亭（1992年）

彩版 17. 双湖夹镜（1992年）

彩版 18. 长虹饮练（1992年）

彩版 19. 烟雨楼及翼亭（1933年）

彩版 20. 热河泉东船坞（1992年）

彩版 21. 苹香沜（1992年）

彩版 22. 春好轩（1992年）

彩版 23. 春好轩巢翠亭（1992年）

彩版 24. 乾隆盛世时万树园

彩版 25. 永佑寺舍利塔及基址（1992年）

彩版 26. 南山积雪（1992年）

彩版 27. 青枫绿屿（1992年）

彩版 28. 罨画窗（1992年）

彩版 29. 避暑山庄西北门（1992 年）

彩版 30. 避暑山庄西北门东虎皮石墙（1992 年）

彩版 31. 广元宫古俱亭（1992 年）

彩版 32. 锤峰落照（1993 年）

彩版 33. 绮望楼（1993 年）

彩版 34. 溥仁寺（1993 年）

彩版 35. 普宁寺（大佛寺）（1933 年）

彩版 36. 普佑寺法轮殿（1960 年以前）

彩版 37. 普宁寺千手千眼观世音菩萨像（1993 年）

彩版 38. 安远庙（修复后）（1993 年）

彩版 39. 普乐寺全景（1993 年）

彩版 40. 普陀宗乘之庙正视（1937 年前后）

彩版 41. 万法归一殿内藻井（1993 年）

彩版 42. 全面修复后之普陀宗乘之庙全景（1992 年）

彩版 43. 须弥福寿之庙（1992 年）

彩版 44. 须弥福寿之庙（1933 年前后）

彩版 45. 妙高庄严殿鎏金瓦脊及鎏金铜龙（1993 年）

彩版 46. 双塔山（1993 年）

附注：关于图版、彩版的说明

本书公元 1919 年以前照片，采自滨田久纯、柏原孝久《蒙古地志》（日文，1919 年），有近百年的历史。公元 1933 年前后的照片采自日伪时期《热河明信片》和关野贞《热河》图录（日文，1934 年），其中有的来源于热河街薛家翠芳照相馆等。1949 年以后的黑白和彩色照片为本书作者 20 世纪 70～80 年代所摄。少部分新恢复古建筑照片、航拍片、宫内陈设彩片等采自承德市文物局编《避暑山庄与外八庙》（1993 年）和《避暑山庄及周围寺庙》（2003 年）两书。由于避暑山庄、外八庙建筑恢复较快，一些新恢复的建筑仍未录入，又因所拍照片年代相隔久远，或可有年代方面的差误，在此一并说明。

第一章 承德地理历史

一 地质形成

承德属热河山地。地理的形成是很早的，大约在地质年代上的古生代（距今 600 百万年）以前，与整个华北地质一样，完全属于沉降地带，是一片汪洋大海，由于地壳的下降，构成了这一时期岩石的基础。震旦纪以后的地壳运动，广大海面变成了陆地。中生代时期（距今 225 百万年）的一次大的地壳运动，形成了河北地区（包括承德地区）的基本轮廓。新生代时期（距今 70 百万年），大的地壳运动加速了华北平原相对的下降和西北部山地的相对上升，承德、张家口地区北部的坝上地区火山活动频繁，形成了今天坝上巨大而深厚的广泛玄武岩层。总之，承德地区在地质构造上北部属于内蒙古台背斜，南部为燕山沉陷带。新生代以后，地质上没有太大的变化，在地貌上就是现今这个样子。

二 承德的地势

一般说，承德的地势北高南低，高处多在坝上地区，低处多分布在燕山、七老图山的河谷地。山脉大体分布在丰宁、围场高原（以下简称"丰围高原"）、热中山地，燕山山地基本属于热河山地。丰围高原和张家口地区的沽源、崇礼、张北成为一片，和蒙古高原相连，属蒙古高原的东部边缘，呈东北至西南走向的狭长地带。承德地区的坝上面积约占全区面积的四分之一，坝上地区海拔一般都在1200 米以上，在坝上的边缘地区，即坝上坝下的分界处，地势最高，一般都在 1500 米左右，由东南向西北倾斜，坝头最高处在 1700 米以上。如围场县西龙头附近石桌子山海拔 1829.3 米，御道口附近苏家大山海拔 1645.4 米，丰宁的喇嘛山高 1800 米。坝头之下为深沟峡谷，林木丛蔚，无数天然森林，连绵数百里，坝上即兴安大岭之巅，呈迂回漫岗之势，湖淖密布，河床弯曲，有如蛇行，辽阔草原，远际天边，确有"天苍苍，野茫茫，风吹草低见牛羊"的旷野风趣。在坝头的南缘为内陆水系与太平洋水系的分水岭，滦河及其支流伊逊河，蚂蚁吐河、兴洲河、英金河、西路嘎河都发源在坝上。

在丰围高原的坝下以东以南地区的丰宁南部、滦平北部、隆化、承德市（县）、平泉、宽城以及青龙县的一个边缘，基本属于热河山地，这一地带和坝上相连呈西北至东南走向，为七老图山脉占据着，它位于原热河省中部和今内蒙古的喀喇沁、宁城以及辽宁的凌源市相连成一片。在七老图山脉的东面有红石砬子山脉和努鲁儿虎山脉。在它的东面以波罗诺（丰宁、滦平分界处）、东中关（承德县头沟）、大杖子（青龙）一线为界。与燕山山地相接，从丰宁县以西和军都山相连，大体为滦平以北地区，地势北高南低，河谷纵横，海拔 1300～1500 米。最高峰为丰宁县大阁镇西南的云雾山，海拔1964 米，山脉主峰呈西北东南走向，局部为南北向。河流流向多与山脉走向一致。境内水系中，七老图山东北麓为老哈河、锡伯河、西路嘎河、阴河水系，余属潮白河、滦河水系。

燕山山地和热中山地相接，南连华北平原，蜿蜒于承德地区南部各县，呈东西向的狭长形，燕山山脉的深山区，境内多高山，兴隆雾灵山海拔 2116 米、滦平县黄花顶海拔 1742 米，青龙县都山海拔 1676 米。一般说，南高北低，北部海拔 800~1000 米，而南部最低的只有 400 米左右。在沿河各地带山岳较低，有的呈丘陵状态。在承德、滦平、平泉、兴隆、宽城等分布着平坦的局部平原、开阔地和小盆地，一般海拔只有 400 米左右，如承德盆地海拔 320~350 米。

南部各县城镇多设在沿滦河或老哈河及其支流的沿河两岸各冲积扇上，村落多坐落在第一、二台地之间。平泉、丰宁、围场、隆化各县，特别是坝上地区的城镇则设在局部平原、盆地或开阔地，一般气温适中，土质肥沃，宜于耕作。自古以来就是人类居住或活动之所。在各沿河两岸，分布着原始社会新石器时代和有史以后各时期的遗物。

三 承德的气候

承德地区属于大陆性气候。具备着大陆性气候具有的一些特点，一年四季气温变化较剧，南北特别是坝上高原地区和坝下山谷形成了明显的差异。由于受蒙古高原的控制，冬季寒冷时间较长，一般从头一年十月起到次年三月为寒冷期，坝上寒冷期可持续到四月下旬，这一时期气温寒冷、干燥。春季较短，多西北风，气候干燥。夏季由于被大陆热低压所控制，多阴雨天气。秋季是最好的季节，寒暖适中。

承德地区的年平均温度不一，坝上最冷处年平均温度 1℃ 左右，御道口低至 0.5℃，承德较暖和，年平均温度 6~8℃ 左右。如以 10℃ 以下作为冬季计算，坝上冬季寒冷期达到 7~8 个月，山区一般在 6 个月左右，以一月为最冷，承德市以南各县年极端最低温度可达 -20℃ 以下，坝上地区御道口为河北全省最冷的地方，年极端最低温度可到 -42.9℃。坝上霜冻期有 8 个月，九月上旬出现到次年五月下旬。山区霜期一般有 180 天左右，而无霜期，坝上地区一般较短，如围场县为 137 天，承德县（市）为 179 天，二者相差 42 天，即坝上、坝下和南部地区气温相差在 1~1.5 个月的时间。

四 承德的雨量

围场、丰宁、隆化各县包括坝上地区年降雨量 500~600 毫米，南部的燕山地区雨量较多，一般达到了 600~700 毫米，燕山南麓接近遵化的兴隆县，雨量可达到 700~800 毫米[①]。

五 承德的河流

承德地区山岳绵亘，峡谷纵横，许多名山如北部的兴安大岭，东面的七老图山、燕山等山脉的制高点，多是著名的河源。从水系上，包括坝上高原地区的内陆水系和注入渤海的外流水系。内陆水系（又称内流水系）主要是坝上高原地区的湖淖（当地称为水泡子）的一些支流，承德地区坝上的水泡子一般面积不大，有很短小的河流汇入。外流水系，主要是指流入渤海的各河，包括滦河水系、老哈河水系、潮白河水系三大水系。

---

① 河北师范大学地理系：《河北地理》，1~3 节。

　　滦河水系为仅次于海河水系的河北省第二大水系，流程近 900 千米，经张家口、内蒙古正蓝旗、承德、唐山地区入于渤海。滦河发源于坝上丰宁县巴延屯图古尔山北麓，正源名都尔本诺尔（蒙语），自此叫闪电河，经沽源（平定堡）县城东继续北流入内蒙古自治区的正蓝旗，折而东北入多伦县境。多伦为元上都所在地，因近滦河，所以又称上都为滦京。这一段的滦河称之为上都河，上都河从多伦东面自北而南行入河北省承德地区丰宁县境蹬口以下称为滦河，又东南经隆化县郭家屯、滦平县张百湾、承德市滦河镇（原滦平县城关）、承德县下板城，经兴隆、青龙交界处入潘家口，经迁西、迁安、卢龙、滦县、乐亭东注入渤海。

　　滦河史称濡水，很早就见于有关史籍记载了。《汉书·地理志》有"肥水县濡水，南入于海阳"。北魏大地理学家郦道元所著《水经注》为濡水单立一章。又称濡水为难河（谓"濡""难"，声相近），《水经注》记载濡水自发源至卢龙塞（今迁西县境）所合之主要水，与其行经方位与今滦河水道行去情况相吻合。唐以后称滦河，《新唐书·地理志》载："渔阳郡下有滦水。"辽人称为乌滦河（《王曾行程录》）。又因经元上都城南，元人除称其为上都河外，又称之为御。清朝乾隆皇帝命方观承考濡源，亦既绘其梗概，条分缕析而为之说[①]。根据响导大臣努三挈、方观承所遣同知黄立隆的实地调查，两千余里之滦河，曲折分合，尽得其实，因详注其地名及诸水之汇流，并详加考证。方观承这次考濡源弄清楚了几个问题，即濡水源流情况、濡水水系的分支，滦河水系各水和郦道元《水经注》所记各水的标定工作和濡水所经地名的考证，为我们今天考察滦河的历史演变情况和利用滦河为人类造福等方面提供了有价值的资料。《水经注》有"濡水出御夷镇东南"，御夷镇为北魏的六镇之一，其方位据考证正是指独石口外沽源东大宏城子。《方舆纪要》："濡水在万全都指挥使司西百里（一说百二十里），即滦水也，源出炭山"。[②] 巴颜屯图固尔山，当地称为黑老山，山阳石色黝黑，今丰宁县义肯坝山之南，有地名黑山嘴者，即所指炭山之地，从义肯坝（海拔 1570 米）到狮子坝（海拔 1830 米）一带，海拔 1500～1800 米，是滦河、潮河、汤河等河流的分水岭，为兴安南脉，西北与多伦、围场之兴安大岭相连，延绵数百里，山上泉源涌出，草木繁茂。滦河从巴颜屯图固尔山发源到乐亭县新桥一带入渤海，行程二千余里。据《濡水源考》有 43 条支流入于滦河。支流多于左面汇入，右面支流短小而少，呈不对称水系，且多在承德地区境内。源流与下游，由于地势的奇妙变化，弯转回曲，此为其他河流所罕见。

　　清高宗《御制濡水源考证》中 44 条河流汇入情况，从发源地始依次如下：

　　发源地：巴颜屯图固尔山

　　正源：

　　1. 都尔本诺尔（四泉涌出）

　　2. 纳克里和洛水

　　3. 噶尔都思台水

　　4. 三道河

---

①　《钦定热河志·高宗御制滦河濡水源考》；《承德府志·山川》。

②　《方舆纪要·直隶九·万全都指挥使司》。

5. 布尔噶苏台水

6. 克尔哈达

7. 喀拉乌苏

8. 察罕诺尔

9. 克伊绷河

10. 额尔德尼布拉克

11. 图尔根伊札尔河

12. 沙岱布拉克

13. 霍洛图布拉克

14. 海拉苏台河

15. 蒐集布拉克

16. 辉齐布拉克

17. 察罕郭勒

18. 什巴尔台河

19. 克筹布拉克

20. 布尔噶苏台哈丹和硕河

21. 头道河

22. 罗密塔子

23. 摩霍尔阿尔善之汤泉

24. 库尔奇勒河（小滦河）

25. 兴洲河

26. 伊逊河

27. 固都尔呼河

28. 白河

29. 老牛河

30. 滴水崖河

31. 柳河

32. 车河

33. 黄花川

34. 清河

35. 豹河

36. 澈河

37. 恒河

38. 长河

39. 清河

40. 蛤螺河

41. 三里河

42. 青龙河

43. 横河

44. 清河

滦河上源都尔本诺尔以下，潘家口（史称卢龙塞）以上，见于《水经注》的有九水，经后人考证的有七水，其情况是：

1. 连渊水

2. 汗水

3. 吕泉水（清之克伊绷河）

4. 盘泉水（清之额尔德尼布拉克河）

5. 要水（今之兴洲河）①

6. 索头水（今之伊逊河）

7. 武烈水（今之武烈水，又名热河）

8. 五渡水（今之老牛河）

9. 高石水（今之豹河）

老哈河水系实际是属于辽河水系，在承德地区只占了平泉县的一个边缘，从发源到出境不足100千米。辽河上游是由西拉木伦河和老哈河于敖汉旗北部一带汇合后东流而称为西辽河。西拉木伦河源于克什克腾旗，而老哈河则源于平泉县东七老图山主峰之一的光头山（即马盂山）。老哈河在承德地区境内，除了平泉县西北的四个主要源头以外还有东面的几条小支流注入，出平泉后入宁城县水势增大，除了源于围场县的几条如英金河、西尔哈河等在赤峰一带注入以外，在承德境内再没有更多的支流。

关于老哈河的全部情况，《承德府志》载："在（平泉）州西北境，源泉出喀喇沁右翼南之永安山，会诸小水，东北流，自大宁故城西南经大宁故城东北又北流入赤峰县境，经建昌县西北境会英金河，又东北流入朝阳县北境，共行五百余里与潢河会，下流为辽河。亦名上河，又作涂河，即古讬纥臣水，亦名吐护真水，蒙古名老哈穆楞。"老哈河发源地永安山，位于平泉县境内西北75千米，是今七老图山脉主要高峰之一，群众称之为光头山，光头山又有东西光头山之分。群众谓其上有"四海"，意即四麓均有大河发源，老哈河发源于光头山之东南麓，包括四源即齐家岱川、棚树沟川、龙潭沟、蒙和乌苏川，其中位于七家公社之棚树沟川为老哈河正源。七老图山脉沿承德地区的围场、隆化、承德、平泉四县和内蒙古赤峰、喀喇沁旗，辽宁省的凌源、建平、喀左旗，东西绵亘千余里。《承德府志》："喀喇沁右翼西南一百三十里（今喀喇沁、隆化交界处）有察罕齐老图山，汉名白石山，蒙语察罕、白、齐老图、石。"齐、七系一音之转，可能是七老图山脉命名的来源。七老图山脉是清朝以来以

---

① 《热河志·濡水源考证》认为"白檀，要阳在今密云县，非滦水所经，郦氏此条舛误殊甚，《考源》特加辩证。"据对兴州南面西汉时期小城子城北位置之推断，我们认为《水经注》记载的似为准确，白檀一说仍待调查证实。

蒙古名称谓来命名的，它是兴安大岭向东南行的一支，分布于热河中部，上有许多名山大川，也是各条河流的分水岭（指滦河、老哈河）。老哈河发源地永安山应是明清以来之名称，明以上未见史载。《钦定热河志》："永安山，汉名马盂山……老哈河发源于此。《元一统志》马盂山在大宁县（今宁城县大名城）西六十里，中有一峰，形类马盂，故云。"按《辽史》《元一统志》所载马盂山与会州属之永安山方位相合，且汉名马盂，当即此山。宋《王曾行程录》称富裕馆东望马云山，山多禽兽，国主多于此打围。马盂、马云乃一音之转，实一山也。欧阳修诗"马盂山西有落霞"，应即指此。《方舆纪要》："马盂山在大宁卫（今宁城县大名城）北，山东西千里、南北五百里，接故临潢境，高、松等州皆在其南，土河之源出焉。"1953 年在平泉县蒙和乌苏乡八王沟发现契丹秦晋国大长公主墓志中有"归葬于马盂山之阳"。其地系老哈河北源，可以证明，永安山即辽之马盂山、马云山，亦即今之光头山。老哈河支流很多，撮举其要有：

1. 呼察河
2. 奇札尔台河
3. 霍尔霍克河
4. 布尔罕阿拉善河
5. 乌鲁斯台河
6. 乌巴河
7. 伯尔克河
8. 纳林昆都楞河
9. 松吉纳河
10. 巴苏台河
11. 和尔图河
12. 伯尔克河
13. 摩该泉
14. 英金河
15. 奇布楚河
16. 锡尔哈河
17. 乌拉岱河
18. 卓索河
19. 锡伯河
20. 哈尔吉河

潮白河水系：潮白河和蓟运河为同一水系，其流经承德地区的只有潮白河及其一部分支流，包括汤河、龙潭沟、清水河、乾塔河、白河、小浴河、白马关河、冯家峪河、鞍子岭河、七度河等，流经丰宁、滦平两县。

潮白河发源于丰宁县大阁北七十里之城根营西南山下，在原县治土城子西北一百三十里。潮河，即《水经注》中之鲍丘水，或称大榆河，进入古北口密云县境与白河会，是谓潮白河。

第二章　承德历史沿革

——《承德府志》府隶建置沿革摘录（说明）

承德地区清代属于直隶省承德府，辖一州五县，即平泉州，滦平、丰宁、建昌、朝阳、赤峰县。今承德地区的一市八县，约相当于原承德府的半境，滦平、丰宁、木兰围场全部，平泉州、建昌县一部分，现将《承德府志》有关承德地区建置沿革并参照《钦定热河志》建置沿革考略和其他有关材料摘录整理如下。

一　承德府（今承德市、承德县、兴隆县）

周属山戎、东胡，后为燕渔阳、右北平、辽西郡，边外接东胡地。秦为渔阳、右北平郡，边外接东胡地。秦汉之际为匈奴地。汉初为渔阳、右北平、辽西郡，边外接匈奴左地。武帝时为右地，后入乌桓。

后汉为乌桓，鲜卑地，后尽属于鲜卑。魏为鲜卑轲比能地，后与素利弥加厥机诸部杂居。

晋初为鲜卑诸部所分据，属鲜卑段氏宇文氏及慕容氏地。北境为宇文氏地，其后并于慕容氏为前燕地。苻坚灭燕为秦地，属幽州。慕容垂复国为后燕地，属幽州。冯跋时为北燕地。至冯宏并于魏。北魏为安州广阳郡之燕乐县地。北境为库莫奚地，后并于库莫奚，其东北境为契丹地，东南境为齐营州刺史高宝宁地。隋为奚地，唐为奚地。辽为中京道泽州滦河县及北安州地。金为北京路兴州之兴化县、宜兴县地，东境为大定府之神山县地。元西境为上都路之兴安县、宜兴县地，东境兼及大宁路惠州地。明为兴州左、右、中、前、后五卫及宜兴守御千户所地，后废，入诺音卫。清雍正元年（公元1723年）设热河厅。十一年（公元1733年）改设承德州，承德之名自此始。乾隆七年（公元1742年）罢州仍设热河厅。四十三年（公元1778年）改为承德府，领州一：平泉，县五：滦平、丰宁、建昌、朝阳、赤峰。嘉庆十五年（公元1810年）改设热河都统署。道光七年（公元1827年）以后，热河文武官员隶属于热河都统署。辛亥革命（公元1911年）以后，取消府制，成立热河特别区域，民国二年（公元1913年）原府属州、县分治；设立承德县，隶属于热河特别区域，为热河都统公署驻地。

据道光七年（公元1827年）编查，承德府有户一万六千三百九十九，人口十一万零一百七十一人。另据清末统计，承德县治所（今承德市）有户四千二百（内旗人二千余户，汉人二千二百余户），另有回民一千零七十户。人口共二万五千余人。

民国十八年（公元1929年）取消特别区域改建行省，以承德为省会。自1911年至1932年的二十多年中，热河都统军六易其人，计有熊希龄、姜桂题、汲金纯（奉系）、王怀庆（直系）、阚朝玺（奉系）、汤玉麟（奉系）。1933 年，在国民党不抵抗政策下，日寇侵入热河，改为伪满洲国的一个行省，并将原热河省北部划归伪兴安西省，东部划归伪锦州省。1945 年 8 月日寇投降，热河全境解放，隶属于冀热辽解放区，建立热河省民主政府，将省会承德改为市。1946 年 8 月，国民党反动派发动全面内战，承德等地一度沦为国民党统治区。1948 年 11 月，承德等地再度解放。1955 年中央决定撤销热河省，将原属之承德市和承德、滦平、丰宁、围场、隆化、平泉、青龙、兴隆等县划归河北省管辖，成立承德专员公署（"文化大革命"后改为承德地区革命委员会）。1964 年中央决定以青龙大部和平泉、兴隆县各一部分为宽城县。现全区为九县、一市，后青龙县划属秦皇岛市。1978 年 10 月，承德地区革命委员会改为承德地区行政公署。

二　滦平县（今滦平县和承德市滦河镇）

周为东胡地，秦为东胡地，后并入匈奴。汉为匈奴左地，武帝时为塞地，后入乌桓，在渔阳郡边外。后汉为乌桓地，后并入鲜卑中部，魏为鲜卑地。晋为鲜卑段氏地，后并入慕容氏为前燕地。苻坚时为秦地，属幽州。后燕复国仍属幽州。后为北燕地。北魏为安州广阳郡之广兴县地。西境为御夷镇地，后并入库莫奚。北齐为库莫奚地。周为库莫奚地。隋为奚地。唐为奚地。辽为中京道北安州地，西境为奚王府地。金为北京路兴州兴化县、宜兴县地。元为上都路兴州之兴安县、宜兴县地。明为兴州左、右、中、前、后五卫地及宜兴守御千户所地，后废，入诺音卫。清雍正元年（公元 1723 年）属热河厅，十一年（公元 1733 年）属承德州。乾隆七年（公元 1742 年），设喀喇河屯厅，四十三年（公元 1778 年）后改设今县。民国二年县制独立，编入热河特别区域，属热河都统公署。

据道光七年编查，全县有户二万零四百四十九，人口十五万八千零五十五口。又据清末统计，喀喇河屯有户一千五百，人口五千。

三　丰宁县（今丰宁县、隆化县）

周为东胡地。秦亦为东胡地，后并入匈奴。汉为匈奴左地。武帝时为塞地，后入乌桓。后汉为乌桓地，后入鲜卑中部。晋为鲜卑宇文氏地，后并入慕容氏为前燕地。苻坚时为秦地，后为后燕、北燕地。北魏时为安州广阳郡之燕乐、方城县地。西南境为御夷镇地，北境为库莫奚地，后并入库莫奚地。北齐为库莫奚地。周为库莫奚地。隋为奚地。唐为奚地。辽为中京道北安州利民县，西境为奚王府地。金为北京路，南境为兴化县、宜兴县地，西北境兼得西京路桓州地。元为上都路兴州之兴安县、宜兴县，西北兼得开平府开平县地。明为兴州左、右、中、前、后五卫地，其西北兼得开平卫地，后俱废，入诺音卫。清乾隆元年（公元 1736 年）设四旗厅，四十三年（公元 1778 年）改设今县。

道光七年编查，户三万一千九百九十六，人口十六万三千八百七十五口。又据清末统计，县治四旗厅（今丰宁县土城子即凤山）有户八百，人口八千五百名。

宣统元年（公元 1909 年）八月，热河都统廷杰以"县境过大，人口逐渐增多"为由呈请增设新县。同年十二月，民政部决定设立隆化县。宣统二年以丰宁之郭家屯、博洛河屯（今隆化县城关，原名皇姑屯）、二巡检司管辖之二百牌和承德府属张三营巡检司管辖之三保二十四甲编入隆化县。以围场总管衙门所在地唐三营为隆化县治所。民国二年，丰宁、隆化县制独立，隶属于热河特别区域，归热河都统公署管辖。民国五年（公元 1916 年）移治皇姑屯。

据清末统计材料，皇姑屯有户数一千，人口一万五千。

四　平泉州（今平泉、宽城、承德和青龙等县一部分，内蒙古宁城县）

周为山戎地，后并入东胡。秦初为东胡，后并入匈奴。汉为匈奴左地，武帝时为塞地，后入乌桓，在右北平郡边外。后汉初为乌桓地，后入鲜卑东部。魏为鲜卑地。晋初鲜卑段氏地，后并入慕容氏为前燕地。苻坚时为秦地，属幽州，后属营州。后燕复国属平州，寻改营州，后为北燕。北魏为营州建德郡之阳武县，冀阳郡之平刚县地。北齐为营州建德郡、冀阳郡地，其北境接库莫奚地。北周时为北齐高宝宁地。隋为辽西郡地，西境为奚地。唐为奚地。辽为中京大定府大定县、长兴县、劝农县、富庶县、文定县、升平县、归化县、金源县、恩州恩化县，其南境兼得泽州神山县地。金为北京路大定府大定、长兴、富庶、金源、神山县地。元为大宁路之大定县（后改为大宁县）、富庶县、金源县、惠州地。明为大宁、新城、富峪、惠州四卫及宽河守御千户所地，后废，入诺音卫。清雍正七年设八沟厅，乾隆四十三年改设平泉州。民国元年改县隶属于热河特别区域热河都统公署。

道光七年编查，户二万零四百四十九，人口十五万八千零五十五人，清末统计，县治八沟户数二千五百余，人口二万五千余。又，宽城，原属平泉，清末统计，户数二百，人口二千余。

五　建昌县（今青龙县一部分，辽宁省建昌、凌源、喀左县）

周为山戎地，后并入东胡。秦为东胡地，后并入匈奴。汉初为匈奴左地。武帝时为塞地，后入乌桓，在辽西郡边外。后汉为乌桓地，后入鲜卑东部。魏为鲜卑地。晋初为鲜卑宇文氏地，后并入慕容氏为前燕地。苻坚时为秦地，属幽州，后属平州。北魏为营州建德郡之石城县、广都县地，冀阳郡之柳城县地，北境为契丹地。北齐为营州建德郡地，北境为契丹地。周为北齐高宝宁地，北境为契丹地。隋为辽西郡地，北境为契丹地，唐为营州柳城县地，后与契丹杂居，北境为契丹地，西境为奚地。辽为中京道利州阜俗县，泽州龙山县，榆州和泉县、永和县，东南境兼得隰州海滨县地，北境惠州惠和县兼得高州三韩县地。金为北京路利州阜俗县、龙山县，大定县、和众县，东南境兼得三韩县地。元为大宁路之和众县、龙山县、利州，北境为惠和县，南境兼得惠州地，东南境兼瑞州地。明初为营州卫地，后废，入泰宁卫。清乾隆三年设塔子沟厅，四十三年改设今县。

六　木兰围场（今围场县）

周属山戎，后并入东胡。战国属燕渔阳，右北平郡边外，接东胡地。汉初在渔阳，右北平郡边外，接匈奴左地。武帝时为塞地，后入于乌桓。后汉初为乌桓地，后属鲜卑东部。魏为鲜卑地。晋初为宇文氏地，后入慕容氏为前燕地。苻坚时为秦地，后为后燕，北燕地。北魏为安州广阳郡之燕乐县地，北境为库莫奚地，后并入库莫奚。北齐为库莫奚地。北周为库莫奚地，东境近契丹地。隋为契丹地，南境为奚地。唐因之。辽东部为中京道松山县，西、南为北安州利民县地，北境为平地松林。金东境为北京路大定府松山县，东南为长兴县，南为神山县，北为兴化县地。元东境为大宁路松州，东南为惠州，西近上都路兴州之兴安县地。明初为全宁卫，后废入诺音卫。清初为喀喇沁、翁牛特、巴林、克什克腾蒙古游牧地。康熙二十年（公元1681年）辟为木兰围场，设围场总管衙门于唐三营。

道光以后不再行围。同治元年（公元1862年）经热河都统瑞麟奏以围场牲畜日少，秋弥礼废，请开围荒，以裕国库，而利民生，清廷照准宽留围座，开放边荒，招民开垦。光绪二年（公元1876年），热河都统崇绮奏请民众年久免其挪移，而大局始定。因设围场粮捕同知及司狱，其衙署设于汗特穆尔川之二道沟（今四道沟公社二道沟大队）。

光绪六年（公元1880年）移治于粮捕府（今克勒沟）。光绪三十一年（公元1905年）因直隶总督袁世凯之请，将围场划归直隶省管辖，改粮捕厅为抚民厅，属于口北道，以张家口、独石口、多伦诺尔为口北三厅。光绪三十二年（公元1906年）开放围荒为五庄屯垦。同年于锥子山设木植总局。民国元年经热河都统昆源以围场归直隶管辖不便，请仍归热河管辖，以符旧制。遂更名为围场县。民国十九年（公元1930年）移治于锥子山，即今围场县城。

据清末统计，锥子山户数一千七百，人口约两万。

第三章　承德文物考古概况

　　承德的文物与考古，大体可分为新中国成立前、后两个阶段，前段从 20 世纪 30 年代起，到 1949 年新中国成立。后段从 1949 年新中国成立后到现在为止。本文叙述重点，主要是新中国成立后这 60 余年间。

　　承德旧为热河省会，谈新中国成立前的文物考古情况，也就是旧热河省的文物考古情况。

　　早在 1914 年，法国耶稣会黎桑·埃米乐（汉名桑志华），在天津创建北疆博物院，囊括了黄河、海河流域的广大地区的人文、地理、地质、考古、气象和动、植物标本的搜集。对热河、河北、山西、内蒙古、河南、陕西、西藏，进行了广泛的调查，搜集了大量的动植物化石、矿石标本和考古学、民俗学的资料，出版了巨著两部，有《1914—1923 年黄河流域勘查报告》（4 卷，1924 年出版）和《1923—1933 年黄河流域十一年勘探报告》（4 卷，1935—1936 年出版）。桑志华在旧热河区的承德、赤峰、围场等地做了大量的调查，发掘了围场东家营子青铜时代的石棺墓群。早在 1907 年即清光绪三十三年，日本鸟居龙藏博士，受雇于喀喇沁王府，其足迹遍及旧热河区的承德、赤峰、朝阳以及东蒙古各地①。与此同时，柏元孝久、滨田久纯编写的《蒙古地志》介绍了旧热河、蒙古、吉林等地的风俗、人情、政情、自然地理、河流、文物、古迹，特别是测绘了大量的地图等，直接为日本军国主义侵华服务，提供资料②。日本的东亚考古学会在"九一八"事变以前，主要活动于中国的旅大地区，由原田淑人等率领。"九一八"以后，东北沦陷。1933 年 3 月 4 日，日军攻占承德及热河全境，一批学会打着"考古学人"旗号紧随日军铁蹄后进入热河和华北以及东蒙古各地。1935 年在承德避暑山庄西侧，建立所谓热河宝物馆，成立了热河古迹调查所，次年八月，将离宫劫余文物包括瓷器，珐琅器，金、银、铜佛及宫内陈设等分十三类展出，出版了《热河宝物馆图录》③。1937 年卢沟桥事变后，日本东亚考古学会、满日文化学会势力遍布全东北、热河、华北、东蒙古，成为日本文化掠夺的主要机构，在东北各省市建立了很多的分支机构。1933 年满蒙学术调查团八幡一郎，对热河南部和北部的先史遗迹（包括承德、赤峰和朝阳等地）进行了大量的考古调查④。1935 年滨田耕作、岛田贞彦、赤崛英三、水野清一、三宅宗悦等主持了赤峰红山后先史时代遗迹的发掘⑤。日本岛田贞彦对承德、围场、赤峰、平泉、滦平、宁城等地的大规模调查与发掘，于 1940 年发表了报告书，其中不少是国家稀有珍品，如

---

　　①　鸟居龙藏：《满蒙再探》《蒙古纪行》《辽之文化》等（日文）。
　　②　柏元孝久、滨田久纯：《蒙古地志》（日文）。
　　③　《热河宝物馆图录》，台北影印。
　　④　八幡一郎：《热河南部先史遗迹及遗物》，《第一次满蒙学术调查研究团报告》第六部第一编（日文）。
　　⑤　滨田耕作：《赤峰红山后》东亚考古学会，日本昭和十三年。

成吉思汗皇帝圣旨银牌等①。此外还有驹井和爱对滦平平台子汉墓及元上都的调查与发掘②。日本儿玉重雄是伪满热河协和会省本部官员，此外还有森常雄丸岗等都是常驻热河的所谓日本乡土史家。他们对热河承德等地古代遗址、古代城址、古墓作了调查③。与此同时还有原田淑人对赵邯郸故城址的调查④和水野清一等对万安北沙城汉墓的发掘⑤。除了对地下重要遗址调查、掠夺外，对地上面的文物建筑更是肆无忌惮。

堪称热河秘境的承德避暑山庄、外八庙古代建筑，早在乾隆五十八年（1793 年）就被英国第一个以马戈尔尼为代表的来华使团⑥，在其副使斯当东《英使谒见乾隆纪实》一书中介绍到了欧洲。1920 年德国学者鲍希曼⑦，对避暑山庄及外八庙作了调查和介绍。瑞典人斯文·赫定的《帝都热河》从不同角度记述了避暑山庄、外八庙情况⑧。

伪满洲国时期，日本在热河统治了十三年，关野贞和竹岛卓一受所谓伪满文教部和满日文化协会委托，对承德避暑山庄和外八庙进行调查。在 1933 年日本铁蹄占领承德及热河全境后，他们迫不及待地于同年 10 月至 11 月 20 日进行了第一次调查，1934 年 9 月在承德进行了第二次补充调查，到 1937 年出版了以图录为主的《热河》一书，蓝布包装，近 8 开四大册，一册为解说，图册中由日本座祐宝职业摄影师拍摄，从 500～600 幅图片中，遴选 452 张⑨。据 20 世纪初，1955 年前热河省博物馆调查了解到，民国时期原承德西大街薛家翠芳照相馆曾拍摄大量离宫、外八庙的照片，这些照片的时代可早到民国初年。翠芳照相馆的所存旧版有一部分曾为关野贞的《热河》一书所录用⑩。据伪满洲国保存协会第二辑记载，伪满新京工业大学建筑科于 1940 年 7 月派一部分师生到承德进行实习调查和重点测绘⑪。此外对地下的陵墓、古城也做了许多调查，如《林东》一书记载的三宅俊成等对辽上京、祖州、庆州、庆陵的调查⑫，村田实造等对辽代陵墓的调查⑬，岛田正郎等关于辽祖州城的调查⑭。对于传世的文物青铜器也进行大量收购和搜集，如江上波夫、水野清一在东蒙古、旧热河区搜集了大量鄂尔多斯式青铜器⑮。此外还有五十岚牧太《热河古迹和西藏艺术》、黑川武敏《热河》、岸田日出刀《热河》图录等。

① 岛田贞彦：《考古学上所见之热河》（日文）。
② 驹井和爱：《上都》（日文）。
③ 《热河》考古资料编（日文）。
④ 原田淑人：《邯郸——战国时代赵都城址的发掘》，东亚考古学会座右宝刊行会，1945 年（日文）。
⑤ 水野清一：《万安北沙城》，东方考古学丛刊，乙种第五册（日文）。
⑥ 斯当东：《英使谒见乾隆纪实》第十四章，叶笃义译，上海书店出版社，332 页。
⑦ Emst Boerschmann. Baukunst und landschast in China.
⑧ 斯文·赫定：《帝都热河》。
⑨ 关野贞、竹岛卓一：《热河》，座祐宝刊行会，1937 年。
⑩ 中华人民共和国成立后承德翠芳照相馆薛家后人曾存有一部分旧版，后来据说为有关文物部门所收藏。
⑪ 伪满保存协会第二辑：《顾乡屯》，40 页。
⑫ 满洲保存协会（会志第七辑）三宅俊成等：《林东》附《辽代旧城探查记》。
⑬ 村田实造、小林行雄：《庆陵——关于东蒙古辽代帝王陵墓和壁画的考古学调查报告》，京都大学，1953 年（日文）。
⑭ 岛田正郎：《祖州城》，1955 年（日文）。
⑮ 江上波夫等：《内蒙古长城地带》，东亚考古学会，1935 年。

要看到，日伪时期的东亚考古学会和满日文化协会，是一种军国主义掠夺性质的机构，他们把出土的一些重要文物掠回日本，有的拿不走就毁掉，如著称于世的承德避暑山庄珠源寺宗镜阁，全部为青铜结构，1944 年日本人打着铜铁献纳的旗号，由日军一件一件地拆卸砸碎、运走，使这件中华国宝全部毁掉。这种军国主义的疯狂掠夺，给中国文化遗产、文物、古迹造成了严重的破坏，是中国人民永远也不会忘记的。

新中国成立后，从 20 世纪 50 年代开始，原热河博物馆、承德市文物局、各市县文物管理所和博物馆，对本辖区内文物、考古遗迹进行了大规模的考古调查，公布了各级文物保护单位，建立四有档案，使地上、地下文物都得到了妥善的保护，特别是避暑山庄、外八庙，于 1994 年 12 月 15 日被公布为世界文化遗产后，每年国家都拨付巨款进行修复，一座座宫殿建筑、景苑多恢复了原貌，山庄周围寺院、红墙和黄、绿琉璃瓦殿顶，金碧辉煌，已成为世界瞩目的文化旅游胜地。近半个世纪以来，承德市政府及有关文物部门，出版了许多避暑山庄和外八庙的调查研究著作，我们能接触到的有《承德古代建筑》①、《避暑山庄研究》②、《避暑山庄与外八庙》③、《避暑山庄及周围寺庙》④、《避暑山庄碑文释译》⑤、《外八庙碑文注释》⑥、《外八庙研究》⑦、《承德地区文物普查报告》⑧、《避暑山庄论丛》⑨、《承德古代史》⑩。

下面，我们从历史考古角度，介绍从 20 世纪 50 年代到现在六十多年的考古发现与研究情况。

一　原始社会文化遗物

原始社会是人类发展史的早期阶段，也是人类进入社会历史的第一个社会形态。按照人类社会文明的发展序列，考古学上把这一阶段称为石器时代，并把它划分为旧石器时代和新石器时代。旧石器时代早期的原始人群有云南省发现的元谋猿人（距今约 170 万年）和陕西省蓝田猿人（距今约 110 万年），以及北京周口店发现的北京人（距今 70 万—20 万年）。人类经过进一步发展，进入旧石器时代中期，称为"古人阶段"，距今二十万年左右，以广东的马坝人和稍晚的长阳人、丁村人为代表。大约距今四五万年前，人类进入"新人阶段"，属于旧石器时代晚期，以广西的柳江人、麒麟山人、资阳人和内蒙古的河套人，北京周口店的"山顶洞人"等为代表。这一时期，母系氏族社会已经形成。

在承德市鹰手营子区的四方洞发现了一处旧石器时代洞穴遗存，经发掘分为两层，上层文化遗物

---

① 天津大学建筑系：《承德古代建筑》，中国建筑工业出版社，1982 年。
② 王舜：《避暑山庄研究》，辽宁民族出版社，2006 年。
③ 中国避暑山庄、外八庙保护协会、河北省承德市文物园林局：《避暑山庄与外八庙》，中国旅游出版社，1993 年。
④ 赵玲、牛伯忱：《避暑山庄及周围寺庙》，三秦出版社，2003 年。
⑤ 杨天在：《避暑山庄碑文释译》，紫禁城出版社，1985 年。
⑥ 齐敬之：《外八庙碑文注释》，紫禁城出版社，1985 年。
⑦ 匡翠春：《外八庙研究》，中国戏剧出版社，2014 年。
⑧ 承德地区文化局：《承德地区文物普查报告》（内部刊物），1974 年。
⑨ 承德避暑山庄研究会：《避暑山庄论丛》，紫禁城出版社，1986 年。
⑩ 李景瑞：《承德古代史》，民族出版社，2009 年。

包括人工打制石片、石核和动物牙齿等。动物骨骼有鹿的牙齿及肢骨、中华鼢鼠和鸟类肢骨化石。石器中以石片、石核为最多，用石英岩、火成岩制成。成品有刮削器、雕刻器和石棒等。下层文化中动物骨骼有中华鼢鼠、野兔、鹿、牛、犀牛以及大型猫科食肉类动物牙齿等化石。下层文化中石制品丰富，石料中有单台面石核、双台面石核、多台面石核、锤面石片、砸击石片，石器中有刮削器、尖状器、砍砸器、雕刻器等。

遗址属于洞穴类型，是承德地区第一次发现。四方洞遗址的形成和埋藏时间不会很长。在石器打制和加工方式、方法、石器类型上和迁安爪村的遗物有较多的相似性，爪村的时代定为 4.8 ± 0.2 万年或 4.4 ± 0.2 万年，四方洞时代可能与迁安爪村是接近的[①]，在承德除四方洞属于旧石器时代晚期遗址以外，在滦平、兴隆、平泉、围场还有许多重要的发现线索。关于这些发现的线索，我们还没有进行系统调查研究，结合与平泉、宽城接近的喀左县鸽子洞发现的旧石器时代晚期人骨化石，其时代和四方洞是接近的，承德四方洞旧石器地点可能不只此一处。

在距今一万年左右，我国已进入新石器时代初期，有冀中的徐水南庄头遗址（距今 10510~9700 年）、阳原于家沟遗址（距今 11000 年）、北京东胡林遗址（距今约 10000 年）、北京转年遗址（距今 10000 年），其中南庄头遗址发现陶器片、石盘棒、石磨盘骨锥等。它和冀中南的磁山文化、长城内外北到西辽河以南分布的兴隆洼文化之间，在性质上有何联系尚不清楚。

距今 8000 年左右，进入新石器时代早期，这时正是我国原始社会处于母系氏族公社的繁荣时期，遗迹遗物遍及我国南北各地，在北方河北主要发现有磁山文化，仰韶文化的后岗一期文化类型、庙底沟类型、大司空村类型，在长城地带几乎和磁山文化同时发现有兴隆洼文化、赵宝沟文化、红山文化、小河沿文化等。

兴隆洼文化分布于西辽河、滦河中上游潮白河流域，东到辽河中下游，北起辽西阜新查海，南到燕山南麓、京津唐地区。拒马河、海河一带似是其和中原磁山、仰韶文化的交错分布地带。重点遗址为敖汉兴隆洼、阜新查海，林西的白音长汗，在河北承德各县，包括老哈河、老牛河、西辽河上游。英金河、阴河、滦河、潮白河流域，发现了许多该文化遗址，代表地点有：承德市岔沟门、白河南、平谷的上宅，河北迁西的东寨、西寨等。遗物特点是簸箕形石锄，扁平石斧，压印"之"字纹筒形平底罐、圜底罐，两侧带缺口的石网坠，各种打制的细石器石片、石核[②]。兴隆洼文化的年代约在公元前 6200~前 5400 年，已经和冀中南磁山文化的公元前 6100~前 5960 年相接近，可见兴隆洼文化和冀中南的磁文化是两个不同系统的原始文化。兴隆洼文化遗址在滦河流域可能是其分布的重要地区之一，特别是滦河的中上游，应是最有希望的发现点。1990 年文物普查，在丰宁围场发现有 20 余处遗址，仅围场县一地就发现有 14 处兴隆洼文化遗址。

继兴隆洼文化之后，承德地区发现有赵宝沟文化，代表性遗址有滦平县后台子[③]。后台子遗址分上下两层，上层属夏家店上层文化，下层为赵宝沟文化。赵宝沟文化发现有房屋窖穴，各种打制的石

① 中国科学院古脊椎动物与古人类研究所等：《四方洞——河北第一处旧石器时代洞穴遗址》，《文物春秋》1992 年增刊，98 页。

② 郑绍宗：《河北承德附近的新石器时代遗址》，《考古》1959 年 7 期；《有关河北长城区域原始文化类型的讨论》，《考古》1962 年 12 期；承德县文物保护管理所：《河北承德县新石器时代遗址调查》，《考古》1992 年 6 期。

③ 承德地区文物管理所、滦平县博物馆：《河北滦平后台子遗址发掘简报》，《文物春秋》1994 年 3 期特刊。

片、刮削器、石核。石器有两例带缺口的网坠、盘状器、敲砸器，磨制石器有石铲、石凿、磨石、石磨盘、石磨棒、石雕男女人像及兽雕等。陶器有筒形罐、碗、盂、钵、深腹杯等。陶器表面多饰压印"之"字纹、往复折线纹、席纹、坑点纹（指甲纹）等，多属赵宝沟文化典型器物。

在迁西西寨，迁安安新庄、白蟒山等都发现了赵宝沟文化。赵宝沟文化的年代约在公元前5200～前4400年，其跨度时间较长，在发展上可能有不同的阶段。

在接近承德地区北部的辽宁赤峰、凌源，南部的迁安都发现了红山文化遗址，是具有仰韶文化因素的遗址。初发现于赤峰红山后而得名。我们认为，仰韶文化之彩陶是通过承德地区传播到北方。1990年第三次文物普查，在围场、丰宁、平泉等县发现了20余处遗址。在平泉的下店村、围场、丰宁等地都发现过桂叶式石耜、三角凹底细石器、石镞等，都是红山文化中常见的器物。在平泉台头山发现有彩陶器。这些都有待于我们作进一步探索。这种文化发展程度较高，是以农业为主的原始氏族部落，早期距今五千年左右的时间，其较中原地区仰韶文化时间晚些。在平泉的台头山、蒙和乌苏、围场下伙房都发现了红山文化遗物，有玉猪龙、石环等。红山文化已经分为早、中、晚各期，时间跨度较长，最早约公元前4500年，最晚可到公元前3000年左右。

二　夏、商、周时期文化遗物

（一）夏家店下层文化

大约在4000年前相当于我国历史上的夏代，中原地区进入父系氏族社会。在考古学上正是龙山文化为主的时期。在长城以北老哈河、滦河流域发现了大量时间上与之接近的夏家店下层文化，这种文化类型已经进入奴隶社会，出现了红铜器、制造很精美的彩绘陶器，典型遗址有敖汉大甸子。夏家店下层文化遗址在承德地区的滦河、老哈河流域普遍存在着。据1990年第三次文物普查材料，承德市各县发现夏家店下层文化遗址有310多处，以平泉县、承德县、丰宁县、围场县为多。如平泉化营子、沟门子、黑山口，兴隆县小东沟，承德市伊犁庙台地，隆化县于家沟、偏坡营、布施营西沟、大梁沟、韩吉营、达子沟、后中关杨家梁、荒地平顶山、昆头沟、韩家店，丰宁庙后梁、帐房沟、骆驼梁、枯梨梁、风山厢黄旗，围场县尹家店、水泉、河南店等。这种类型文化，目前已知其分布范围是在我国北方的西辽河以南，拒马河、永定河以北。其出土物常见有敞口筒腹磨光黑陶鬲、罐形鼎、绳纹和素面陶鬲、篮纹平底罐、盆、尊形器、三足罐、平底罐、甗、白陶鬶、网坠、石斧、长条形石刀、扁平长条石铲、盘状器、石磨棒、磨盘、纺轮、细石器石镞、刮削器、各种骨角器和只钻不凿的卜骨等。其遗物和河北东部地区的龙山文化遗物极相似。在很多遗址中还发现有小城堡、围墙、房屋遗迹、灰坑和墓葬，各种兽骨特别是猪骨的出现，证明当时这种文化已经普遍养了家畜。夏家店下层文化可能是受中原龙山文化影响较深的，二者的关系较为密切的地方色彩较浓的一种文化类型。其延续时间大体是从新石器时代晚期一直到商。越靠南其接近夏、商的成分越大些，表现在鬲、尊、甗的形制和早商相似。大量农耕工具的发现说明他是以农业耕作为主的一种氏族。夏家店下层文化和存在于这一地区较早的文化类型为富河沟门类型文化，临近的红山文化等可能有着承继关系。从标型学上考虑，在夏家店下层文化遗物中有其一定的渊源关系。就其本身而言，可能还包含着不同的文化类型或者是其本身包括不同分期，敖汉大甸子是其代表性遗址。应该从地层上进一步解决它和红山文化的关系。探讨它们的渊源和发展，对解决这一地区古代历史的变化情况是很重要的。

（二）商代

商代是奴隶制社会高度发展时期。甲骨文中有"土方"的记载，曾和商进行频繁的战争交往。据郭沫若同志《中国古代社会研究》的考证，"土方"距商京今安阳北面千里而外。其地望大约相当于今日河北北部，分析当在承德到朝阳一线，初步分析，夏家店下层文化的晚期阶段或和"土方"有密切关系。商灭夏以后，夏的一些遗民也移居于北方。近年来，在承德地区的丰宁、青龙、围场一带都发现了商代的青铜器和玉器。丰宁发现的"亚微"铭文铜鼎，初步分析是商王朝在这一带亚氏族部落中"微"的遗物（图版 1）。在青龙抄道沟出土的成批的商代兵器，如鹿首铜弯刀（图版 2）、羊首曲刃铜剑（图版 3）、铜戚、斧、铃首刀等，应是商王朝北方草原民族奴隶主的一批遗留物。此外各地都有零星商代青铜器出土，说明商王朝的势力早已波及这些地区。在承德地区东面青龙等县南近迁安、卢龙，北连喀左县，这一带属商朝的同姓封国孤竹国的范围。这里是伯夷叔齐的老家，近年来这一带连续发现青铜器，特别是在宽城县临近的喀左县发现了成批孤竹国的青铜器，证明了史载的正确，也反映了这一地区很早就与中原发生了密切的往来。

（三）周代、夏家店上层文化——山戎、东胡

武王伐纣灭商以后，封召公奭于燕，燕国的疆土是很大的[①]。《左传》："武王克商……肃慎、燕、亳，吾北土也。"[②] 长城以北的广大地区都是燕的北土。在当时匽（燕）国范围内的承德一带，曾居住着汉族和很多少数民族，形成"华夏夷狄，错居雅处"，主要有古老的山戎和东胡等民族。《史记·匈奴传》："燕北有东胡山戎。"大体上偏东为东胡地，西南为山戎活动地区，分别是匽（燕）统治下的不小的政治集团，有自己的活动地区，有自己的军队，如山戎可以兴师伐燕，《史记·齐世家》："山戎伐燕，燕告急于齐。齐桓公救燕遂伐山戎，至于孤竹而还。"在承德地区东部发现了以曲刃式青铜短剑为代表的一组遗物，一般分析是属于东胡民族的文化遗物，这种遗物一直通过辽西分布到辽东和更远的地方。在承德市、平泉、青龙、隆化等地都发现了以曲刃式青铜短剑为代表的一组遗物。但在承德地区的西部直到张家口地区以曲刃式青铜短剑为代表的一组遗物则比较少见或不见，恰好证明承德地区偏西部这一带不是东胡民族主要活动地区，也证明史载之正确。

此外，在老哈河、滦河流域普遍地发现了夏家店上层文化遗物，初步分析这种文化遗物可能是属于当时山戎民族的。曾发现和发掘了一些比较典型的遗址和墓葬。据 1990 年第三次文物普查，仅承德市各市、县、区就发现了夏家店上层文化的遗址和墓葬群 509 处之多。如丰宁县豪村沟门、胡岔沟、城根营、平泉黄窝子、柳树沟、滦平营房、蒿子沟，承德市离宫西山、馒头山、西夹墙子[③]，隆化县朝梁沟、胡家坟、白沟、达子沟、庙子沟、西阿超、三道河、荒地、牛录哈叭气、松树沟、于家沟、瓦房小南沟、下甸子，围场县望道石西山、东家营、镇城附近等都有这些类型遗址和墓葬的存在，以平泉县、承德市县、丰宁、围场、隆化为多。遗址中发现有居住址、灰坑。一般灰层不厚，在 1 米左右。在滦平小城子发掘的遗址和灰层，遗物单纯，也不丰富。小城子西山灰坑，深仅 35 厘米，出土猪头骨、牛腿骨，经过火烧的石块等。另有圆形、不规则的房址。出土物中以夹砂粗红陶为主，双实耳

---

①　《史记·燕世家》。

②　《左传》昭九年。

③　郑绍宗：《解放以来热河考古的新发现》，《考古通讯》1955 年 5 期，52 页。

高尖足筒腹鬲、盆、罐、豆、钵等。石器中多见半月形石刀、椭圆柱状石斧、扁平穿孔石斧，其中具有代表性的是各种不同形制的石锤斧，这种多形式的锤斧，构成了这一文化的突出地方特点，初步统计约有十数种之多，如方孔式、圆孔方头式、圆孔鸟嘴式、圆孔方头平刃式、圆孔方头尖刃式、方孔方头尖刃式、圆孔方头宽腰尖刃式等，基本概括了这一文化中石锤斧之全貌。另有蚌刀和各种骨器如镞、匕、针以及猪、狗等家畜骨骼等。还有贝、少量细石器、卜骨等。平泉黄窝子发现的墓葬包括土坑石椁墓、土坑墓十余座。柳树沟发现四座。丰宁一县发现石棺墓群 50 余处，仅豪村皮匠沟一带发现石棺墓数十座。在承德市离宫西山也发现石棺墓 2 座。隆化县朝梁沟、于家沟、下甸子、瓦房、小南沟都发现了石棺墓和土坑墓群。滦平蔄子沟、和尚坟器等地的山戎民族墓地已发掘土坑墓 70 余座，出土文物千余件。在第一次发掘的墓葬中，有数座是属于民族酋长的墓葬，人骨作仰面伸展葬式。一般以一马或两马、一狗殉葬①。马和狗的埋葬方法是：把头颅砍掉仰置埋入填土之中，人骨架头侧和下肢骨一侧埋马和狗的腿骨一段。墓葬中除发现杀牲殉葬外，在个别墓中还发现了杀人殉葬现象。随葬遗物中也有多寡不均现象，在奴隶主墓葬中有形制繁多的各种铜、骨、玉、石装饰品，各种青铜、武器等。以第 10 号墓为例，10 号土坑墓以木棺为葬具，男性，仰伸葬式。头上戴有皮帽（已朽），上饰圆形小铜泡 11 枚，项下挂有蹲踞虎形青铜牌饰 1 件，头右侧置夹砂陶罐 1 件。头、身两侧发现有耳环、铜斧、大铜泡、铜凿、铜短剑、铜削、铜镞、骨镞等。另有用 170 余枚联珠曲尺形铜饰组成的环带饰，自项下垂于足部。该墓遗物非常丰富，而一般奴隶墓则一无所有，反映了当时的山戎族在西周奴隶制度影响下，已进入奴隶社会，并形成了鲜明的阶级对比。承德地区发现的夏家店上层文化，就各县发现而言，也有其不同特点，而遗物本身可能又反映着时代上的差异，即既有相同点，又有文化上的差异点。如隆化县朝梁沟、胡家坟石棺墓出土的陶罐、铜泡等和滦平蔄子沟相同，而铜削、马形铜饰等就不同；又隆化大甸子和隆化瓦房南沟出土的接近柳叶式的曲刃剑身和兽首柄或双环首柄连铸在一起形制的剑，在滦平蔄子沟也不见；又滦平营房墓群出土的数种形制的短剑，虽然与蔄子沟仅相隔数里，但特征也不尽相同，说明夏家店上层文化墓葬应该有着明显的时代分期和地域性的差异。

目前，夏家店上层文化的时代，一般定在西周中晚到春秋，时代较长，其很可能还包含着不同类型应该进行必要的分期。首先在夏家店上层文化墓葬中，已经出土了商周特别是西周、春秋时期的青铜礼器，在宁城小黑石沟、平泉、滦平虎什哈、炮台山、延庆、怀来都发现大量礼器，反映了和中原周文化的关系；其次，夏家店下层文化和夏家店上层文化中间还缺少相连接的环节，二者关系尚待进一步弄清楚；第三是夏家店上层文化和以曲刃式青铜短剑为代表的一组流行于辽宁西部的遗物如辽宁朝阳十二台营子等并不是一个系统是很清楚的，但时代接近，而后者较晚；第四是夏家店上层文化和北京延庆发现的大批墓葬，即玉皇庙文化二者关系，最后希望从人骨上进一步解决其族属问题。总之，夏家店上层文化，在文化遗物上既有中原青铜文化的特点，又有北方草原文化的特征，是研究我国统一多民族国家形成历史的重要资料。一般认为山戎族分布地域一部分在古竹孤国范围内，进入战国以后山戎无闻，或为东胡所并。对于其分布、文化内涵、遗物特征，我们将做进一步地研究。

---

① 《滦平发现山戎氏族墓地》，《光明日报》1977 年 12 月 9 日，4 版。

三　战国、秦、汉时期文化遗物

（一）燕秦长城和亭、燧、障、塞遗址

春秋战国时期，我国已进入封建社会。战国时期（公元前475～前221年），由于诸侯割据和兼并战争的结果，形成了齐、楚、燕、韩、秦、赵、魏七雄并立的局面。燕国是当时的七雄之一。燕之疆土是很大的，"南起滹沱河，北达辽东"①，我国北方广大地区都统一于燕国的版图之内，这时在文化上也逐渐呈现着统一的现象。《史记·匈奴传》："燕有贤将秦开……归而袭破走东胡，东胡却千余里……燕赤筑长城，自造阳至襄平。置上谷、渔阳、右北平、辽西、辽东郡以拒胡。"燕国筑的长城史家多所考证，对其走向也多限于推测。清乾隆皇帝在围场岱尹梁下立《古长城说》碑，追溯其梗概，提供了一个重要线索②，但其详细位置却少有人做过调查。战国时期的承德地区，正是燕国的渔阳和右北平郡，西面一部与上谷接，东面与辽西接，燕国筑的长城分为南北两线。燕北长城经过吉林省的哲里木盟、内蒙古的昭乌达盟和河北省承德市北部的丰宁围场，已初步能查出其梗概。对于这样两千三百多年前的军事防御设施，能够寻知其走向，做一些追本溯源的工作，在我国考古学史上具有极为重要的意义。关于燕北长城的走向，《史记·匈奴列传》说"自造阳至襄平"。造阳，原上谷郡治，今怀来大古城。襄平，原辽东郡治，今辽宁省辽阳。根据已发表之材料，在内蒙古昭乌达盟赤峰市之南北有长城二道，燕北长城北段在赤峰北郊外，燕北长城南段在赤峰南25千米③。又根据有关历史文献记载，秦统一中国后，在我国东北燕国的范围内修筑的长城是在燕北长城一线，辽西、内蒙古昭盟冀北，主要是利用燕北长城的旧基加以修缮和利用，可以说始建于燕，秦利用之。所以燕北长城多合称为燕秦长城。燕北长城北段经过赤峰大庙进入围场以后，在围场西部又分有支。燕长城，后为金代界壕所利用，在围场、丰宁西沿多伦一线西行为北支；南支则进入丰宁、西行到沽源。根据调查情况发现，有的地方是南北并行的两道，有的地方是一道，还有的地方是三道，这里可能包括长城的分支。同时，也并非一个时期所形成，大体包括了燕、秦两个时期，燕秦长城到金代又为金界壕南线所利用。

吉林之燕北长城，自辽宁省北部阜新境西北行（注：阜新以东调查情况不清楚）进入吉林省经吉林省之库仑、奈曼两旗约125千米④，复入内蒙古敖汉旗新惠，与赤峰北之燕秦长城相接，沿老哈河北岸继续西行。过小城子沿英金河北岸西行到赤峰北之撒水坡、山头、山湾、上水泉、北小城，再延阴河西行至赤峰西的大庙公社中间有一段不接，在二龙库进入河北省承德市的围场县。

河北省承德的北部地区燕秦长城的调查情况是：从赤峰大庙二龙库进入围场三义永公社大营子、山湾子公社半壁山、殷家店后山、新发、岱尹梁、十八号、十五号、棋盘山水泉、二十九号、干沟门、道坝子查下、佛爷道梁、要路沟、刁家窝铺后山、燕格柏、于家湾、六十棵、柳塘子、桃山公社哈字大队八号东沟，长城分为南北二支，北支以壕的形式出现，所以又名为万里长壕，北支继续西北行，过乌拉哈梁、六棵桦大队的大小鸡爪子，西过小滦河，入老窝铺公社的斑雀沟，再西至内蒙古多伦境石沟门。南支为燕秦长城，在桃山西南通过西龙头公社东城子向西南延伸，进入丰宁县境内，以上计

---

① 《战国策·燕策》。
② 《钦定热河志》，乾隆《古长城说》碑文。
③ 《辽宁省赤峰县出土秦代铁权》，《光明日报》1978年10月4日。
④ 李殿福：《吉林省南部的燕、秦、汉文化》，《社会科学战线》1978年3期，227页。

32 段，经 17 个公社、33 个村，共长 213.7 千米。围场县的夹皮川公社边墙村发现一段长城，属燕北长城南段，呈东北至西南走向，其与西北面的最北一道长城即燕北长城北段相距只有约 20 千米。其详细走向如何，仍须进一步调查。其与赤峰市南西行进入喀喇沁旗的长城，即燕北长城南段二者的关系如何？尚未查清。这些都是有待进一步研究的。

在承德地区中部的承德县北头沟战国至西汉时期古城址，东面有汉长城与内蒙古宁城县大营子西汉长城相衔接。在滦平县南部的古城址也发现有长城一段，顺南北行，时代较早，但无法了解其首尾，其是否与北京顺义南之齐长城有关尚待研究。

在丰宁县发现有长城遗址两道，一南一北。北面一道为金界壕，是围场的桃山西北支长城通过多伦一角复进入丰宁县的茶棚北、西北至草原公社骆驼厂北、西至边墙沟复入内蒙古多伦境，再西延至康堡，后来证实为金界壕南面一道（第二道），群众称为二道边。从围场县桃山南支燕秦长城东城子西行，进入丰宁县大营子、小卡拉、后窝铺梁，到外沟门消失。据调查此段长城复西行到乌孙吐鲁坝出现西行，经万胜永、敖包梁、山嘴、大谷山土城，由西进入多伦县下五号，再进入沽源县石门子北。丰宁的燕秦长城多数没于地下，长度不足 200 千米，今存于地面上的仅为 35.9 千米。丰宁的北面一道为金界壕，而南面一道为燕秦长城。

在张家口的沽源、怀安等县也都发现了长城址。

谈到秦长城，这使人们不能不联想到秦筑长城的记载。公元前 221 年，秦始皇消灭了六国，建立了统一的中央集权制封建国家。秦统一后，分天下为 36 郡，承德属渔阳、右北平郡，与东胡和匈奴接壤，为了防御匈奴奴隶主军事政权的掠夺，在燕长城继续不接的情况下，利用燕长城的基址"因边山险，堑溪谷，可缮者治之，起临洮至辽东万余里"[①]。现在承德市各县境内围场县北部长城的一些段落大体是经过秦统一时修缮过的。

燕秦时期，在长城内外修筑了大量的亭、燧、障、塞等防御设施。近年来调查证明，规模小的，一般群众称之为烟墩、望台，大一些的为大小不等的土城。在承德长城内外共发现战国秦汉大小城垣二十多座。仅围场一县就发现分布在燕秦长城内外大小城垣十余座，如岱尹城、九号城子、小拨城、大兴永东台子古城、掌字古城、棋盘山小城子、金千莫力古城、小城子山古城、道坝城、城子区古城、塔镇古城等。在隆化县、丰宁县南部发现的一些古城址，应和西汉列燧有关。在隆化县发现了鲍家营古城、下河西古城、二道河古城、二道营古城、碱房城子等。在丰宁县发现有四角城、东营子、松树沟、小坝子古城等。这些古城大都是属于西汉时期的，其中有一部分可早到秦。这些城一般为土筑，平面正方或者长方形，城垣保存完好，小者每边不足 250 米，大者每边达到 500 米左右。根据有关史料记载，秦统一后不久，活跃于辽西及老哈河、滦河流域的匈奴民族强盛起来，逐渐南下，战国之燕和秦长城线也南缩约 50～100 千米，长城则为列燧所代替。西汉时期在承德修筑列燧长城两道，近 300 座，主要是防匈奴。汉承秦制，承德地区仍属渔阳、右北平郡，政治边界南缩，除继续使用秦的一些城池外，一般位于列燧长城附近的小城垣大多属屯戍之所，有的可能是当时的贸易城。大的城垣即每边长达 500 米左右的应是当时县一级行政机构所在地。《史记》和《汉书》记载，上谷十二县，右北平十六县，渔阳二十二县，其中右北平、渔阳两郡一些县址，至少有一部分在承德境内。目前，在承

---

① 《史记·匈奴列传》。

德已发现的战国西汉城址中，面积和范围大一些的如丰宁凤山土城，滦平小城子、围场岱尹城、塔镇城、隆化城子、平泉三家古城，承德头沟古城等，每边大都在 500 米左右或稍小一些，按照当时的营建制度规定，基本相当于当时县的建置。小一些的城址多建筑在两河交汇之处，扼险要地势或居高临下，这种小城多为屯戍之处，一些城址内外有很厚的文化层，内夹各种从战国到西汉时期的陶片，如各种饰绳纹陶瓮、盆、罐、豆，各种筒瓦、板瓦、云纹瓦当、树木纹瓦当以及大量牛、猪等家畜和兽骨。在围场岱尹城、掌字古城和承德县头沟古城还出土了大量的战国时期明刀币，有的成捆出土。围场四合永一次出明刀币约 200 千克，承德县八家子南台一次出约 100 千克，滦平西北丘陵、小城子、平泉等地也有大量明刀币出土。在丰宁豪村、滦平等地还发现了流通于赵国的安易方足布。在遥远的燕国北方流通和使用赵国货币，与河北易县燕下都等明刀币和赵方足布同时出土的情况极为相似，说明当时各国间货币通用的情况。

战国时期铁器已经普遍使用了。在承德各地战国以来古城城址中都出土了大量铁农具。如承德县头沟古城过去曾出土过铁锄、镰、斧、凿、锛等物，围场县岱尹城也出土过一些铁制手工工具，这些铁工具都是用铸铁制造的，说明在战国初期承德一带就已经比较普遍地使用了铁器。在铁器广泛使用以前，必然有一个酝酿成熟的过程，研究表明铸造铁的出现时期不会晚于春秋或可还早些。1953 年在兴隆县大付将沟曾出土过一批战国时期燕国的生产工具铸范 40 副 87 件，曾引起了考古界和冶金界的极大兴趣。其中包括双镰范、锄范（图版 9 - 1）、斧范（图版 9 - 2）、双凿范、车具范等。在工艺上每种都有内范和外范，分双合和单面两种，工艺水平极高。在范的表面都铸有金文体"右廪"二字，"廪"在战国时期是主管农业的机构，同时也司造农具，证明这批生产工具铸造范是由当时的官营手工业作坊铸造的。用这种铸造范铸造出来的工具形制，在我国北方广泛流行。铁范经有关部门金相学考查，其含碳量高达 4.45%，这是木炭生铁的特征，从金相学组织可以看出它是典型的白口生铁。在付将沟附近发现了当时开采的古矿井，证明是就地取材、冶炼、铸造，反映出了战国时期燕国铸铁工艺的高度发展水平，为我国冶金工业史的研究提供了重要资料①。

秦统一六国后，进行了一系列改革，废除了分封制，建立郡县制，车同轨，书同文，统一度量衡。关于历史上有关秦统一的资料，近年来有许多重要发现。1976 年在围场县大兴永村台子古城址西北断崖上发现秦代铁权一枚，通高 17 厘米，重 28.15 千克②。1977 年 10 月在围场县小锥山古城西侧又发现秦权两枚，一件重 32.65 千克，另一件重 32.6 千克（图版 10）。上述三件铁权初步分析都是属于当时称禾谷用的权，大兴永权和小锥山第二枚权，权底铸造锭已脱落，特别是大兴永权并非标准重量，小锥山第一号权，保存最佳，基本代表了当时权的重量标准。三件权体表面都刻有秦始皇廿六年统一度量衡的诏书计 40 字，文为："廿六年，皇帝尽并兼天下诸侯，黔首大安，立号为皇帝。乃诏丞相状、绾，法度量则不壹歉疑者，皆明壹之。"秦代的度量衡器一般多传世品，出土的时间据目前所知这是第六次和第七次③。新中国成立后见于报道的只五枚，而围场出土三枚也是最多的，证明远在两千多年以前我国北方广大地区就统一到秦的版图之内。秦权的出土为我们研究秦统一的历史，当时度量衡制

① 郑绍宗：《热河兴隆发现的战国时代生产工具铸范》，《考古通讯》1956 年 1 期，29 页；杨子高、杨振：《侯马陶范和兴隆铁范看战国时代的冶铁技术》，《文物》1973 年 6 期。
② 《人民日报》1976 年 8 月 12 日。
③ 见于报道的前五次分别是陕西高奴铜石权、山西左云铁权、江苏盱眙铜权、山东文登铁权和辽宁敖汉铁权。

度提供了重要的实物证据。

关于汉代矿冶遗址的调查，早在龙山文化和夏家店下层文化中就已出现了红铜器，而真正的青铜器在商代早期就已出现。在承德地区发现有大量青铜器，其铸造地点尚不太清楚。但战国至西汉时期燕、汉的铜料来源可能和兴隆寿王坟老矿坑有关。早在中华人民共和国成立初期我们对寿王坟一带的古洞沟、龙潭沟和附近的山厂就进行了调查，证明这座铜矿的历史已有 2200 多年，至少在战国末期就已进行开采和冶炼。西汉时期是这座矿的盛期，这里发现有当时的矿坑（当地称为老龙口）、选矿厂、冶炼厂和储存原料的地方。在河南岸发现了当时冶炼出来的铜锭，上面刻有汉隶"东六十""西五十八"等字样，表明东西两地炼炉分头冶炼的情况。在郑家庄北山坡有大量的圆形炼炉基址，炉坯是圆形的。满山遍野都是焦渣。在寿王坟一带，炼焦渣文化层厚达 2 米多，表明了当时冶炼时期的长久。在这一带发现有西汉时期的五铢钱和瓦当、铁工具、锤斧、亚腰石锤等生产工具。从地望分析，这一带属当时的右北平郡。它可能是当时右北平郡治下的一个矿冶中心。当时，从事冶炼的工人都是从各地抽调来的刑徒（罪犯）。在冶炼厂周围发现了石垒围墙基址，刑徒们就在这里从事着艰苦的劳动。这处矿冶遗址，在西汉中后期，随着当时政治形势的变化，即汉政治势力的南移而逐渐废弃。

（二）战国时期墓葬

关于战国以来的墓葬，大部分分布在同一时期的城址附近，有计划发掘的不多。在承德县头沟古城东面的瓦房村发现了一座战国时期木椁墓，出土了莲瓣盖铜壶（图版 4）、漆壶铜饰件、错银云纹铜镈（图版 5）、铜戈（图版 7）、陶壶、涡纹青玉璧等。特别重要的是墓内出土石砚和研石（图版 6），为我国早期文房四宝之一，为砚史的研究提供了新资料。在滦平县西地一带很早就有战国到西汉时期墓葬的发现，在基建工程中发现了战国时期燕国贵族的墓葬，出土了成组的大型陶器，包括兽纽盖鼎、高足豆、莲瓣壶、盘、匜、方足簋、盉等大件陶器，这些陶器都是模仿春秋以来铜器形制，用朱彩绘出铜器花纹，和易县燕下都燕王陵第 16 号墓出土的精美仿铜陶器相类似，可能不是当地烧制，是研究燕国文物制度的重要资料。这座墓的主人至少应是这一带的统治者，否则是不会用这样一套礼器来殉葬的。除此而外，在隆化栅子发现战国墓群出土一批灰陶，也都是模仿铜器形制。隆化周营子战国墓出土了青铜鼎、剑、斧、锛和马具等。在滦平县小城子西山和尚坟发现了一处战国至秦汉时期的墓群，根据 1978 年冬季发掘的 40 多座墓葬分析，这里是一座贫民墓地。墓葬分布密度较大，全部都是土坑竖穴墓，有二层台，顺南北方向，一般头向北偏西或偏东 15°左右。单人葬，在葬式上以仰面伸展葬式居多，另有屈肢葬，有的双手置于胸前或小腹部。出土铜、铁带钩和璜形饰、陶罐、动物骨骼等。这批墓葬为了解当地下层人民的埋葬习俗等方面提供了一定的资料。在平泉县平房等地战国墓中出土了一些与中原地区相近似的三足鼎、高足豆、盘、匜等陶器。在隆化县偏坡营南沟发现的刻铭铜戈，铭文为"三年俎命（令）乐□（瘀？）工郑客冶□"，除原刻款外还补刻地名，字体属于三晋风格，初步分析是韩器。补刻款可能是秦刻的，有"野王""雍"，皆韩地。后期所刻"山阳"为魏地，二字接近汉隶，有可能是西汉加刻。这件铜戈应是秦统一六国时灭三晋时所获。秦军北上攻燕，又把它带到北方，后落于隆化一带。隆化县西阿超乡发现的"□□右库"铜矛，可能也是三晋兵器。承德地区发现三晋兵器并不为奇，"文化大革命"前就曾发现过赵国的相邦铜剑，这和秦进行统一六国战争的历史都有密切的关系。

（三）燕、汉郡县遗址

截至目前，在承德地区发现燕、汉城址，其年代下限多在西汉中晚期，这可能和当时武帝以后一直到东汉时期乌桓入居塞地有关。滦平小城子是西汉时期古城，分内外两重，外城每边东西长465米，南北宽470米，复原每边长当在500米以上，城墙仍保存一大部分。从其城之规模和所处位置，完全符合秦汉时期一般县城的建置规模，分析此地可能是一座县城的遗址。

《水经注》："要水出塞外，三川并导谓之大要水，东南流经要阳故城，又东南流经白檀入于濡。"目前有两种说法，一种认为要水即今之兴洲河（又名锡拉塔拉川）所经之要阳，其位置与滦平小城子相符[1]；另一种认为要水即洫水（又名鲍丘水，今潮河），"前汉渔阳郡之要阳（今密云县南）皆鲍丘水所经，今之小城子非是"[2]。经过作者郑绍宗的调查，认为滦平兴州小城子为西汉渔阳郡白檀县址，丰宁凤山土城为西汉要阳都尉治所，对解决当时渔阳郡下几个县的建置变迁有一定的意义。

据一般史家推断，秦汉之际的右北平郡治平刚县，有人认为平刚县即今之平泉县境[3]，另一说法在今凌源市[4]，目前已在平泉县发现有三家汉城址，在平泉县北临近的宁城县调查和发掘了黑城城址等。黑城城址出土有西汉的半两、五铢钱和王莽的大泉五十、小泉直一、大布黄千、货泉，以及"始建国元年"的纪年陶范、陶钱范、云纹瓦当、花砖、各种铁工具等。从黑城时代看，战国时期就在此修筑了"花城"，黑城又分为"外罗城"和"内城"。"外罗城"东西长1800米，南北宽800米。"内城"即黑城本身，东西长750米，南北宽500米。从战国以来一直是关外的政治活动中心，王莽时期达到了高潮。黑城城址规模比起关外一般汉代城池规模都大一些，特别是比一般长宽多限在500米左右的汉代县城也大。西汉武帝元鼎四年（公元前113年）以前是郡国铸钱，以后禁铸。而王莽居摄二年（公元7年）开始铸钱，始建国元年（公元9年）又"分铸钱于郡国"。可以想见，当时只有郡国才有铸钱的权利。黑城属汉之右北平郡，原属平泉州，所以右北平郡治平刚县的所在地很可能就是今黑城遗址，在地理上它也正处于关内外陆路要冲[5]。

（四）汉代墓葬

关于两汉时期的墓葬，在滦平、隆化等地都有发现。在滦平蒉子沟、小城子附近发掘了一部分汉墓。蒉子沟和尚坟坡汉墓为中型木椁墓，出有大量陶器，另有铁剑、印章、带钩、五铢钱等。在一般小墓中出连弧纹铜镜、漆耳盆、陶器等，不见中原汉墓中的陶屋、家禽模型等。在一些墓葬中多以猪头骨殉葬，反映了这一带汉墓的埋葬特点和习俗与中原地区汉墓有些不同，这可能和西汉中期以后受乌桓等少数民族文化和葬俗上相互间的影响有关。隆化县馒头包山发现的一座汉墓出土了一批比较精

① 《上都》附录。

② 《钦定热河志》卷五十六，建沿革二；另见郑绍宗：《兴洲河旁的两座汉前土城——要阳、白檀位置考》，《北方考古研究（三）》，355页，古籍出版社，1994年。

③ 同上，沿革考。

④ 佟柱臣：《汉代以前之东北疆域》，《考古学报》1956年1期。

⑤ 昭乌达盟文物工作站、宁城县文化馆：《辽宁宁城县黑城古城王莽钱范作坊遗址的发现》，《文物》1977年12期，34页；另笔者在宁城县文化馆见到有黑城出土之"渔阳太守章""白狼之丞"封泥，白狼即古之白狼水（今大凌河）（待查），白狼当距宁城县黑城不远，可为提供确定平刚位置的佐证之一；李文信：《西汉右北平郡治平刚考》，《李文信考古文集》，225页，辽宁人民出版社，1992年。

美的青铜器，如铜杯、灯、鎏金兽足、器纽等漆器附件、铜镜和博山炉等。在铜器上面有的刻铸"大高""东宫"等字样。这批铜器和满城汉墓铜器形制有些近似，其铭款内容如"东宫"是否为汉宫名称等尚待进一步研究。这批遗物可能是西汉时期地方上地位较高的封建官僚的墓葬。

四 魏晋至隋唐时期文化遗物

根据历史记载，东汉时期，承德全境基本属乌桓地。汉末，鲜卑族强盛起来，承德一带属鲜卑中部，魏晋时期这一带是鲜卑诸部杂居地带，魏为鲜卑轲比能地，晋初为鲜卑段氏地，北境为宇文氏地，后并入慕容氏为前燕地，苻坚时为秦地幽州，慕容垂复国后为后燕地，冯跋时为北燕地，北魏为安州广阳郡燕乐县地，北为库莫奚地，东北为契丹地，北齐、北周、隋唐因之。十六国时期，我国北方处于动乱，许多少数民族纷纷建立地方性政权，这一时期，承德文物考古方面基本还是一个空白。同时，在文化遗物特征方面也没有找出一套完整的规律。目前只是发现一些北魏和隋唐时期的少量遗物。在平泉、隆化都发现了刻有纪年铭文的铜造像。平泉发现了太和时期菩萨像。1977 年在隆化城南三道营东山根发现北魏铜弥勒造像三尊，其中一件高 9 厘米，背光上刻"李翟手用同四斤泰常五年五月五日佛弟子造弥勒佛像"。泰常五年时当公元 420 年。据调查出土造像地点可能是一所佛寺遗址，距当时的安州城址当不会太远。关于魏安州城址的位置，《魏书·地形志》记载，安州领广阳、密云、安乐三郡，广阳郡领广兴、燕乐、方城三县（按：北魏燕乐县即安州广阳郡治）。《热河志》援引《武经总要》谓："后魏之安州，辽为北安州，西南至古北口二百八十里"，以方位道理计之当在今丰宁县之东境（今隆化）。《水经注》："索头水南经广阳侨郡西，今安州治，南流注于濡水（即滦河），索头水即今伊游河……。博洛河屯（今隆化）之废城址。古索头水正经其西，当为安州故址。"亦即辽之北安州，认为是在魏的安州址的基础上设置的。根据调查发掘，隆化鲍家营古城可早到北魏，城关之博洛河屯城，属辽金时期。但也发现有北魏时期遗物，如莲花纹瓦当、太和时期残造像等。三道营出土北魏铜佛为我们进一步确定安州故城址提供了一条线索。在隆化土城子北鲍家营古城也发现有北魏时期的莲花纹瓦当，城址面积虽小，但其和魏安州城关系是密切的。承德市的磬锤峰是北魏时期名胜，《水经注》的"武烈水东南历石挺下，挺在层峦之上，孤石云举，临崖危峻……"便是指的磬锤峰。它是承德地区最早见于记载的名胜古迹。北朝以晚的遗物发现不多。1977 年隆化韩家店发现了一批铜器，有钵、方鼻铜铃、小铜铃、多种形制的铜牌饰件和小五铢钱数枚。从五铢钱的形制、铜质等推测，可能是隋朝居住于该地的库莫奚族的遗物。这种别具一格的铜器过去很少见到，数量虽然不多，但却为我们研究这一地区少数民族历史提供了一个新的线索。

五 辽至明、清时期文化遗物

隋唐以来，承德地区为奚和契丹民族的活动中心，东境一部分属当时的营州。公元 916 年崛起于西辽河上游的契丹民族首领耶律阿保机统一了八部，建立了契丹国后改国号为大辽。我国北方包括燕云十六州基本为辽所统一。承德地区为辽中京大定府泽州和北安州地。在这地区普遍发现了辽金以来城址、居住址和墓葬，同时还出土了一些碑刻等物。

（一）辽、金、元城址

在城址方面，根据记载和实际调查，隆化县土城子大体可以进一步确定为辽代北安州城。库莫奚即隋唐之奚族，从魏以来就据有安州地。始终活跃在老哈河、滦河上游一带，契丹建国以后臣服于辽，是当时一股重要政治力量。《辽史·地理志》："北安州兴安军唐为奚王西省地，辽圣宗以汉户置北安州，属中京，县一。"在隆化县韩吉营西沟出土的兽纽鎏金契丹节度使印，从篆书、章法、形制都接近唐五代，该印可能是中原唐王朝册分契丹节度使时所颁给任职者一方的官印，时代或可早些，对研究隆化一带和当时中原关系很重要。隆化土城子应是当时的一个重要政治活动中心。土城子呈长方形，城垣保存完好，南北长 646 米，东西宽 520 米，城垣最高 15 米，厚 13 米，在土城子北面高台地可能有建筑基址存在。城北面鲍家营一带还有金、元时期瓷窑址。由于承德地处当时辽国的中京（今辽宁宁城县大名城）、南京（今北京市）和西京（今山西大同）中间地带，特别是中京至南京的交通要道。所以，当时营建了一些城址和村落。在丰宁县发现了后窝铺梁、永增厚、西土城等四角城，隆化发现大城子地、小城子地、南城子地、北城子地，滦平县牛角地古城，宽城县横城子、南天门等十数座辽金时期城址。这些城址有的可能属于当时废州县址，城址在金灭辽以后继续使用，一直到元或更晚。承德地区在金时西为兴州，东为大定府，西北为西京路桓州地。

金时的兴州又称为大兴州，是塞外的一个重镇，也是当时重要的政治活动中心。金承安五年置兴州宁朔军节度使，经考证县故城仍在今隆化镇土城子，经过发掘，城内出有刻"兴州"款的板瓦等文物，今存遗迹。今滦平县兴州公社之兴州城址，应是金之宜兴故城，俗称小兴州。《钦定热河志》："宜兴故城在滦平县西北七十五里，金初为兴化县之白檀镇，泰和三年置宜兴县……属兴州、元初因之，至和元年升为宜兴州，以旧有兴州，故俗称此为小兴州，明初改置宜兴守御千户所，永乐初废。"现兴州宜兴城址、城垣保存完好，西、南城垣存一部分。平面呈长方形，存长 390 米，宽 248 米，城垣高达 15 米左右。城内北端经常发现建筑瓦件、陶瓷器。在城址西山一带还有当时的建筑基址等。

（二）契丹女真贵族墓地的重要发现

在承德地区还发现了一些重要的辽金时期贵族墓葬，如平泉的八王沟辽大长公主墓①、上鹰杖子壁画墓、耶律夫人墓、石羊石虎墓群、围场县望道石辽墓、大局子辽墓、兴隆县梓木林子金萧仲恭墓等。辽大长公主卒于辽重熙十四年（公元 1045 年），墓平面布局和辽圣宗永庆陵布局相似，包括主室、前后室和耳室几部分，墓主人是辽景宗耶律贤长女，耶律观音女，其母即承天皇太后，其弟是辽圣宗耶律隆绪，其配偶即辽景宗长婿契丹国北府宰相萧继远。墓内出土大型雕刻石棺和墓志，志文长达 1608 字，记载了平泉八王沟是辽国上层统治阶级萧氏太后一支族墓地。据报道，大长公主墓地于 2013 年又发现了其子萧绍宗的墓地，并出土了墓志铭。萧氏和耶律氏相依为命统治辽国达二百年之久，世袭王爵、宰相要职，该地"八王沟"一词是有其来源的。八王沟一带即辽史中马盂山，距中京很近，相传为契丹民族的发祥地之一，萧氏选择此处作为族墓地是否有归葬祖源之意，可能与此有关。墓志中所反映的大量史实为辽史的补缺拾遗方面提供了重要资料。平泉县小吉沟辽墓为单室石筑，出土了大量珍贵文物，有刻牡丹花青釉瓷注、影青釉莲瓣小碗、仿定白釉净瓶、碗、盏托、三彩罐、鸡腿瓶、不同形制的鸡冠壶、錾龙凤云纹鎏金银冠饰、鎏金口铜胎朱漆唾盂、银覆莲饰、鎏金錾花银镯、节约、玛瑙訾饰，各种铁器有锹、衔、镳、铬铁、剪、熨斗、长方

①　郑绍宗：《契丹秦晋国大长公主墓志铭》，《考古》1962 年 8 期，429 页。

炭炉、铲等，时代为辽代中晚期。围场县望道石辽墓为仿木结构的砖筑单室墓，墓内石椁结构，随葬品、葬俗等方面都有许多特点，大体属于辽代早期。兴隆县梓木林子发现有金海陵王天德二年（公元 1105 年）越国王萧仲恭墓[①]。萧仲恭死于天德二年，卒年六十一岁。他是辽代贵族的后裔，其母是辽道宗的女儿，曾随辽天祚帝西奔，为金人所执。萧仲恭降金后曾为金朝所重用，封"兰陵郡王""济王""曹王"，海陵王天德二年封"越国王"。萧仲恭墓志是用契丹文小字所书写，长达 14280 字。契丹小字由模仿汉字部首、偏旁的式样所组成，结构与西夏文近似，元朝以后成为死文字。萧仲恭契丹文墓志铭是继辽陵哀册契丹文字出土后又一次重要发现，为契丹文字的研究提供了新资料。在平泉县榆树林子公社半截沟发现的耶律夫人墓，从墓志铭文得知，她是兰陵郡王萧延宁之妻，卒于统和二十六年，死后赠岐国夫人。萧延宁，《辽史》中有数人名近延宁者，可以核对研究，估计其墓就在耶律夫人墓近旁，进一步发掘将能对《辽史》的研究有所助益。唐宋贵族墓前多树石制标志，诸如翁仲、石兽等。在平泉石虎村发现的辽墓群前面有石羊、石虎、石人等大型雕刻十三件，反映了辽金贵族在埋葬习俗等方面受唐宋制度影响的深化程度。石刻则是古代劳动人民雕刻艺术的精心杰作。

除了辽金大型贵族墓葬以外，在平泉哨鹿沟和滦平蔺子沟、杨树沟等地发现了一些中小型墓葬，有砖室、石室墓等。滦平县杨树沟石窋地出土金代石棺三个，用青石雕刻而成，分两层，上层刻成庑殿式小顶，下层即棺身中部挖成方槽，内盛骨灰。正面刻出侍者和妇人掩门，破子棂窗。其中一件右侧刻"泰和八年立墓人妻王牙造"。其形和已出土之辽代塔基石函相似。各地辽代金墓葬中出土的文物有各种海兽葡萄镜、铜熨斗、带饰、铜佛、银铜盖脸、铜丝手套、辽三彩方盘、荷叶盘、鸡冠壶、鸡腿瓶等，都是最富有民族特色的文化遗物，是研究契丹民族文化的重要资料。各地发现的辽金遗址都出土一些铜铁器，如六蝥铁镀、铜斧，特别是各种铜犁铧、铁镰、刘刀等大批农业生产工具的出土，反映了当时契丹、汉、女真等劳动人民共同劳动开发这一地域的情况。

（三）辽金元时期的重要遗迹、遗物

辽代石刻文字和摩崖造像，在滦平、隆化都有发现。滦平县十八盘梁南坡有辽太康八年刻石，文为"大康八年九月二日，□□十差到通引宫行者，直属□尺凡今关新来一十人，四月十八，万古永记"。十八盘梁可能就是辽代两京交通要道之一"德胜岭"址。隆化县石佛口保存着金元时期的摩崖造像，有千佛壁、立式菩萨等。从摩崖前面有金元时代砖瓦分析，原可能有建筑存在。

在滦平县岭沟发现的金代农家遗址，在考古学上比较重要。遗址中出土的大铜镜、青釉瓷缸和缸内所盛的一套农具，如铁锄、铁锤、播种用的点葫芦、盛谷物的瓷罐以及铁勺、木制小桶、双鱼镜、大观通宝钱、泰和通宝钱等，充分反映了当时在金王朝统治的北方个体农家从事农业耕种的情况。女真族建立的金朝在农业上基本是宋、辽经济的继续，特别是农村的个体农业经济受着封建地主和女真贵族的重重剥削，生产工具简陋，生产能力也十分低下，贫苦农民过着朝不保夕的悲惨生活，至于铜的使用更要受到严格的限制。岭沟农家遗址出土物可能是金朝灭亡前有意识埋藏的，是研究当时封建的个体经济情况的重要资料。1975 年在青龙县井丈子西山嘴发现的金代遗址出土了各种

---

①　郑绍宗：《兴隆县梓木林子发现的契丹文墓志铭》，《考古》1973 年 5 期，300 页。

黑白釉瓷片、铁斧、铁锄及北宋、辽、金钱币25种和1件铜烧酒锅，从出土的"大定通宝"钱推断，时代属金①。过去一般认为蒸馏酒的历史是比较晚的，这次烧酒锅的出土，为进一步研究我国蒸馏酒的历史提供了很好的材料。

从辽金以来，承德一带既是政治活动中心，又是新旧政权交替的重要战场。它北面的宁城辽中京大定府和南面的南京析津府也是重要过渡地带。这一带在辽末金初曾进行过较大战斗的地方都留下了遗迹和遗物。1972年在承德县深水河发现了契丹国金牌和银牌各一面②。金牌重475克，银牌重383克，上刻契丹文三字，初步释为"敕宜速"三字（图版8）。金银牌在《辽史》《燕北录》等书都有记载。《燕北录》说："契丹银牌有十三道，上是番书'联'字，用金镀银成。"金银牌是当时的皇帝圣旨牌，契丹国主用以掌握地方兵、刑、钱、谷等事。"国有重事，皇帝以牌亲授使者……所至如天子亲临。须索更易，无敢违者。"金银牌所以发现在承德县深水河，应和辽末在中京大定府的泽州（今平泉县南察汉城即会州城附近）和北安州（今隆化土城子）进行较大的战斗有关，可能是辽战败撤守时有意埋藏的。另外，在平泉县出土宋代"忠武军使记印""神山县印"，围场县发现的金正隆二年"同知北京路兵马都总管印"，特别是在隆化土城子辽北安州出土的金代"兴安西北等路元帅府印""元帅府左参谋（即监军）之印"，承德市发现的"元帅府印""元帅都监之印"，平泉县发现的金代"万户往字号印"，宽城县出土的"都提控所之印"，平泉县的元代"惠州之印"等，对于研究当时的政治军事制度、建置沿革变迁都是很重要的资料。

"忠武军使记印"可能是宋代的一枚军印。"忠武"是这个军的番号，它何以流落于平泉尚待进一步研究。"惠州之印"，辽和元朝皆曾设惠州治。辽中京大定府下有惠州惠和军，统县一即惠和县，在大宁卫（宁城县大名城）东北百里，故城在今敖汉西之博罗科废城，金天辅五年罢州，仍置惠和；元大宁路下设惠州。《元一统志》："惠州西南至大都六百六十里。"从目前"惠州之印"字迹和出土方位推知，"惠州之印"可能是元代的。"神山县印"，辽金皆置神山。《辽史·地理志》："泽州广济军神山县。"（辽泽州本治神山县）。"同知北京路兵马都总管印"为金少府监造。《金史·地理志》："贞元元年三月始改中京为北京路。"这几枚铜印大都和辽金建置有关，有助于了解当时建置的变化情况。隆化、承德出土的一批金代元帅府及其下属机构的官印。据记载，金曾于北京大定府设元帅府，金末，元兵攻大定，金元帅音达晖（寅答虎）等以城降③。这一批元帅府及其下属机构印，可能是金兵溃败时有意埋藏的。辽金通用宋金货币，在辽金时期遗址中曾成批出土宋金元钱，平泉县杜岱营子一次出土宋钱700多斤，应是有意埋藏的。

元时期的重要发现，主要有隆化鸽子洞发现的一批震惊于世的窖藏。据介绍这批窖藏有元代文书6件，丝织绣品46件，杂项15件，共计出土文物67件。有"元至正二十二年兴州湾河川王清甫典地契"和"元至正二十一年"文书残片以及"元至正时期失喇斡耳朵有关九春殿炭户夏衣钱粮"等文书残片，其中重要的是大量丝织绣品的发现，如福地鸾凤串枝牡丹莲花纹锦被面、蓝底灰绿菱格"卐"字龙纹花绫半臂对襟夹衫、绿暗花绫彩绣花蝶纹护膝、白暗花绫彩绣童子戏牡丹护膝、各种织金锦绣、

---

① 承德市避暑山庄管理处：《河北省青龙县出土金代铜烧酒锅》，《文物》1976年9期，98页。
② 郑绍宗：《承德县发现的契丹符牌》，《文物》1974年10期，82页。
③ 《元史·太祖纪》。

彩绣、镜衣、葫芦针札、绣花翘头女鞋、锦绣料片、绅带、抹额、带、袍等。此外还有驼骨、雕羊首羚觥、海螺、银饰等。这批窖藏引起国内外诸多学者的注意，对元朝大都和上都之间的驿路研究，元代文书、契约和典章制度研究，特别是丝织绣品的制作技艺、花色研究提供了极为重要的资料①。

虽然元代墓葬发掘不多，但各地遗址和零星发现的元代遗迹和文物还是不少的。如围场县塔镇公社的元代白塔，清朝的一些文人就已经以游记进行了记载。《热河志》："布都尔行宫东北有旧塔二层，蒙古呼为阿拜诺顿颜苏巴尔汗……盖旧时曾为村落，今只存其半，故俗又呼为半截塔。"在半截塔前面曾发现一些元代陶瓷器、砖瓦等物，该塔应是元代寺院中的建筑之一。寺院在清时已倾圮。在围场还出土有元代寺院中遗留下来刻有年款的铁云牌，元中书礼部造至元二十四年"虎贲军百户印"、元至正二年"羽林军百户印"等。此外，在隆化、滦平等地还出土了一些元代瓷器，带有"内府"款的梅瓶、青花瓷器等。在承德地区隆化、青龙、围场等地都发现有"内府"款的白釉和黑釉梅瓶。元内府主宫廷事宜，"内府"款瓷器是专为官家烧造的。承德地区当时的一些窑址除了烧制民用瓷器以外，是否也烧造一部分官瓷，应该进一步加以探索。关于辽金时期以来的瓷窑址，经过调查的有隆化土城北鲍家营窑址，位于辽代北安州之北，烧造赭黑釉、米黄釉、墨绿釉缸胎瓷和仿磁州窑的白地黑花瓷器等。窑厂较大，窑具分布也广。时代初步考订为金元时期。另外在宽城缸窑沟也发现一处窑厂，烧造绿釉缸胎瓷器等，时代大体属金。上述两处窑址尚待进一步发掘，弄清其产品种类、烧造技术、销路情况等，是解决金元时期北方瓷器史的一个重要线索。

（四）明清时期文物

明初，承德地区属北平府。滦平、丰宁为兴州左、右、中、前、后五卫。平泉为大宁（今宁城县大名城）、新城（今宁城县黑城）、富峪（今平泉县油房营子）、会州（今平泉县会州城）、四卫及宽河（今宽城）守御千户所。城址附近也发现一些明代遗物，如在宽城发现的洪武铜铳等。

清代，承德的地位越发显得重要起来，从顺治八年（公元1651年）起到木兰围场巡幸，经过康、乾两代的经营，在围场设置七十二围作为行围肆武，团结蒙古诸部，反击沙俄侵略的重要政治活动场所，特别是从康熙四十二年（公元1703年）修建承德避暑山庄起到乾隆五十五年（公元1790年）避暑山庄和外八庙陆续建成②，承德则成为清代皇帝避暑和从事各种政治活动的另一个中心，许多有声有色的政治斗争都在这里一幕一幕地演出过。避暑山庄中的宫殿，康熙三十六景、乾隆三十六景、各建筑组群和外八庙中的溥仁寺、溥善寺、普乐寺、普宁寺、普佑寺、安远庙、须弥福寿之庙、广安寺、普陀宗乘之庙、殊像寺、罗汉堂等大型寺庙都是在一定的政治和历史条件下建成的，是和清朝初年战胜国内外分裂割据势力、抗击沙俄侵略的历史分不开的。在承德避暑山庄、外八庙和隆化、滦平等地清代行宫、木兰围场七十二围址中保存下来的大量历史建筑、文物、碑碣和文字资料，从一个侧面反映了当时的政治历史情况，是我国统一多民族国家巩固和发展的历史见证。

---

① 孙慧君：《隆化鸽子洞元代窖藏》，《河北人民出版社》2010年3月。
② 关于清代木兰围场、承德避暑山庄、外八庙，详见下文，此不赘述。

第四章　清代木兰围场

在清朝（公元 1644～1911 年）二百多年的历史中，它前期的几个皇帝包括从顺治到嘉庆这百余年间，木兰[1]围场的扩建和形成是和当时清廷的命运紧密连在一起的，特别是康乾两帝把当时的热河作为另一个政治活动中心以后，其地位更加突出起来。木兰围场和热河避暑山庄、外八庙相依为命，成了清朝前期政治活动中不可缺少的一环。前者是清帝巡幸塞外，岁举秋狝之典，团结蒙古、新疆各少数民族部落习猎训武之所，特别是从清圣祖康熙以后，把"木兰秋狝习武"，垂为家法。而后者则是清帝等巡幸塞外驻跸热河时进行巡展觐见和处理政务的地方。

清朝在塞外北距京师八百里处开辟木兰围场，继之又在此距京师五百里处修建规模宏伟的避暑山庄、外八庙，这和当时清廷的内政外交有密切关系，即如乾隆在《避暑山庄百韵诗》中说："我皇祖建此山庄于塞外，非为一己之豫游，盖贻万世之缔构也。……往来沙塞，风尘有所不避，饮食或至不时，以是为乐，固未见其乐也。"主要还是为了要"合内外之心，成巩固之业"[2]。一方面在主观上是为了巩固清王朝的封建统治，而另一方面在客观上却起到了团结国内各族人民，抵御外部侵略，完成国家巩固和统一事业的作用。

满族起源于白山黑水之间，狩猎是当时的重要生产活动。早在清朝入关以前太宗（皇太极）时期，就有大规模的狩猎活动了。满清入关以后，出于政治的需要，把"巡狩习武"作为清朝封建统治者的重要政治活动之一。从清朝初年开始，先后在东北盛京（今沈阳）、吉林、黑龙江和北京近郊的南苑建立了围场或狩猎场。而在热河北面三百里处所建立的木兰围场则是清代围场中规模最大的一处。清代在康、乾以后，东北的几处狩猎场，除了出巡时使用之外，很少使用，而规模较小的南苑围场，因距京师较近，清朝各帝多所前往，见于清代记载中。而热河木兰围场，在清帝"当遵皇考（康熙）所行，习武木兰，毋妄家法"[3] 指导思想支配下，其活动时间达百余年之久，整个历史，几乎与热河避暑山庄的历史相始终。

第一节　木兰围场

一　木兰围场的地理环境

木兰围场又称"热河木兰围场"，在今河北省承德地区北境（图版 11）。今围场县建置，就是从清

---

[1]　满语谓哨鹿曰木兰，围场为哨鹿之所，故以得名。
[2]　弘历：《避暑山庄百韵诗》，碑藏承德避暑山庄。
[3]　弘历：《御制避暑山庄后序》，《承德府志》卷首二十二。

木兰围场之名沿袭下来的。其地北纬 41°35′~42°37′，东经 116°47′~118°20′，原处蒙古各部落中间，周一千三百余里，东西三百余里。东接赤峰喀喇沁，南近隆化，北毗克什克腾，西北近多伦，西近丰宁（原属四旗厅）。现面积 10400 平方千米[①]。其范围接近原木兰围场的面积。木兰围场的地势是北高南低，南部为丘陵、山地，北部为坝上高原区，和丰宁相连接，属于蒙古高原东部边缘。坝上地区海拔一般都在 1200 米以上，坝上边缘区，即坝上坝下分界海拔一般都在 1500 米以上，地势由东南向西北倾斜，如围场御道口大生堂山海拔可达 1700 米以上。坝上坝下景色迥异，坝下深谷纵横，林木丛蔚，无数天然林场，绵延数百里；坝上即兴安大岭之巅，漫岗迂回，湖淖星布，河床弯曲有如蛇行，辽阔草原，远际天边。其地确如嘉庆《木兰记》碑文中所说："木兰者我朝习猎地也……周环千余里，北峙兴安大岭，万灵萃集，高接上穹，群山分干，众壑朝宗，物产富饶，牲兽蕃育。"[②] 该地是许多重要河流的发源地。滦河上游东原小滦河分支蚁蚂吐河、伊逊河、老哈河分支英金河、西尔哈河都发源于坝上兴安大岭之巅。山川之秀，甲于紫塞。

木兰围场的地理位置和政治环境十分重要，其西北连蒙古高原，可以俯控漠北喀尔喀蒙古和漠南蒙古诸部，东接松辽平原白山黑水之间，是清朝的祖籍发祥地，西北越蒙古河套地区可控新疆、青海，西南坐拥天险和独石，而古北、喜峰二口，古来为通往大漠南北的主要贡道，又加以地近京师和清朝风水地祖陵——遵化东陵，这些优越条件，加以山川景物自然形势，所以清朝在入关后不久，就物中了这个"肄武绥蕃"的重要活动场所，作为清廷从事内政、外交活动的一个重要地点。

二 清廷设置木兰围场的政治背景

清朝对于木兰围场的重视是随着清廷逐步夺取全国政权而发展的，它和满清入关南进必然要先解决蒙古问题有着密切的关系。这样既可以通过团结蒙古诸部利用蒙军力量协同南进作战，又可以铲除后顾之忧，同时也为康、乾时期团结国内各族力量，反击沙俄侵略打下坚实基础。由于木兰围场北接蒙古诸部，南距京师又不太远，位置十分重要，在历史上就是一所天然名苑。这些优越的地理条件和清朝入关前后解决蒙古及北部问题的指导思想相融会，构成了木兰围场和承德避暑山庄、外八庙进一步发展成为清代前期团结国内各民族从事各种政治活动的重要场所的另一个原因。

蒙古皆元朝之后裔，在明末清初之际分为四大部，名之曰漠南（内）蒙古、漠北（外）蒙古、漠西厄鲁特蒙古和青海（西海）蒙古。漠南、漠北蒙古出太祖成吉思汗，青海蒙古为元之旁支，漠西厄鲁特蒙古为元之臣仆[③]。漠南蒙古最早臣服于清，因其接壤满洲，在清朝入关之前就相继统一于清政权。清太宗天聪九年（公元 1635 年）林丹汗灭，得传国玺于元小王子插汉部，蒙古四十九贝勒及土默特两旗合上尊号，尊太宗为大汗，于是漠南四十九旗都编入旗籍并随军征明。康熙初，漠北喀尔喀三部臣服于清。康熙亲征准噶尔后青海蒙古来廷，而漠西厄鲁特蒙古的全部平定则是在乾隆时期。清朝入关后奠都北京，入关后的第一个皇帝尚在冲龄，一切规章皆依太宗之制。清廷一方面和汉族地主武

---

① 现围场县共辖 11 个区，50 个公社，人口 40 万。一说 9131 平方千米，人口 45.8 万。
② 颙琰：《木兰记》，《承德府志》卷首，天章。碑存围场县庙宫。
③ 魏源：《圣武记·国朝绥服蒙古记》。

装镇压明朝的残余势力，另一方面对国内各部族特别是北方蒙古各部采取了团结、稳定的"绥服"政策。清廷为了加强同蒙古各部族的关系，采取了会盟、封爵、赏赐、抚恤、联姻等方式，为解决国家统一问题创造了条件。

在清朝政权已经趋于稳固之后，世祖顺治八年（公元 1651 年）开始了入关后的第一次塞上巡幸。"顺治八年四月乙卯，上启跸巡幸塞外，辛亥出独石口，五月甲申驻跸上都河，丁亥驻跸喀喇河屯，乙丑入古北口，癸巳上回宫。"① 这是据《承德府志》的记载，而《东华录》的记载则较此更为详细，"四月……乙卯，上出安定门到猎幸沙河。丁巳上次榆林……辛酉上次赤城……甲子上次上都……丙寅翁牛特部杜陵郡王来朝……上次俄尔峒……寅午巴林部固伦鄂驸郡王色布腾来朝……辛未上回銮次上都河……壬申上次俄尔峒河……五月丁丑上次谟护里伊扎里河……辛巳上次库尔奇勒河……壬午乌朱穆秦部塞稜额尔德勒来朝……乙酉上次西塔喇……壬辰上次孙河，癸巳上还京师"②。两项所载路径是一致的，可互为补充。其路线是北京安定门—沙河—榆林—赤城—上都（即多伦）—俄尔峒—上都河（滦河上游）—谟护里伊札里河—库尔奇勒河（今围场境内御道口一带小滦河）—西喇塔喇（今滦平县兴洲河）—喀喇河屯（今承德市滦河镇土城子）—柳河（今伊逊河）—回京。顺治对多伦诺尔、克什克腾、翁牛特、喀喇沁、四旗厅之间这块蒙古高原东部的地理形势进行了调查，见到木兰围场山川秀丽，水草丰美，且道里适中，为康熙时期开辟木兰围场作了准备，此后清初一系列政治活动如著名的解决外蒙喀尔喀问题的多伦会盟，通过木兰围场密切清廷与各族之间的关系，抗击沙俄侵略，维护祖国统一等都与顺治八年的塞上之行有密切关系。清朝初年，蒙古各部虽然都是定期向清廷纳贡并相继臣服于清，但是，由于沙俄的煽动和直接伸手进行破坏，民族关系比较紧张，特别是漠西厄鲁特蒙古上层贵族对清廷时叛时服，当时的民族统一问题并没有得到解决。顺治皇帝想要通过对蒙古上层分子的团结和利用达到维护国家统一的条件在当时还不成熟。这只有到了康熙和乾隆时期国内的政治、经济等各方面条件都趋于巩固之后，也正是清朝的鼎盛时期才有可能。康熙十二年（公元 1673 年）开始相继爆发了吴三桂、尚可喜、耿精忠为首的三藩之乱，这股分裂割据势力一直延续到康熙二十年（公元 1681 年）才结束。当时清廷的视野主要转移南方，但并没有忘记北方。康熙十六年（公元 1677 年）他谒孝陵（顺治）之后巡视塞外，出喜峰口驻跸和尔和克必喇，回驻喀喇河屯（今承德市滦河镇）。喀喇河屯，蒙语乌城，即黑城，这里他是寻蹈着顺治八年第一次出塞时所曾经过的路程，就在这一年建立了塞外第一座行宫即喀喇河屯行宫。从此以后，喀喇河屯行宫就成了在热河行宫未建成以前从北京去往木兰围场的重要中间站③，也是从北京出发去木兰围场巡狩沿途修建行宫的开端。

三　康熙皇帝设置木兰围场之经过

木兰秋狝是清朝最重要的"绥服"蒙古之典，是团结蒙古各部的一项重要措施和盛典④。如果说顺治八年为木兰秋狝作准备，康熙十六年（公元 1677 年）则是第一次举行。从康熙二十年（公元

① 《承德府志·巡典》。
② 《十朝东华录》顺治　十六。
③ 《承德府志》卷二十，《圣祖御制穹览寺碑文》。
④ 魏源：《圣武记·国朝绥服蒙古记》。

1681 年）起成为定制，正式设置木兰围场，"举蒐狩之典"，喀喇沁、敖汉、翁牛特、克什克腾、巴林等部敬献牧场"遂开灵囿""行围肄武"，所谓"平时不忘武备，勤于训练"①。清朝初年，蒙古各部和清廷关系最为密切的莫如漠南，以卓索图和昭乌达盟为最，如喀喇沁、土默特、敖汉、巴林、翁牛特、克什克腾、奈曼、扎鲁特、阿鲁克尔沁、喀尔喀皆清廷之心腹，且多和清廷有密切的联姻关系，世为清廷所看重，他们将本旗所属小块牧地，敬献给木兰围场，作为报效是自然之事。

四　清帝行围肄武的时间

从康熙二十年（公元 1681 年）开始，木兰秋狝成为定制以后每岁或间岁一举。高宗（乾隆）、仁宗（嘉庆）遵前制，于每年八月行围肄武"垂为家法"，如嘉庆《木兰记》碑中所说，为"亿万斯年世世子孙所当遵守"②。关于行围的时间，从康熙二十年岁举行围之典以后，除二十一、三十五两年未举之外，余全部按时举行。乾隆六年开始间岁一举，十六年以后岁一举行，其中四十二、四十三未到木兰围场。嘉庆朝岁一举行，其四、五、六、十、十九、二十一、二十三年未举。总之，从康熙二十年到嘉庆二十五年（公元 1820 年）的 139 年中，经历四帝，据不完全统计共举木兰秋狝之典 105 年，中间只有 34 年由于某种原因未能进行。每岁出巡，一般从五月或七月出京，九、十月返京。在塞外逗留 4~5 个月的时间，也有短到 1~2 个月的。从康熙四十七年（公元 1708 年）起到热河避暑山庄和外八庙相继建成以后，由于有了比较固定的优越居住条件，能够专心致志地与宫中无异地处理政务，其在外巡幸的时间也相应加长。

五　出塞路径情况

根据《钦定热河志》和《承德府志》所记载，清帝去往木兰围场所经路线如下：

康熙时期北京发自宫中或畅春园—古北口—喀喇河屯—热河上营或下营（西行）—喀喇河屯—博洛河屯—入木兰围场—回驻博洛河屯—喀喇河屯—入古北口—回宫或入畅春园。以上自喀喇河屯去木兰围场，为西路。

康熙四十七年，热河避暑山庄建成后，其路径是：北京发自宫中或畅春园—古北口—喀喇河屯—热河避暑山庄（北行）—中关—博洛河屯—入木兰围场；或是古北口—热河行宫—汤泉—回驻热河行宫—喀喇河屯—博洛河屯—入木兰围场—返北京（略）。

康熙五十一年奉皇太后诣盛京谒孝东陵（遵化）的路径是：北京—遵化孝东陵—出喜峰口—热河行宫—入古北口—入畅春园。

乾隆八年奉皇太后诣盛京谒三陵，取道热河的路线是：北京畅春园—古北口—常山峪—热河行宫—博洛河屯—木兰围场—敖汉—土默特—去盛京（沈阳）—山海关—北京，有时从热河行宫直去大宁城，转道赴盛京。

六　木兰围场概况

木兰围场是一处周围约 650 千米的天然林牧场，地势变化复杂，草木繁茂，牲兽蕃育，古来为著

---

① 《钦定热河志》卷四十五《围场》；《承德府志》卷首二十六《围场》。
② 颙琰：《木兰记》，《承德府志》卷首，天章。碑存围场县庙宫。

名狩猎区。康熙二十年蒙古诸部落敬献牧场进行规制以后始定"木兰围场"之名。严禁蒙古各部民出入狩猎，以兹繁殖。乾隆六年以后，遵前制每于八月"行围肄武"其制度也更加完备。木兰围场四面树栅立界以别内外，又称为柳条边。

进入木兰围场有东西两路，直通东西崖口，从地图平面上看，两处崖口大致位于一个水平线上。由于围场是哨鹿之所，所以进入木兰围场的东西两崖口又称东西哨口。不论是从东崖口进入木兰围场，还是从西崖口进入木兰围场都得经过博洛河屯（蒙语紫城，今隆化县城关镇），所以博洛河屯在清代行围狩猎的历史上占有很重要的地位。

从博洛河屯北行，经张三营可达东崖口，即地名石片子，是今隆化、围场二县交界处。伊逊河（蒙语九曲之意）北出围场南流入隆化境，两山对峙，背列如屏，形成崖口，又称伊逊崖口。入伊逊崖口北去，即正式进入木兰围场。乾隆帝于辛未年（公元 1751 年）在崖口北山之巅树碑一通，勒四体诗，题为"入崖口有作"。嘉庆十六年（公元 1811 年）于崖口伊逊河北岸平坦处，建兴安大岭神祠，又名"敦仁镇远神祠"即东庙宫。在崖口外之西岸山坡处，于嘉庆十二年，树碑一通，名之曰《木兰记》，满汉双文，详载木兰围场建立的经过。

从博洛河屯西北行 29 千米为济尔哈朗图（蒙语安乐所，凡水草佳处皆名之）行宫。以其位于博洛河屯和卜克达坂（伏行岭）之中，发内府余储所建。位于今隆化县牛录公社，仅存基址。建于乾隆二十四年（公元 1759 年），自此再北行四十三里为阿穆呼朗图（蒙语康宁）行宫，由此进入伊玛吐河，河两岸两山交错，形成崖口，此距狩猎场最近。阿穆呼朗图行宫建于乾隆二十七年（公元 1762 年），位于今隆化县步古沟公社，今存基址。由步古沟北行五里进入木兰围场西哨门，有嘉庆二十三年（公元 1818 年）访东哨门之时于布克崖口之内数里相对平坦之处建立山神庙一座，名之曰"协议昭灵神祠"。再北行五里为卜克达坂，今称碑梁。在碑梁东侧有乾隆十六年所树《于木兰作》诗碑一通，碑上有乾隆二十四年、二十五年补刻的五言律诗，自碑梁北侧即进入木兰围场西境。

（一）围场规制

围场按八旗之制，每旗各一营房，以一营房统五卡伦，分正黄、镶黄、正白、镶白、正红、镶红、正蓝、镶蓝各旗，分布于全围各处。高处为卡伦，共四十卡伦，各有分地，以司稽查。现今围场县有名之为"兰旗卡伦""小卡伦"等，多是当时各旗营房大卡伦，即哨所的所在地。八旗营房基本安置于围场四周之出入围处，起保卫围场的作用。其分布情况是：

正南　石片子——正蓝旗营房

正南　什巴尔台——镶白旗营房

西南　海拉苏台——镶蓝旗营房

西南　苏木沟——镶红旗营房

西北　扣肯陀罗海——正红旗营房

正北　锡拉扎巴——正黄旗营房

东北　奇卜楚高——镶黄旗营房

东南　纳林锡尔哈——正白旗营房

八旗营房下所属四十卡伦则遍布于围场各地，置于较高之地以伺瞭望。

（二）官制

木兰围场初置，由蒙古各王公管理，如阿鲁科尔沁郡王色楞额驸巴特玛就曾任"管领围场"事务[①]。康熙四十五年初设"围场总管大臣"，正四品。乾隆十八年改为三品，总管下设各级官员，有左右翼长、章京、骁骑校、恩骑卫、笔帖式、委属骁骑卫、领催等。并满洲、蒙古共一千名兵（内满洲兵415蒙古兵585名）把守。

（三）七十二围

木兰围场内设围七十二处[②]。《钦定热河志》凡例，"凡围七十有二"。而《大清一统志》《清朝通志》均称"凡围六十有七"。此处以《钦定热河志》为准，其与实际调查情况大致相吻合。关于七十二围的名称、所在地等情况详见本书附录1。其名多蒙古语，或一少部分为满语，取于河源、山名或原蒙语地名，今多数改为汉名，这些汉语围名取直译式谐音一直沿用下来。清帝每岁秋狝行围十余处或二十余处无定数，至今还有一部分围址保存下来，但今名和原名略有变化，如达颜德尔吉围场今名岱尹梁，多们围场今名多本，永安湃色钦围场今名燕格柏，永安湃围场今名要路沟，都呼岱围场今名杜格岱，察罕扎布围场今名查正，永安莽喀围场今名碑亭子，固尔班固尔班围场今名头道轱辘板、二道轱辘板（简称头板、二板），坡赉围场今名坡字（亦称炮赉沟门），克依埒围场今名克勒沟，珠尔围场今名竹立沟，毕图舍哩围场今名毕图舍里，孟奎色钦围场今名孟奎等不一一类举，其中一些围的名称一直未变。虽然古今名称略异，但都能确指其地点。

关于围场的形制，多取群山合抱处，如棋盘山镇富城子村东面骡子沟东南岔的毕图舍里围，是一处周围约十里的群山环抱的水草丰盛地，除西面入口处外，余三面山形如椅，山坡间草木繁茂，是牲兽繁育佳处。新拨镇骆驼头村北的月亮弯子即岳乐围场，山势地貌也取上述形制，围场入口处在南，群山翠叠，中部略平，是合围狩猎的佳处。其余各围场也多取此种形制。

（四）驻跸

行围多在中秋之后，由热河启跸至木兰围场，于适中地点，选水草丰盛之所建立行营，即御行幄。乾隆二十年以后所定行营之制，在《钦定热河志》中有详细的记载，兹摘要录之于下：

"驻跸大营内方外圆，度地纵二十丈六尺，横十七丈四尺，建黄幔城，外加网城，结绳为之，黄色……凡百六十有六，距幔城东、西、南各十八丈，北十五丈，设连帐百七十有五，为内城，启旌门三，门各建纛，东镶黄、西正黄、南正白各一，周建内城，旗四十有五，宿卫帐九。

距网城十有二丈为外城，设连帐二百五十有四，启旌门四，门各建纛，东镶白……周建外城，旗六十……宿卫帐四，外城东旁设内阁六部，都察院、提督等衙门、官帐，或东面地狭，则设外城南。

距外城六十丈，周设警跸帐四十，各建护军旗一，东北镶白……重门拱卫，呈庐环布。

幔城正中御幄在焉……帐正中设御座……左右各设圆幄一……座后长幄……四方启门，后达帐殿，横列三楹……更后为圆帐三。

————————————

① 《承德府志》卷十六《巡典》。
② 木兰围场有围七十二处。而《大清一统志》《清朝通志》均称"凡围六十有七"不确，详见附录1。

幔城外左右连帐茶膳储侍……除驻跸大营外另设屯营。"

（五）行围

行围有行围仪注，行围前清帝先期降旨，准备行围应行事宜，由预备响导大臣率官兵于大驾所经之处进行准备。知宗人府、内阁、六部、院、司、寺，奏请钦点扈从王公大臣，由理藩院行文各札萨王公，先时戒备随围。以上是事先的准备工作。

驾行前，遣官告祭奉先殿，届期出宫，百官跪送。到热河驻跸避暑山庄，秋后启跸行围。由行在兵部领行围禁令，由管围大臣带领随围官兵在围场祗候，先以百余骑小猎于平甸，名之曰撒围。入围场后立御营，无定处随时随地而异，扈从官兵依次安帐。皇帝启跸，先驻看城，用蒙古各部包括喀喇沁、翁牛特、敖汉、巴林、克什克腾、科尔沁1250人布围。并从喀喇沁、哈玛尔、翁牛特、土默特蒙古中选随围枪手、打鹿枪手和响导等。围中以大黄纛为中权，分左右两翼，以蓝旗为前哨，后队依次进发，由远而近将会于看城，趋各种牲兽于围中，这时皇帝出看城，名之曰"合围"。皇帝引弓在牲兽群集之处进行射猎，随围之王公大臣、侍怀随射，群兽以麋、鹿为主，有逃出者允许官兵追射，命中者记诸册。围中有熊、虎诸猛兽时，则由管围大臣遣侍卫驰报看城，皇帝亲自策骑至其处，命虎枪官兵掩杀之，或用御神枪及弓矢毙之。如围中麋、鹿过多，则开一面放之，未初，罢围。

罢围后，车驾还行营，所将获兽颁赐给扈从王公大臣、官员等。行围结束，出哨，遣随围各蒙古王公部落仍回各处。请皇帝到热河，再返京师，告秋狝礼成。

以上是行围的一些具体过程，也是总的过程。

随围各蒙古王公有内札萨克四十九旗、喀尔喀四部、青海、厄鲁特的王、公、额驸、贝勒、贝子、台吉、塔布囊等。乾隆十九年（公元1754）都尔伯特蒙古来归，乾隆三十六年（公元1771年）土尔扈特部来归，各王公等每年分班于热河朝觐后亦令随围。行围前各蒙古王公等俱于博洛河屯祗候，随围期间，近木兰围场蒙古诸部落要向清帝进家宴、献九白之礼①，表示和清廷亲近。清帝除宴赉外，要给予各部大量赏赐，如弓、箭、朝服、珠宝、金、银等珍奇，举行各种游幸，如听奏胡笳曲、陈相扑（摔跤）之戏，或观蒙古王公子弟骑生驹等，清高宗有"宴塞四事"诗以志其事②，借以亲密清廷同各少数民族的情谊。

（六）清代文人杂记中的围猎情况

关于行围狩猎的情况，在清代的文人杂记和图咏中有较为详细的记载。康、乾两帝岁抵热河、木兰围场，都要随从一批当时著名文人学士等，如长州汪灏、钱塘高士奇、吴锡麒、河间纪昀等。他们在热河、木兰围场都留下了大量的杂记，中以汪灏《随銮纪恩》中记述的康熙四十二年（公元1703年）随銮去热河和木兰围场情况颇详，从是年五月廿五日发畅春园到九月廿二日"随銮往返计一百一十有六日，经历口内行宫三，口外行宫八"。当时古北口外许多行宫尚未修建，他在《随銮纪恩》中详述了当时木兰围秋狝之经过，其中从八月六日入围，到九月十日出围计三十五天，在描写行围盛况时说："一线直行，至是平原无际，万马开张，恍如人海，沿山麓缭绕，又如层城……辎重之车与连营

---

① 九白之礼是蒙古各部贡奉清廷的贡品，包括白马八、白驼一，谓之"九白"（此据《蒙古游牧记》喀尔喀总叙），表示隶属于清的臣属关系，岁以为常。

② 《钦定热河志》卷四十五《围场》；《承德府志》卷首二十六《围场》。

士卒，骑而帜者，骑而执大旗者，骑而弓矢悬刀者，骑而臂鹰者、鹠者、海东青者，骑而载兵行且下牵者，骑而负者，骑而缴者，执器者，枪竿者，背仪器者，两骑共荷担者，骑而囊者、囊者，骑而引骆驼、牵田犬者，驱者，走者，络绎缠绵，井井有别。"除上述行围队伍进入围场情况外，他还记述着每天观围情况的一些细节："八月十八日，东至达因昂阿，立定御营，命虎贲导臣灏等于异赤阿巴之地观围，是日部落之效力者共一千五百人，围场较前更大，猎骑由西北而南，上驾由东而北……东北行二十余里，方达围帐，野坐草间，黄白蝶纷然撩人，秋草杂出，率多灵药，野蒜可啖也。围场跨远山之北，深林大岭而来，少顷遥闻呵声震谷，鹿、豕、豺、狼之类四山跳跃而下。上命于围外放犬，以防鹿之突出者，是日所获尤多，倏忽风卷云散，遂撒围焉。"① 汪灏是当时的目睹者，这里如实地反映了当时行围狩猎的一些真实片断。

从上述介绍可以看出，清朝康、乾以来所举行的"蒐狩之典"，确是团结蒙古诸部，巩固多民族国家统一活动中一项重要的政治活动。为了保持这里的自然之美，虽经百余年狩猎活动，不加修饰、不建台榭，只于要地勒铭纪事，载诸史册。目前，在围场保存下来的一些碑碣文物成了有清一代在木兰围场从事政治活动最好的历史见证。

第二节　木兰围场文物

木兰围场自古以来就是一处水草丰沛、禽兽繁集的天然名囿。辽代的平地松林就在围场的北方。《辽史》中有"太祖幸平地松林观潢源"，关于辽帝猎于平地松林之记载颇多。清帝于此建围除了政治上的原因以外，和历史上这里就是一处天然名苑有关。清朝对木兰围场几百余年之经营，依其秀丽山川和磅礴的自然气势，择佳处建围，各围延绵不断，间隔少则十数里多则数十里，广布于一千三百余里的范围之中。近年来对于木兰围场、遗迹、碑刻、建筑等进行了广泛调查，这些文物大都关系到当时的一些重大政治事件，如清朝平定准噶尔部上层叛乱分子噶尔丹、达瓦齐、阿睦尔撒纳的叛乱事件；平定新疆回部大小和卓的叛乱事件；土尔扈特部首领渥巴锡为了维护祖国统一返回祖国的事件等。这反映了木兰围场确是清朝前期团结各族人民，抗击沙俄侵略和维护多民族国家统一的一个重要政治活动场所。

一　东庙宫

东庙宫又称兴安大岭神祠，嘉庆十六年（公元 1811 年）行围木兰，命于东哨门内建立兴安大岭神祠，每年秋狝经行，亲诣拈香②。东庙宫的一组建筑，坐落在塔里雅图围伊逊哈巴齐栅内，伊逊河北岸宽敞平坦之处。建筑平面呈长方形，坐北向南，山门题额"敕建敦仁镇远神祠"，院内前殿御书额曰"崇镇周法"，行殿额曰"缵功致祷"，又额曰"上兰别墅"③。在宫外还有宫房数组，皆已改观。在庙宫的北面，山崖叠翠，背列如屏，宫前伊逊河蜿蜒西去，四周古松参天，山石交错，青山绿水相

---

① 汪灏：《随銮纪恩》，《小方壶斋舆地丛钞》。
② 《承德府志》卷二十一《巡典》。
③ 《承德府志》卷四十《坛庙》。

辉映，风景极佳。兴安大岭神祠建成以后，嘉庆帝岁幸木兰于此拈香小憩，赐蒙古王公、台吉食物（图版 12）。

二　西庙宫

西庙宫在木兰围场之西，即阿穆呼朗图行宫西北卜克崖口之内。嘉庆二十二年（公元 1817 年）行围木兰，驻跸永安湃，命内阁派庆溥、常显等于卜克崖口内选择平坦之处督造。其山神祠之规制一律仿照东崖口内"敦仁镇远神祠"，于嘉庆二十三年（公元 1818 年）竣工。题额为"敕建协义昭灵神祠"。神祠建成后，按规划春秋或清帝岁行木兰时升香致祭①。西庙宫的平面也是长方形，今存山门、围墙和部分建筑，属隆化管辖。从西庙宫西北行五里，即卜克达坂（蒙语伏行岭），今称碑梁，是进入木兰围场的西口，在碑梁东侧树乾隆《于木兰作》诗碑。

三　乾隆《入崖口有作》碑

位于围场东庙宫对面南山之巅，居高临下，形势险要，完全是一种按照纪功碑的形制和要求树置的，反映了清乾隆帝好大喜功的心理。再加之碑体高大，远从十数里外即可望见。该碑建于乾隆十六年（公元 1751 年）秋八月。全碑由碑顶、碑额、碑身、碑座四部分组成。通高 4.95 米，碑顶和碑额高约 1.2 米，碑身高 2.25、宽 1.28、厚 0.58 米，碑座高 1.14、宽 1.62、厚 0.91 米。此外在碑座的下面尚有一个高约 1 米的石砌台基，显得全碑更为高大。碑顶为四脊式，上雕四龙戏珠，碑额每面浮双龙，额正面、正北中部刻汉、满篆文"御制"二字。在须弥座上雕出金刚和莲花，全碑保存基本完好，仅碑座有残破，碑文因风雨浸剥，个别字漶漓不清，但大部分完好。碑文刻于碑身之四面，用满、汉、蒙、藏四体文字书写。南面为汉文，乾隆手书五言律诗一首，北面为满文，西侧为藏文，东侧为蒙文，皆书同一内容（图版 13）。

汉文内容是：

> "朝家重习武，灵囿成自天。匪今而斯今，祖制垂奕年。……我为是崖叹，表章将待谁。
> 辛未秋八月木兰秋狝入崖口有作。"②（见附录 2，碑文一）。

辛未是乾隆十六年，碑中诗文记述了清帝岁举秋狝之典，是为了重视习武，以垂祖训，同时吟咏了这里的险要形胜和壮丽的山川情景。

四　嘉庆《木兰记》碑

《木兰记》碑位于东庙宫伊逊河西岸的山脚下，依山带水，隔河与对岸山巅的乾隆《入崖口有作》碑遥遥相对。清嘉庆十二年（公元 1807 年）建。全碑由碑顶、碑额、碑身和座四部分组成，形制和《入崖口有作》诗词碑相近。碑通高 4.44 米，碑头、碑额高 1.10 米，碑身高 2.28、宽 1.32 米，碑座高 1.06、宽 1.80、厚 1.06 米。碑顶也是四脊式，作四龙戏珠。碑额上浮雕二龙戏珠，中镌满、汉文

---

① 《承德府志》卷二十三《巡典》，卷十四《坛庙》。
② 《承德府志》卷首十一《天章·入崖口诗》。

"御制"二字，须弥式长方座，上雕覆莲图案。碑身刻满、汉文，两侧面无文字。除正面碑文稍有漶漫外，保存基本完好。汉文为嘉庆手书，内容如下（图版14）：

"木兰者我朝习猎地也，……木兰秋狝，为亿万斯年世世子孙所当遵守，毋忽之常经，敬阐我考避暑山庄后序之深意，述予承先启后之诚衷云尔，是为记。

嘉庆十有二年岁在丁卯秋季月御笔。"①（见附录2，碑文二）

此为记载木兰围场的一块内容比较完备的碑文。从清初开辟木兰围场作为清廷习猎地，经过康、乾两代特别是乾隆岁举秋狝大典以来，内外札萨克、都尔伯特、土尔扈特、青海、乌梁海、回部等国内各族上层人物到木兰围场，分班随猎，反映了当时国内各族人民的空前团结盛况，也反映了清廷把木兰秋狝"垂为家法"，"绥远"即国内各族人民的团结作为"国家大纲"的政治实质。该碑是研究木兰围场历史的重要文献。

五　乾隆《永安莽喀》碑

位于围场县腰站镇碑亭子村，属于原永安莽喀围场。乾隆三十九年（公元1774年）秋八月建。由碑顶、碑额、碑身、碑座四部分组成，碑身仅存一部分，推测原碑大小与《入崖口》碑相近。碑文也是以汉、满、蒙、藏四体文字书写，正面为汉文，乾隆手书"永安莽喀"。国语"沙"谓之永安，"冈"谓之莽喀。该地为入崖口第一围场。

"第一围场犹近边……六十才过日老年。

乾隆甲午秋月廿日御笔。"（见附录2，碑文三）

甲午是乾隆三十九年。碑文以诗纪事，描写了蒙古诸部随猎扈从、驰于平冈之上，和弘历吹嘘自己虽已年过六十，仍"驰射如常"的情形。

六　乾隆《古长城说》碑

位于围场县新拨镇岱尹上村岱尹梁之北，属原达颜德尔吉围场达颜达巴罕。乾隆十七年（公元1752年）九月建。今存碑身高2.3、宽1.35、厚0.5米。碑文大部完好地保存下来，已经复原。系以满、汉、蒙、藏四体文字镌刻，正面汉文为手书（图版15）：

"木兰自东至西延袤数百里中，横亘若城堑之状，……夫天地既生此以限南北，则秦之为长城益可笑矣。

乾隆十七年岁在壬申秋九月御制并书。"②（见附录2，碑文四）

《古长城说》碑是乾隆十七年巡幸木兰围场，探询蒙古及索伦，采访旧迹发现了古长城遗迹。古长城遗迹在木兰围场东西绵亘四百余里，间有斥堠屯戍。经近年调查，多已证实，确为燕、秦时期所

---

① 《承德府志》卷首五《天章·木兰记》。
② 《承德府志》卷首十五《天章·古长城说》。

筑长城，并于城址内外发现同时期城址十余座。在小锥山古城、大兴永古城都发现了秦始皇廿六年铁权，证明早在两千多年以前的燕、秦时期，我国明长城以北广大地区就已正式列入中国版图，设置了郡县，历属封建中央政府一直施行有效主权管辖。金朝时利用燕、秦长城为界壕。《古长城说》碑为我们研究燕、秦时期的重要军事设施长城的情况提供了重要依据①。

七　乾隆《虎神枪记》碑

位于围场县新拨镇骆驼头村月亮沟，属原岳乐围场。月亮沟即岳乐沟之谐音，久传之讹，是现今围场中保存比较完整的一处围址。在围址西沟南山坡上保存有乾隆御制《虎神枪记》碑一通。原碑体分存两处，1978 年已复原。《虎神枪记》碑建于乾隆十七年（公元 1752 年）秋九月。由碑顶、碑额、碑身、碑座四部分组成。通高 4.5 米左右，碑身高 2.3、宽 1.25、厚 0.5 米。碑文保存基本完好，用满、汉、蒙、藏四体文字书写，正面汉文，乾隆手书：

> "虎神枪者，我皇祖所贻武功良具，用以殪猛兽者也。……而习武示必资神器，以效奇而愉快，则是枪也，与兑戈和弓同为宗社法守，不亦宜乎！
> 乾隆十七年岁在壬申秋九月御制并书。"②（见附录 2，碑文五）

在《虎神枪记》碑对面的北山上，有天然石洞，石壁陡峭，巨石林立，风景奇特。在巨石群的西面有一坐西向东的峭壁，上刻乾隆摩崖，也是用汉、满、蒙、藏四体文字镌刻，保存相当完整。文字计七寸见方，汉文内容是：

> "乾隆十七年秋狝上用虎神枪殪伏虎于此洞。"

岳乐围场（即月亮沟）现存的乾隆碑文、摩崖和围址，是目前各围保存比较完整的一处。碑文记述了清帝岁幸木兰行围，蒙古诸部落，云集景从，巡狩塞上，四十九旗、青海、喀尔喀等随围射猎，用虎神枪殪虎之事。碑文中还提到"国家肇兴东土，累洽重熙，惟是诘戎扬烈之则，守而弗失"，通过行围肄武达到巩固国家领土完整和统一。

八　乾隆《永安湃围场殪虎》碑

位于围场县半截塔镇要路沟，属原永安湃围场。该碑建于乾隆二十六年（公元 1761 年）秋九月，是以七言律诗的形式写成。碑通高约 4.5 米，包括碑顶、碑额、碑身和碑座。现在已经修复。碑身高 2.31、宽 1.31、厚 0.51 米。碑身周刻龙凤花纹，碑文以满、汉、蒙、藏四体文字书写，正面汉文，乾隆手书：

> "白沙翠柏山四围，国语永安名久垂。……同珍其谁曰不宜。
> 乾隆辛巳秋九月御笔。"

---

① 关于燕秦长城之调查另有报告。
② 《承德府志》卷首十九《天章·岳乐围场虎神枪记》。

辛巳是乾隆二十六年。

在碑侧又镌刻《永安湃围场作》七律诗一首，其内容是：

"崖口入临猎场首，东南胥号永安便。……围中鹿少才见一，一箭中之胜获千。

乾隆壬寅秋八月御笔。"①（见附录2，碑文六）

壬寅是乾隆四十七年（公元1782年）。碑文着重记述了厄鲁特蒙古、回部上层首领扈从随围射猎殪虎之事。

九　乾隆《于木兰作》碑

《于木兰作》诗碑位于围场县石桌子乡碑梁沟村碑梁顶"御路"之东侧，即原卜克围场的卜克达巴罕②之巅平坦处，是清帝行围木兰经由西庙宫进入围场卜克大岭的制高点。附近山势雄伟，景色绮丽，树木繁茂，多奇禽异兽。该碑所置处居高临下，千山万壑，尽入眼帘。

《于木兰作》碑包括碑顶、碑额、碑身和碑座四部分，原分别保存在碑梁附近村内，1978年恢复原貌。碑全高5米左右，碑身高2.82、宽1、厚0.62米。

此碑建于乾隆十六年（公元1751年），与东庙宫《入崖口有作》碑为同时，皆取以诗纪事形式。首题为七言古诗《于木兰作》。乾隆二十四年、二十五年于碑侧镌补五言纪事诗各一首，碑阴刻七言纪事诗一首，分为四部，皆乾隆手书，汉文。

正面刻《于木兰作》诗九首：

"天文漏分野，地志阙开县。博览山海经，荒略一二见。……佳景四时宜，最宜乃金昊。曷其可久耽，言旋勤政要。

乾隆辛未秋八月御笔。"

辛未是乾隆十六年（公元1751年）。

碑右侧刻《过卜克达坂即事成什》五言律诗一首，内容是：

"常岁迤东猎，迤西此重寻。……贞符如卜克，愿即递佳音。

己卯秋季上浣御笔。"

己卯是乾隆二十四年（公元1759年）。

碑左侧刻《过卜克达坂叠旧岁韵》五言律诗一首：

"去年出哨过，今岁进围寻。……翠柏丹枫处，遥闻呦鹿音。

庚辰季秋上浣御笔。"

庚辰是乾隆二十五年（公元1760年）。

---

① 《承德府志》卷首十二《天章·永安湃围场殪虎》《永安湃围场作》。
② 蒙语"卜克"意为"伏行"，"达巴罕"意为"岭"。

碑阴刻《过卜克岭行围即景四首》皆七言律诗，内容是：

> "本是贤王游牧地，非牟农夫力耕田。……尔时原未废遊猎，临大事当有若无。
> 御笔。"①（附录2，碑文七）

碑文以诗纪事，描述了清初开辟木兰围场，虽在塞外，誉比上林（汉上林苑），各族团结，亲如一家。强调要戒武备驰，加强习马射猎。《过卜克达坂》和《过卜克达坂叠旧岁韵》两首诗，内容较为重要，记载了乾隆己卯年平定新疆回部大小和卓叛乱事件。不久捷报驰至，第二年即乾隆庚辰年，叠旧岁韵以志其事。平定新疆回部大小和卓叛乱，对维护清朝当时的多民族国家统一有着重要意义。

十　红山将军泡子

红山和将军泡子位于围场县坝上地区吐力根河北岸，吐力根河是小滦河上游，南岸为塞罕坝机械林厂烟子窑，自此越河西北行约15千米即到达将军泡子和红山所在地（现属克什克腾旗）。红山远看是一处不很大的红色岩石，南面如椅屏式山峰，西面远观又如坛形。远观之如异军突起，主峰略成东北西南走向，东西两侧特别是西北面丘陵延绵，从西北向西面环成椅圈形。山虽不高，却有气势。红山本身高约80米，长约400米。在红山西面椅形丘陵地环抱中间是一处直径约五里的湖泊，小溪自外部注入，当地群众名之为将军泡子。在红山，将军泡子四周是一片地势开阔、水草丰美的天然牧场，同时也是一处很重要的古代战场。清朝第一次打击准噶尔部上层分子噶尔丹的叛乱，就是在这一带进行的。康熙二十九年（公元1690年），噶尔丹自克鲁伦河南下，深入乌兰布通之地，南距京师七百里，清军绥远大将军裕亲王福全师出古北口，大战于乌兰布通，即此地。关于乌兰布通的位置，一说在"翁牛特右翼旗东15里，有乌兰布通山"②，一说在克什克腾旗境内。《口北三厅志》："圣祖（康熙）皇帝行围……至乌朱穆秦，巴林，克什克腾之乌兰布通东界入热河围场。"同书卷之一图，位于木兰围场之北偏西位置，与现在的红山将军泡子位置相当，以《口北三厅志》所载为确③。翁牛特右翼牧地在围场东北，旗治今赤峰市西翁牛特王府，西界围场，北近阴河，均与"从乌兰布通东界入围场"之记载不符，只有克什克腾旗牧地当潢河之源（西喇木仑河），才符合噶尔丹败绩之地。所以红山将军泡子，应即当时乌兰布通之地。乌兰，蒙语，红色；布通，蒙语，坛形，联解即红色坛形小山之意。这里是俯控大漠南北的要冲，水草丰盛，地势开阔，交通方便，自古以来就是兵家必争之地。从木兰围场下兴安大岭可直捣塞北腹心之地的隆化和承德，康熙帝于1689年亲自坐镇博洛河屯（今隆化）指挥反击噶尔丹的战斗，与这一带在当时就是京师的北大门这个重要战略地位有密切关系。过去在红山将军泡子一带发现过铁盔、箭头，传说在泡子中尚有当时的铁炮等物（图版16）。

十一　连营遗址

连营遗址，位于围场坝上吐力根河两岸，传说南岸有连营十二，北岸也有数座。经调查，南岸连营

---

①　《承德府志》卷首十一《天章·于木兰作》《过卜克达坂》《过卜克达坂叠旧岁韵》。

②　张穆：《蒙古游牧记》三《翁牛特》；另见柏原孝久、滨田久纯：《蒙古地志·各旗通志·翁牛特右翼旗第三》。

③　《口北三厅志》卷之一，山川；卷之一，图。

遗址有土城垣存在，出各种宋代货币、龙虎镜、铁镞、压胜钱等，时当辽、金时期，另外也有清代遗物。北岸连营是清代的营房建址，初步分析是清军反击噶尔丹时的屯戍处。营房范围较大，坐北向南，北依丘陵，南近吐力根河，分布在东西长 170 米，南北宽 60 米的范围以内。明显露于地面上的营房基址自南而北尚有三排，每排南北间距 8 米左右。每一排有大屋 12 间，均以黑色夯土筑成，现在夯土墙还很明显。每间房屋平面接近正方形，大小不一，大者长宽 14 米，墙存高 30~80 厘米，厚在 1 米左右。有一部分房屋的东北角有一个小套间，每间长 8.8、宽 4 米。在这些基址附近，发现很多清代初年的青花瓷片，有碗、盘残片等。附近还经常发现清代铁镞等物。仅这些残留的房屋基址就可容纳六七百人。而且像这样的连营也非止一处。初步分析，这些营房基址，应和清代前期为反击噶尔丹，而在接近乌兰布通之地的吐力根河一带修筑大量简易营房供满洲、汉军和蒙古八旗兵居住有关。

十二 四旗拨清代石庙

位于围场县塞罕坝机械林厂北漫甸四旗拨营林区。四旗拨一带是一处小洼地，适于居住，也是清代八旗兵在坝上的屯戍处。这里有硬山顶小石庙一座，庙通高 1.96、面宽 1.21、进身 1 米，圆拱门，门额题"应灵千古"，上联"清得道千秋不朽"，下联"塞北佛万古流芳"。庙内奉清代官服装束坐佛像一，弟子二。可以看出，清帝是把自己当作塞北佛的化身来愚昧人民。在庙前尚有石碑一通，传为清初所建，现文字已漶泐不清。在四旗拨发现有大量清代的青花瓷碗、盘残片和朱绘龙纹碗片等物，是当时营房遗址的遗留物。

十三 练兵台

在围场坝上东北，原勒福窝集围场之北，海拔 1700 多米，高原之上，异峰突起，高出地平面 20 米，上有平台，北侧有石级可登。站在练兵台顶部可以俯瞰茫茫林海和磅礴峻峭的山峦。传说康熙二十九年（公元 1690 年）平定噶尔丹叛乱时，玄烨曾于此练兵点将（并无记载），至今当地群众传为盛事。

第三节 木兰围场和行宫之关系

在前言中就对木兰围场和热河避暑山庄、外八庙的关系提出来了，那么它们的关系是什么？在客观上所起的作用又是怎样？要达到哪些效果？研究木兰围场不能不和清代从古北口到围场间建立的大量行宫的历史，特别是热河避暑山庄和外八庙的历史联系起来，先有木兰围场，后有行宫。从顺治八年（公元 1651 年）世祖福临开始第一次塞外巡幸到康熙二十年（公元 1681 年）正式设置围场，中间有一个酝酿过程，与围场设置的政治背景和当时国内外的政治形势密不可分。在国内方面，清廷入关以后，漠南、漠北和西海蒙古都相继来朝，唯漠西厄鲁特蒙古在沙俄挑动唆使下，时服时叛，准噶尔部（我国厄鲁特蒙古四部之一）的上层贵族分子一直进行着民族分裂活动，国内的民族团结统一问题并没完全解决。在国际方面，康熙七年（公元 1668 年）沙俄侵略者勾结准噶尔部的头目噶尔丹，并供其武器，煽动叛乱。紧接着在康熙八年（公元 1669 年）沙俄派兵侵入我国黑龙江以北达斡尔族城塞雅克萨进行烧杀抢掠，企图筑城久占，这引起了清朝政府的极大关切和注意。就在南方于康熙十二年（公元 1673 年）开始的三藩之乱，经过数年之后陆续被平定的时期，具有深谋远虑的康熙皇帝，早已把注意力倾注于北方。康熙十六年（公元1677年）准噶尔部上层分子噶尔丹发动了分裂民族与分裂祖国的武装叛乱，就在这一年九月，康熙皇帝出喜峰口巡视塞外蒙古各部，并建立了塞外第一座行宫——喀喇河屯行宫。这时清廷开始把注意力转注于北方，并开始致力于防止民族分裂，镇压叛乱，反击沙俄的侵略活动，维护民族团结和国家统一。清帝每次出塞巡视，都是一次大规模的武力检阅，康熙二十二年（公元1683年）出塞时，其队伍是"连营三十里，络绎山谷间"①。途中辗转之苦特别是下层官员自不必说，同时还要处理朝政。喀喇河屯第一座塞外行宫建立以后，就把在塞外巡视解决北方民族特别是蒙古民族的统一和处理日常政务结合起来，减少途中辗转之苦。康熙在解释这座行宫过程时说："因此地土肥水甘，泉清峰秀，故驻跸于此，未尝不饮食倍加，精神爽健，所以鸠工此地，建离宫数十间，茅茨土阶，不彩不画，但取其容坐避暑之计也。日理万机，未尝少辍，与宫中无异。"康熙二十年（公元1681年）正式设置木兰围场以后，清帝往来于京师与木兰围场之间更加频繁。岁举秋狝之典，巡视北方，每年要用三四个月的时间，这时北方和西方的边事也更加频繁起来。就在康熙二十四年（公元1685年）六月出塞巡视时，于古北口一日之地的行宫中举行了大清国军民对沙俄侵略者进行反击，迫使沙俄侵略者投降的第一次雅克萨反击战胜典。康熙在接受这次捷报给理藩院尚书阿剌尼、兵部侍郎佛伦的谕旨中说："朕独断兴师致讨，今荷天眷，遂尔克之，朕心喜悦，尔以捷言传知诸王大臣，既致行宫，恭亲王常宁等及文武官员请庆贺。……今征罗刹之役……而所关最钜，罗刹扰我黑龙江、松花江一带三十余年，其所窃距我朝发祥之地甚近，不速加剪除，恐边微之民不获宁息，朕亲政之后，即留意于此……今收复雅克萨之地，得遂初心。"②留意于北边之事是清朝政府的一个长远策略，要想达到这样一个预期的效果，也只有待康熙中期以后，各方面条件才臻于成熟。康熙二十八年（公元1689年），康熙皇帝在木兰围场的库尔奇勒河（小滦河）发源地听取了中俄尼布楚条约谈判和签订情况，康熙的舅父佟国纲向他做了汇报③。为了在塞外设置一处能够团结蒙古诸部，进而到后来发展成为团结国内各民族的一个联合纽带，把全国各族人民的力量、上层分子都联合起来，共同对付沙俄的侵略和国内叛乱分子的分裂势力，从而达到民族团结、国家统一以及巩固清政权之目的，康熙四十二年（公元1703年）开始在承德修建塞外规模最大的行宫——热河避暑山庄。在某种因素上也可以说，避暑山庄是清初以来巡幸塞外在设置木兰围场后而进一步发展的结果。我国北方少数民族中，蒙古族占着主体，能骑善射，而满清入关前也以从事游猎为事，生活习俗相近，木兰围场正是迎合蒙古等游牧民族的风俗习惯，成为进行各种政治活动的一个场所。在避暑山庄修建的同时，为了迎合蒙、藏各族人民崇奉喇嘛教中的黄教信仰，在山庄的东北面修筑了规模宏伟的外八庙建筑群，从康熙四十二年（公元1703年）至乾隆五十五年（公元1790年）完成，先后耗时87年④，自古北口至木兰围场沿途修建大小行宫14座⑤，其中，康熙一朝建行宫11处，乾隆时期建行宫3处。它们是巴克什营、两间房、常山峪、王家营、喀喇河屯、热河避暑山庄、钓鱼台、黄土坎、中关、什巴尔台、波罗

---

① 《承德府志》卷二十，《圣祖御制穹览寺碑文》；高士奇：《塞北小钞》，《小方壶舆地丛钞》。

② 《十朝东华录》康熙二十四年。

③ 《耶稣会士徐日升关于中俄尼布楚谈判的日记》，213页，商务印书馆，1973年。

④ 承德避暑山庄东、北之外八庙，又称热河外八庙，而实际为11座庙宇。详见本书第七章"承德外八庙"。

⑤ 从古北口外到木兰围场，沿途共建行宫14座。其中康熙朝建行宫11座，乾隆时期又增建3座，以热河行宫即承德避暑山庄为最大。

河屯、张三营、济尔哈朗图、阿穆呼朗图行宫等。其中以热河行宫为最大，构成了承德地区最大的文物建筑群，特别是 17 世纪末到 18 世纪间，避暑山庄成为清代前期另一个政治活动中心以后，它和木兰围场相依为命，成了清廷对内对外从事各种政治活动的一个重要场所。即如弘历所说达到"行围肄武，诘戎绥远"和"合内外之心，成巩固之业"的目标。

在热河避暑山庄未建成以前，喀喇河屯行宫起着从北京到木兰围场的纽带作用。热河行宫建成以后，喀喇河屯行宫逐渐退于次要地位。

博洛河屯行宫是从承德去往木兰围场的中间站，地理位置十分重要。每清帝行围，蒙古诸王公于此祇候迎驾，然后随围，围踵即行返归。博洛河屯，蒙语紫城，"一名皇姑屯，乃今上（康熙）之姑，太宗（皇太极）文皇帝公主下嫁巴陵（林）往来停留地"①。一说是皇姑的姻粉地。由于其位置之重要，古来就是一个军事重镇，康熙帝曾于此亲自指挥了反击叛乱头目噶尔丹的乌兰布通之战。

第四节　清代木兰围场在巩固多民族国家统一和抗击外来侵略中的政治作用

现在我们在围场所能见到的一些碑碣文物和围场遗迹，除了其本身为了宣扬清代各帝王木兰秋狝的赫赫武功和为其统治阶级歌功颂德内容以外，也从客观上反映了清朝初期以来，为了维护多民族国家的统一，反对分裂割据和外来侵略所采取的一系列重要措施。清代前期，在维护多民族国家统一的斗争中，曾发生了一些比较重大的政治事件，这历次政治斗争或多或少都与避暑山庄、外八庙、木兰围场有密切联系，或是有其远近的政治背景。如康熙二十九年（公元 1690 年）准噶尔汗噶尔丹入侵内蒙古及乌兰布通之战；清朝初年解决蒙各部团结统一问题的多伦会盟；康熙三十五年、三十六年（公元 1696～1697 年）前后三次征讨平定准噶尔部噶尔丹的战争；乾隆二十年至二十二年（公元 1755～1757 年）平定准噶尔部阿睦尔撒纳之战；乾隆二十四年（公元 1759 年）平定新疆回部大小和卓事件；乾隆三十六年（公元 1771 年）土尔扈特蒙古首领渥巴锡率部摆脱沙俄控制重返祖国事件；等等。历年行围肄武，在围场觐见蒙古和国内各少数民族王公台吉等，加强同国内各少数民族的联系。现在，我们着重对上述重大事件作一些说明。

一　康熙、乾隆时期平定准噶尔的战争

毛泽东指出："中国是由一个多数民族结合而成的拥有广大人口的国家"，"从很早的古代起，我们中华民族的祖先就劳动生息繁殖在这块广大土地之上"。蒙古民族自古以来就是我国古代的少数民族之一，12 世纪初，成吉思汗统一了蒙古各部，元世祖忽必烈入主中原后于公元 1271 年统一了中国，建立了大元朝。元灭以后，明朝统治者对元太祖后裔、外戚及元帝各旁支、臣卜等，命其仍领各部，封王封爵，赐给印信，成为明朝的一部分。满清入关以前，蒙古各部包括漠南、漠北、漠西、青海四部互不统属。清朝初年，统一占当时清朝北方面积大半的蒙古各部，对于巩固后方，挥师南下，消灭明朝残余势力和建立巩固的清政权有着重要的现实意义。清朝入关前，首先把漠南

① 汪灏：《随銮纪恩》，《小方壶斋舆地丛钞》。

蒙古统一在自己的旗帜之下。早在清太祖时期，喀尔喀部、科尔沁部等，就与清发生了密切联系。太祖天命十一年（公元 1626 年）发兵援科尔沁部，征林丹汗，团结了漠南蒙古各部。天聪八年（公元 1652 年）六月，太宗（皇太极）应各部之要求，亲率大军，尽征蒙古各部兵征讨当时的民族分裂分子察哈尔（即插汗部）头目林丹汗。插汗部解体后，林丹汗逃走病死于青海大草原之中，其子额哲奉传国玺降于清。天聪九年（公元 1653 年）漠南四十九贝勒及土默特两旗帜合上尊号为"博克达彻辰汗"（即"完温仁圣皇帝"）改元崇德，是为清受命之始。于是漠南内蒙古（即内札萨克蒙古六盟）二十五部五十一旗，臣服于清，世受封爵，按期朝贡，分三班来京觐见。[①] 清太宗统一漠南蒙古各部特别是平定插汗部以后，转而解决漠北蒙古问题。蒙古喀尔喀部分为左翼和右翼，东部为左，西部为右，17 世纪以来，东部喀尔喀左翼盟主土谢图汗是 15 世纪重新统一蒙古的达延汗之后代，达延汗是蒙古高原上残存的元朝忽必烈彻辰汗的后代。

达延车臣汗是元太祖十五世孙，其季子格埒森札札尔珲（《圣武记》作札赍尔）台吉留故土，受子七人领喀尔喀各部，今左右翼为七旗，有三汗，名之曰土谢图汗、车辰汗、札萨克图汗。清太宗灭插汗部后，于崇德元年（公元 1636 年）遣使宣捷于喀尔喀。于是漠北喀尔喀蒙古遣使到清廷，请绝明市。清帝宴赉之并赐貂服、朝珠、弓、刀、金币等。崇德二年喀尔喀向清贡异兽、名马、甲胄、貂皮等。崇德三年，三汗并遣使来朝，定岁贡。三汗各贡白马八白驼一，谓之九白之贡，岁以为常，正式臣于清。顺治十二年三汗各遣子弟来朝迄盟，赐盟宗人府，设八札萨克[②]。

漠西厄鲁特蒙古，其族本元代牧人，分驼、马、牛、羊四部，称为四卫拉特，明代称为瓦剌，游牧于天山之北，阿尔泰山之南，沙漠之西。明初瓦剌分为三部，永乐七年（公元 1409 年）明朝政府封瓦剌部长马合木为顺宁王，太平为贤义王，把秃孛罗为安乐王，赐给印诰。永乐十六年（公元 1418 年）马合木死后，其子脱懽袭爵，并统一了瓦剌各部[③]。在明朝末年，瓦剌又分为四部，各部统称为漠西厄鲁特蒙古，即四卫拉特。包括绰罗斯特即准噶尔部游牧于伊犁，杜尔伯特游牧于额尔齐斯河，土尔扈特游牧于牧雅尔（台尔巴哈台），和硕特游牧于乌鲁木齐（后移居青海）。

漠西厄鲁特四卫拉特之一部和硕特蒙古顾始汗（或作顾实汗，元太祖弟哈布图哈萨尔后裔），于明崇祯末年袭据青海，又以兵入藏灭藏巴汗而占据喀木（原西康）地方，成为青海蒙古[④]。清崇德三年遣使自塞外通贡，崇德七年复偕达赖喇嘛奉表进贡。顺治三年顾始汗奉表进贡，清政府赐甲胄、弓、矢，并命其辖诸厄鲁特，包括准噶尔部巴图尔辉台吉并许多厄鲁特首领都附名以达。此后间岁遣使至。顺治十年（公元 1653 年）封"遵文行义敏慧"顾实汗，赐给金册、金印，表示从顺治三年以后，厄鲁特蒙古就已臣服于清。康熙三十七年（公元 1698 年）顾始汗第十子达什巴图尔来朝，诏封和硕亲王，诸台吉授贝勒、贝子等爵。立定牧界，三年一贡，分三班，九年而周。依照漠南蒙古之例，编置左领，以札萨克领之，分青海和硕特蒙古为二十一旗[⑤]。

① 《钦定热河志》卷四十五《围场》；《承德府志》卷首二十六《围场》。《皇朝藩部要略稿本》卷一，《内蒙古要略（一）》，15 页，黑龙江教育出版社，1997 年。
② 《蒙古游牧记》喀尔喀总叙。
③ 《明史·瓦剌传》。
④ 曾问吾：《中国经营西域史》，241 页。
⑤ 张穆：《蒙古游牧记》卷十二。

漠西厄鲁特即四卫拉特各部，明末时以伊犁为会宗地，各统所部，不相属。当时四卫拉特之一的准噶尔部（即绰罗斯特）部长巴图尔辉台吉，游牧于阿尔台，恃其强，侮诸卫拉特。作为四卫拉特之一的和硕特顾始汗，不堪凌侮，携所部走据青海。崇祯时期作为四卫拉特之一的另一部土尔扈特蒙古部长和鄂尔勒克汗，也被迫带领部族走俄罗斯，屯牧额济勒河（即窝瓦河，今苏联境内伏尔加河）流域。绰罗斯特又侵占了杜尔伯特、和硕特之牧地。土尔扈特部北徙之后，其牧地为杜尔伯特部所属之辉特部所居，成为辉特部，辉特部长有子阿睦尔撒纳，后强盛，使辉特部成为四卫拉特之一。

清朝初年，沙俄背着清朝政府与准噶尔部通使，该部的巴图尔辉台吉、僧格的名字早就在俄罗斯史中频繁出现。准噶尔部以貂皮、各种畜产品换取罗刹的枪、炮等物，蓄谋作乱已久。1653 年准噶尔部首领巴图尔辉台吉（噶尔丹之父）为异母兄所暗杀，死后子僧格立，僧格死，子索诺木阿拉布坦立，继立为噶尔丹。

这里有必要说一下噶尔丹的情况。据蒙古学家宫肋淳子的研究，准噶尔部首领巴图尔辉台吉之子噶尔丹，是于 1644 年由顾始汗的女儿阿敏达拉所生。噶尔丹刚一出生，就被认定为在前年圆寂的西藏高僧尹咱胡图克图的转生，尹咱胡图克图是在 1640 年蒙古卫拉特法典（同盟条约）签字列会的三位高僧之一，也是于同年授予札雅班第达兰占胡图克图称号的人。噶尔丹在 13 岁时前往西藏，在拉萨朝觐了五世达赖喇嘛。由于尹咱的财产在后藏，所以噶尔丹到达后藏的扎什伦布寺，成为该寺住持一世班禅的弟子，于此修学了五年。噶尔丹 19 岁时前往拉萨，师从五世达赖喇嘛。1666 年僧格夫人到拉萨，五世达赖喇嘛为尹咱（噶尔丹）加持长寿法。噶尔丹结束了十年的藏传佛教学习后，返回故土。康熙十二年（1673 年）噶尔丹杀索诺木阿拉布坦，自立为准噶尔汗。此前五世达赖喇嘛为已经称霸准噶尔部的噶尔丹授予"珲台吉"称号。这样噶尔丹具有尹咱活佛转生的身份，又具有准噶尔汗的双重头衔，其对四卫拉特及周邻的掠夺和侵占不可一世。不久其野心暴露了[1]。

为了吞并青海和硕特蒙古，他先娶和硕特车臣汗之女为妻，以示和好。康熙十六年（公元 1676 年）以和硕特纳准部叛乱为名，袭杀了鄂尔图号车臣汗，并赶走了另一位兄弟卓特巴巴图尔，占有其地。在康熙十七年（公元 1677 年）他夺取了天山南路的回部，于是，他并有了四卫拉特诸部地和南面的回部诸城廓[2]。当时沙皇俄国在西面已经把他的侵略魔爪侵入我国巴尔喀什湖以东的厄鲁特部，不断派间谍进行煽动，直接插手策划噶尔丹进攻喀尔喀蒙古，掀起大规模分裂活动，以配合沙皇俄国在我国黑龙江地区所进行的侵略活动。当时，在东北雅克萨战役后，沙俄虽然遭到清军和喀尔喀蒙古人民的坚决回击，但正如清帝康熙所说："罗刹亡我之心不死"，斗争方兴未艾，双方处于紧张的对峙阶段，噶尔丹的卖国行动受到了沙俄的赏视和支持。

康熙二十三年（公元 1684 年）左翼土谢图汗攻右翼，执杀右翼首领札萨图汗和其妾，还杀了噶尔丹的胞弟，引起了喀尔喀三部内讧。清帝遣使偕西藏达赖喇嘛之使抵喀尔喀为其和解，噶尔丹亦阴使其族人多尔济札布随之，并谩骂土谢图汗，土谢图汗杀多尔济札布，噶尔丹虽借词进行报复，并扬言

① 宫肋淳子：《最后的游牧帝国准噶尔的兴亡》，103 页，内蒙古人民出版社，2005 年。
② 魏源：《圣武记》《康熙亲征准噶尔记》《清朝藩部要略稿本》，包文汉整理，卷之九《厄鲁特要略》，126 ~ 145 页，黑龙江出版社，1997 年；曹永年：《内蒙古通史》第三册，23 页，内蒙古大学出版社，2009 年。

借罗刹兵攻喀尔喀，阴遣喇嘛千余人牧其地。由于喀尔喀三部内讧惰于武事又无戒备，康熙二十七年（公元1688年），正是清廷与沙俄用兵之际，卫拉特准噶尔部首领噶尔丹博硕查图汗在沙俄大量火器、枪炮和军队的支持下发动了更大规模的叛乱。噶尔丹借口哲布尊丹巴与土谢图汗在调节喀尔喀两翼纷争的枯冷白尔齐尔会盟时，不尊礼达赖喇嘛的代表并西勒图，并以护法者自居，乘喀尔喀三部内讧之隙，大举进犯喀尔喀。六月初率劲骑三万，越杭爱山突袭土谢图汗帐及其邻部，袭右翼车臣汗帐和右翼札萨图汗帐，劫击大喇嘛哲卜丹尊巴胡图克图帐，于是喀尔喀三部数十万众投奔漠南，请求清廷保护。① 当时喀尔喀部众议，就近投入俄罗斯，还是依靠清朝，请决于哲卜丹尊巴胡图克图，胡图克图曰："俄罗斯素不奉佛，俗尚不同我辈，语言异服，殊非久安计，清朝崇尚佛教，莫若全部内徙，投诚大皇帝，可邀万年之福，众欣然罗拜，遂决议。"② 当时康熙皇帝命尚书阿尔尼等发归化城、独石、张家二口仓储，并赐茶、布、牲畜十余万头以赈之，同时借科尔沁水草地以牧之，命令噶尔丹退还喀尔喀侵地。噶尔丹根本不打算撤退，更不能返还侵地。相反，他满怀决心，要把建立一个统一的喀尔喀卫拉特独立国的斗争进行到底。为此迈出的第一步，便是消灭他的主要敌人——投靠清朝的土谢图汗和库仑的胡图克图。③

康熙二十九年（公元1690年）元月，噶尔丹派密使到伊尔库茨克会见基斯梁斯基将军和柯罗文，要求沙俄率侵略军"驰赴约会之地点，以便并肩作战"。柯罗文复信"保证俄国军队以相应的行动"来支持他。同年五月噶尔丹拥兵数万，侵及乌尔会河。七月清廷命尚书阿尔尼以蒙古兵击之不利。乌尔会河之战，清军损失惨重情况，在兹拉特金《准噶尔汗国史》中记载，清军死伤约两万人，一名统帅当场毙命，另一名只以二十人掩护下逃窜，噶尔丹乘胜东趋，到达内札萨克。

在这关乎国家存亡和民族危机的紧要关头，面对气焰嚣张，背后又有沙俄支持，拥兵数万的准噶尔部首领噶尔丹，清廷从维护国家统一的立场出发，采取了断然的措施，如玄烨所说："噶尔丹势炽，既入犯，志不在小，且喀尔喀不可使无故地游牧。"六月集大臣于朝，下诏亲征。

命抚远大将军裕亲王福全为左翼，皇子允禔副之，出古北口。安北大将军恭亲王常宁为右翼出喜峰口。右翼兵迁噶尔丹军于乌珠穆秦，战不利，噶尔丹遂趋兵南下，深入到南距京师七百里的木兰围场北面的乌兰布通之地。命康亲王杰书等屯归化城要其归路。康熙帝亲自坐镇于博洛河屯（今隆化）指挥了这场平定叛乱头子卖国贼噶尔丹的战斗，这时木兰围场成了平叛的战略要地。八月，抚远大将军福全军在乌兰布通与叛军相遇。噶尔丹遣使，言索喀尔喀仇人，请执土谢土汗及其弟哲卜丹尊巴大喇嘛。叛军以数万骑列阵山下，依山阻水，以万驼缚足卧地，背加箱垛，蒙以湿氊，环列如栅，从垛隙发矢铳，谓之驼城。噶尔丹的军队还装备有许多俄国造的大炮，给清军前沿阵地造成巨大损失。清军隔河阵，以大炮为前导，声振天地，自晡至暮，驼毙于礮，阵断为二，清军步、骑争先陷阵，左翼兵绕山横击，叛军溃保高险，翼日噶尔丹派喇嘛济隆乞和，奏闻，诏速进兵。噶尔丹军溃败。据《清实录》记载："抚远大将军和硕裕亲王福全等疏言。八月初一日击败噶尔丹，薄暮收军，次日即前进剿杀余寇噶尔丹军。由克什克腾部出什拉木楞河（西喇木伦河），载木横渡，越大碛山宵遁，所过皆

① 勒内·格鲁塞：《草原帝国》，652页，商务印书馆，2010年。
② 《蒙古游牧记》引松筠《绥服纪略图诗》。
③ 兹拉特金：《准噶尔汗国史》（修订版），209页，兰州人民出版社，2013年。

烧荒，死亡不计其数，仅以数千人逃回科不多。"① 清亦班师。名义上是清军获胜，实际损失很大，国舅、内大臣佟国纲也饮弹身亡。

乌兰布通位木兰围场之北，噶尔丹叛乱内犯，扬言联合沙俄军队攻北京，可以看出乌兰布通历史上就是兵家必争之处，所以康熙引两路兵出喜峰、古北二口，又调动归化军截其要路，自己坐镇久已熟悉的要塞博洛河屯（今隆化）进行指挥，后因病重返京。如将噶尔丹叛军前锋击溃时，康熙不即时闻奏，并诏进行追击后果可知。可以看出木兰围场到博洛河屯线路之重要。在木兰围场吐力根河岸上现存的红山将军泡子清代前期的联营和四旗拨屯戍地等都是乌兰布通之战的战迹地，从一个侧面反映了为维护国家统一和民族团结而进行的平叛战斗情况。

清廷对噶尔丹始终是争取和解和喀尔喀之间的民族矛盾，只要他承认入侵蒙古是错误的即可宽恕于他。在乌兰布通，清军历 4 天之久，仍未能粉碎卫拉特军队的反抗，但噶尔丹处境也非常困难，中间由于达赖喇嘛的特使济隆呼图克图的干预，从中调停，挽救了噶尔丹遭彻底被击溃的可能。噶尔丹表面承认入侵内蒙古是错误，并在军前给清军写信表示："达赖喇嘛明鉴，遣济隆额尔德尼来，责以礼法，今倘蒙皇帝惠好，则自此不敢犯喀尔喀，请以信文为验。"② 玄烨再次强调清政府的无私立场，他给噶尔丹的信中说："尔今誓书来请罪求和……尔今率尔兵出塞而居，不得犯我属下部落喀尔喀一人一畜……倘尔有窘迫，奏闻于朕，朕必如前抚养，断不念尔愆。"但噶尔丹并没有听从清帝的劝导，仍过高估计自己的力量，最后以军力失败而告终。玄烨同时认为达赖喇嘛的特使济隆呼图克图不但没有制止噶尔丹的行径，反而怂恿了他。

康熙三十年（公元 1691 年）春天，沙俄派世袭封建贵族马特维依尤金由托博尔斯克到科布多噶尔丹牙帐，交谈了五次，并为他打气壮胆。因科布多面积不大，想再回故土游牧已不可能，因噶尔丹的旧牧场已为策妄阿拉布坦所占有。噶尔丹和策妄阿拉布坦的矛盾是不可能和解的，因为噶尔丹抢夺了他的未婚妻，杀死了他的弟弟。噶尔丹进退维谷，要么投向清廷，要么重整军队，进攻喀尔喀。由于科布多绿洲狭小，噶尔丹知道不能长期留在这里，要扩大自己的领地范围，通往西方的道路已为策妄阿拉布坦所堵塞，所以他只有向东方土拉河、克鲁伦河伸延和发展，于是一面加紧备战，一面派人加强同喀尔喀蒙古王公和内蒙古各旗领主们联系，宣传鼓动他们脱离清朝，转而去支持他，许多送去的信件，都被偷偷地转交给北京，使清朝了解了更多噶尔丹内幕。

康熙三十三年（公元 1694 年）（一说三十二年），清廷从团结的愿望出发，约噶尔丹前来会盟。二月十三日北京给噶尔丹的信说："今尔疏言……请将泽卜尊丹巴、土谢图汗两人于所奏三言中，以一言为定，逐出七旗归于故土，则皇帝覆育之，蒙古不再为非矣。"③ 当时北京从不断增加的蒙古难民，深深了解到噶尔丹处境非常困难。北京建议他徙牧近边。噶尔丹不但不来会盟，反而侵喀尔喀，杀清使臣，引诱内蒙古各部叛清。康熙三十四年（公元 1695 年），噶尔丹率骑三万沿克鲁伦河而下，扬言借俄罗斯鸟枪兵六万，将大举内犯。

---

①　《清圣祖康熙实录（四）》卷一四八·三，康熙二十九年八月一日，1994 页，台湾华文书局；蒋良骐：《东华录》卷十五，223 页，齐鲁书社，2005 年；《清朝藩部要略稿本》卷之九，126 页，黑龙江教育出版社，1997年。

②　兹拉特金：《准噶尔汗国史（修订本）》，219 页，兰州大学出版社，2013 年。

③　兹拉特金：《准噶尔汗国史（修订本）》，225 页，兰州大学出版社，2013 年。

　　从康熙三十五年（公元 1696 年）起清廷决定对准噶尔进行征讨。关于康熙帝三次亲征噶尔丹的事《清实录》基本是按每日行程记录，其他一些书籍都记载的比较清楚。康熙帝知道征伐噶尔丹是一件非常困难的大事业，在《亲征平定朔漠方略》卷二十二中说："噶尔丹侵扰喀尔喀及外藩蒙古。此番秣马厉兵，整运军饷，分路进剿，曲尽筹划。告祭天地、宗庙、社稷，务期剿灭噶尔丹，而后出兵……我太祖高皇帝，太宗文皇帝亲行仗剑，以建丕基。朕不法祖行事可乎？"①

　　康熙三次亲征准噶尔，第一次是康熙三十五年（公元 1696 年）4 月 1 日（阴历二月三十日），从北京出发，历时 98 天；第二次为同年秋季至冬季；第三次为康熙三十六年（公元 1697 年）从春至夏。在进行这些亲征之际，康熙帝用满文给留守北京代行清帝国政务的皇太子写了 87 封介绍实际战争情况的信件。满蒙语言学者，冈田英弘第一次把现存于台北故宫博物院的 87 封满文信件全部译出，作为《康熙帝的信件》予以刊出②，这些信件是研究康熙帝亲征噶尔丹的第一手史料，可惜我们无法见到这批书信的全部译文。

　　噶尔丹的大本营在阿尔泰山东面科布多，此地距北京足有 6000 多里，清军鞭长莫及，而噶尔丹军活动之地，一般在克鲁伦河上游的巴颜乌兰之地。因战线过长，如征战持久会使清军供给十分困难，弄不好如为噶尔丹截堵退路会造成清军断粮，则不战自溃。康熙帝深知这一点。清军分作三路趋向漠北，横越沙漠作战，粮秣运输供给不济将造成战事不利。东路由黑龙江将军萨布索所率东路军 35430 名将士，从沈阳出发向东迁回指向克鲁伦河。康熙帝亲自督中路军共 37000 名将士从北京出独石口、苏尼特，向西北越过戈漠沙漠，直指巴颜乌兰的噶尔丹大本营。西路陕甘军 35600 名将士，由抚远大将弗扬古率领，从内蒙古西部越过阴山山脉，横穿戈壁沙漠，出翁金河折而向东奔向土拉河形成合围之势。

　　康熙的中路军 4 月 1 日出发，数日后进入内蒙古，发令提高行军速度，每天日出前出发，午后宿营，此时才允许造饭，每天只吃一次饭，康熙皇帝也要遵行这个纪律。西路军 4 月 16 日进军，预 5 月 3 日到达翁金河，23 日到达土拉河，27 日到达巴颜乌兰，而东路军报告 5 月 6 日出发去克鲁伦河。三路军前后时间不一，出于无奈，康熙下令东路军在哈拉哈尔河一带停止前进，等待命令，结果由 10 多万人组成的三路军只剩了两路军，人员也减少到七万多人。

　　康熙中路军 5 月 8 日到达翁金河，6 月 2 日到达土拉河，8 月到达克鲁伦河，西路军 6 月 7 日到达巴颜乌兰，6 月 9 日康熙中路军到达噶尔丹的宿营地，噶尔丹军早已逃走。据投奔清军的人说："噶尔丹不相信陛下御驾亲征，直到大军逼近才知道。全部卫拉特人都显得很狼狈，动摇乱作一团而逃走。"可是中路军携带的 80 天粮食眼看用完，不要说前进，就是撤退，由于给养困难也有危险了。同时和西路军失断联系，6 月 11 日康熙决定一方面派平北大将军马思喀率少数精锐部队携 20 天粮食反击噶尔丹，另一方面带领剩余全军往土林布拉克基地携带 5 天的粮食返上归途。康熙的中路军未取得胜利，可以说是无功而返，他的沮丧心情和他对皇太子的想念，在他给皇太子的信中表露出来：

---

① 《清圣祖康熙实录》卷一百七十一·十九，康熙三十五年二月丙辰，2305 页，台湾华文书局。
② 冈田英弘：《康熙帝的信件》，1979 年 11 月刊行，此转引宫肋淳子：《最后的游牧帝国准噶尔部的兴亡》，23 页，内蒙古人民出版社，2005 年。

"谕皇太子，我率军队前进之际专心致志。今已使噶尔丹败走，目睹其穷困之状，已派兵前去追击。现（我）已顺利登上返程，你不必过多担心。天气日渐暑热，把你穿的棉纱、棉布长衣四件，坎肩四件给我送来，一定要旧的，我想在思念你时穿用。我住的这里，除了羊肉外，别的什么也没有。十二日见到了皇太子送来的几件东西（干炸松花江鳟鱼）很高兴地吃了一些。请皇太子遣内务府能干的官员一人，儿子一人，乘驿马，携肥鹅、鸡、猪、仔猪三席前往上都牧场……"①

抚远大将军率领的西路军，在《提督殷化行西行纪略》中征战情况记载的比较清楚。6月3日西路军到达了土拉河畔向巴颜乌兰推进，12日大将军弗扬古下令到昭莫多地方与噶尔丹军发生接触。为了控制高地，前锋孙思克、提督殷化行的部队抢在敌人之前麾兵占领小山，当他们到山顶时，看见噶尔丹军已登至半山腰，企图夺下山头，双方展开了火铳战。弗扬古的主力一面登山，一面布战，清军的后续部队沿土拉河两岸拉开了阵脚。在争夺小山中双方发生了激烈的战斗。清军全部下马，在炮兵的掩护下改为步战，双方都有伤亡，未分胜负。日落时分，清军一支部队从林中迂回，对噶尔丹左翼发起攻击，清军的另一支部队则迂回出击噶尔丹右翼。见到对噶尔丹后勤家畜及妇女儿童进行袭击，噶尔丹军心动摇，弗扬古大军发起了总攻。噶尔丹军仓皇败退，或坠崖身死，尸体遍布河滩。康熙三十五年（公元1696年）6月12日的昭莫多之战，噶尔丹的妻子阿乃哈敦战死，其主力也被消灭了，噶尔丹本人只带少数心腹逃脱。最后以清军大获全胜，噶尔丹以失败而告终。6月14日西路军击败噶尔丹的消息传到了康熙驻地，6月17日抚远大将军弗扬古的正式捷报送到在基地土林布拉克的康熙手中，皇帝本人、皇族、文武大臣、喀尔喀众王公欢呼雀跃。举行了三跪九叩之礼谢天的庆祝仪式。噶尔丹的心腹丹巴哈什哈率众投降了清军，皇帝亲自给他们赐座，逐一询问情况，丹巴哈什哈把这次噶尔丹惨败的情况作了如实描述。

据丹巴哈什哈说："原来噶尔丹有能力而且得人心，现在他悔恨深入乌兰布通之地作战，居于克鲁伦河、土拉河等地之间，对喀尔喀人及内蒙古人进行宣传，使其动摇，尽管似乎尚未做好布置，但认为此正是成大事的机会。计划打听到满洲人来得少，就进行战斗，来得多就避退，待满洲人回撤时，再尾随相机歼灭小股队伍，这样不出数年，他们的粮食和费用一定要耗尽，队伍疲惫。他的意向原来就很大，现在陛下意外地率此大军，穿越不通人迹的沙漠，突然到来，显示兵力，全体卫拉特人胆战心惊，七日（阳历6月6日）早晨转瞬间都逃跑了。由于连夜撤退，把所有的东西都舍弃了。后面大军紧追，在逃跑的混乱中十三日（阳历6月12日）在特勒尔济之地与西路军突然遭遇。此时自己尚有兵力5000余名，小铳不足2000挺，从克鲁伦河巴颜乌兰之地以西一直受旱，没有一根草。在五天五夜于没草的地方疾驰中，不断有人掉队，到了特勒尔济的人很少，见到清军占领了高地、得了地利，卫拉特军占领了一个小山脊，徒步而立，等待清军进攻。清军徒步进攻，一边放炮和小铳，一边整齐缓慢地前进，到了只有十步之遥的地方，然后矢如雨下，飞了过来。噶尔丹的阵地前方开始动摇，之后丹济拉、丹津温布便逃跑了，阿拉布坦的部下尚在支撑。满洲的骑兵把自己的辎重完全包围起来，掠获了全部女人、孩子和非常多的骆驼、马、二万余头牛、四万余只羊。听说他看到如此情况，阿乃哈敦中弹身亡，噶尔丹带四五十人逃走。在混乱中，我也未看清。纵然他逃了出去，也只有饿死，不

① 冈田英弘：《康熙帝的信件》，1979年11月刊行，此转引宫胁淳子：《最后的游牧帝国准噶尔部的兴亡》，23页，内蒙古人民出版社，2005年。

是什么吃的也没有么。"这里昭莫多之战的描述和殷化行《西征纪略》所载战争情况略同。①

康熙帝这次亲征前后用了98天的时间，回到北京。而噶尔丹及其随从少数人退到杭爱山中塔米尔河畔，准备再次积蓄力量。

康熙三十五年（公元1696年）10月决定再次亲征，14日离京出居庸关、张家口，沿戈壁沙漠之南沿西进，到达鄂尔多斯之地，因无所获而返京。当时清廷对噶尔丹仍是以宣抚为主，自独石至宁夏设驿以待，如其能够归顺，仍能够得到清廷的谅解。

1696年12月19日，噶尔丹派往青海的使团赴藏，拟争取达赖喇嘛支持他，带给达赖喇嘛的14封信也都落到了清军的手中。清廷为了防止噶尔丹广泛联络同情，以便东山再起，拟再进行一次征讨。康熙三十六年（公元1697年）2月噶尔丹之子色布巴拉珠尔被捕获。1697年3月玄烨又写信给噶尔丹，劝其归顺。

第三次亲征持反对意见者不少，但康熙还是力排众议决定于1697年2月26日离京亲征。他亲自指挥军队抵宁夏，组织对噶尔丹的合围，弗扬古从西部出击，副都统阿难达军从甘肃西部出击，准备直捣阿尔泰山东部和噶尔丹驻地。未能深入。5月5日康熙准备返程，6月3日到达包头，得到弗扬古的报告说，噶尔丹已于4月4日死于阿察阿穆塔台之地。而据兹拉特金记载，1697年3月13日，噶尔丹在阿察阿木塔台地区得病，当天晚上就死了，终年52岁，3月14日夜他的尸体被火葬。② 这和《内蒙古通史》的记载相同，相信后者记载是准确的。③

康熙第三次亲征费时129天，于7月4日回到北京。康熙在位期间平定准噶尔部的战争就此终止。

康熙帝的三次亲征，在客观上维护了当时多民族国家的统一，同时也起到了巩固清朝封建中央政权的目的。乌兰布通一战，也是决定性的一战，这和清政府多年经营木兰围场，习武射猎，密切和蒙古各部族的合作是分不开的。噶尔丹之乱平定后，准噶尔部并没有完全平定下来。紧接着又有康熙五十四年（公元1715年）开始的策妄阿拉布坦（噶尔丹之侄）之乱。在噶尔丹侵入喀尔喀时，准噶尔部内空，策妄阿拉布坦潜回伊犁，遂据有准噶尔部牧地。噶尔丹死后，康熙帝以其驯昵，遂划阿尔泰山以西至伊犁为其牧地。策妄阿拉布坦野心极大，欲效噶尔丹吞并四部，逼迫土尔扈特汗阿玉奇一部西迁投入俄罗斯。康熙五十四年入侵哈密；康熙五十五年（公元1716年）入侵西藏袭杀拉藏汗，于是兼并了土尔扈特和和硕特两大部，遂自立为汗。策妄阿拉布坦的动乱和对厄鲁特各部的侵略，引起各部不满，纷纷要求清廷保护。康熙五十八年（公元1719年），清军两路入藏，拥立六世达赖喇嘛，将策妄叛军趋除出藏。雍正五年（公元1727年）策妄阿拉布坦死，其子噶尔丹策凌立，继续作乱，清廷数派兵征讨。乾隆十年（公元1745年）噶尔丹策凌死。④ 同年辉特部长达瓦齐汗开始叛乱，一直到乾隆二十年（公元1755年）被平定。就在乾隆二十年又开始了阿睦尔撒纳之叛。

这里有必要谈一谈阿睦尔撒纳的情况。

①　宫胁淳子：《最后的游牧帝国准噶尔部的兴亡》，转引《宫中档案康熙朝奏折》第8辑；冈田英弘：《康熙的信件》，78～83页；魏源：《圣武记》，128页，中华书局，1984年。
②　兹拉特金：《准噶尔汗国史（修订本）》，334页，兰州大学出版社，2013年。
③　蒋良骐：《东华录》卷十七，261页，齐鲁书社，2005年；曹永年主编：《内蒙古通史》，34页，内蒙古大学出版社，2009年。
④　魏源：《雍正两征厄鲁特记》，《圣武记》，138页，中华书局，1984年。

阿睦尔撒纳的母亲是准噶尔部策妄阿拉布坦的女儿博特勒克。博特勒克在其丈夫被其父杀掉后，与辉特部首领再婚生下了阿睦尔撒纳。所以阿睦尔撒纳是策妄阿拉布坦的外孙，推测还是辉特部固始汗的后代。

清朝平定噶尔丹叛乱后，预按传统习俗把准噶尔部原有各部，按四卫拉特的亲属关系仍分为杜尔伯特、和硕特、辉特、绰罗斯特四部，各部设汗，分别管辖。但阿睦尔撒纳不满足于辉特部首领的要求，于是采取扩大叛乱，吞并四部，并自立为四汗盟主，这引起其他各部不满。他持原达赖喇嘛政权授予的铁印率部与清廷对抗。从乾隆二十年（公元 1755 年）逐步开始的阿睦尔撒纳的叛乱完全是在沙皇俄国支持和配合下进行的。早在康熙五十六年（公元 1717 年）沙皇俄国侵占了原属于我国准噶尔部额尔齐斯河和叶尼河上游地方，修筑了亚梅舍沃斯克要塞，准备作进一步的侵略。清廷对阿逆勾结沙俄叛乱毫不手软，派兆惠将军等数出击，阿睦尔撒纳败退逃到了哈萨克，为了寻求俄罗斯的保护，而又逃往西伯利亚。乾隆二十二年（公元 1757 年），阿睦尔撒纳在谢米巴拉丁斯克要塞附近患上天花，在前往托博尔斯克时，病死在那里，时年 35 岁。这时准噶尔部绰罗斯特和辉特部民几乎全部被根除，准噶尔部已全部被平定[①]。从十八世纪中叶，沙俄继续向南侵略，修筑了阔雷完—库茨涅茨克要塞线，侵占了我国准噶尔部的大片领土。由金杰尔曼少将指挥的两个步兵团和三个骑兵团，在额尔齐斯河一带建立指挥所，企图占领我国新疆地区，造成对清廷的严重威胁，所以清廷对准噶尔部叛乱采取的一系列措施，对于扼制沙俄侵略，维护祖国统一有着重要作用。准噶尔部的叛乱，经康、雍、乾三朝长达数十年之久，波及影响了中国西、北两部。在这严重的民族危急关头，清朝政府采取平准方略，是符合各民族切身利益和愿望的。特别是身受其害的喀尔喀四部、厄鲁特、青海和西藏各族人民，他们对于长期的叛乱深恶痛绝，对于清廷进军平叛拍手称快，帮助转运粮草、军需，修桥补路付出了很大的代价，使这次长达数十年之久的叛乱才平息下来，各族人民才获得了安定的生活。

二　多伦会盟

在木兰围场西北约九十里处，有一片水草丰美的地方，这就是著名的多伦诺尔（蒙语"多伦"意为"七"，"诺尔"意为"泊"），汉译为七星湖，即历史上著名的多伦会盟处。它在清朝统一蒙古各部的历史上占有很重要的地位。康熙二十七年（公元 1688 年）噶尔丹对喀尔喀蒙古三部的入侵，造成了人畜的严重伤亡和破坏。喀尔喀三部数十万众投奔漠南请求清廷援助和保护，清政府从各地调集大批粮食、茶叶、布匹、牲畜、马匹等进行赈济[②]。喀尔喀的内迁，引起了康熙皇帝的极大注意，他见到喀尔喀的不堪一击是由于各部的分裂，噶尔丹的叛乱是和沙俄的挑动分不开。为了维护国家的统一，清廷下定决心解决蒙古统一问题。乘喀尔喀三部尚未返回原地之时，在岁举秋狝之典的近处，水草丰盛，道里适中，又是内外札萨克集会方便之所，且距京师又不太远的多伦泊，召开了这次清代统一蒙古各部具有历史意义的多伦会盟。

康熙帝于康熙三十年（公元 1691 年）四月出古北口，巡幸塞外，巡视蒙古生计，特别是受噶尔丹

---

① 《清高宗纯皇帝实录》卷五百四十五至卷五百四十六，乾隆二十年八月，7943～7965 页，华文书局（台北）；勒内·格鲁塞：《草原帝国》，66 页，商务印书馆，2001 年；兹拉特金：《准噶尔汗国史（修订本）》，334 页，兰州大学出版社，2013 年。

② 《口北三厅志》卷首，《谕大学士伊桑阿等》，《十朝东华录》康熙二十八年。

叛乱之害南下的喀尔喀各部，亲临抚绥安辑，甲申驻跸木兰围场西南的海拉苏台，于此幸多伦泊，即上都多伦诺尔地方行会阅礼。这次会盟是对内札萨克二十五部四十九旗，外蒙古喀尔喀三部约数十万众的一次大检阅。喀尔喀两翼各部落及内蒙古各王公、台吉皆屯距御营五十里处，会阅礼仪定了喀尔喀赏格座次、觐见、宴会、礼仪等悉照内札萨克四十九旗之例，编定喀尔喀三部为三十七旗。康熙帝亲自御筵内外蒙古各札萨克王贝勒、贝子、公、台吉酒，赐茶，大阅八旗满洲及汉军、火器营、绿旗营官兵，敕书于喀尔喀："先是土谢图汗，以旧怨杀札萨图汗沙喇及其台吉德克德赫，从此起衅，构兵。"致使三部不和，给噶尔丹以可乘之机，失其游牧之地，于是集众会盟，免土谢图汗之罪，继札萨克图汗之后，使两翼喀尔喀相好如初。其台吉亦分四等，去其济农诺颜称号，汗王以下依次授封，按品级从优赏赉数珠、冠服、白金、银器、茶、布诸物。为了纪念这次多伦会盟，应蒙古诸部之请，康熙三十年（公元 1691 年）在多伦诺尔北四十里的库仑地方建立汇宗寺（图版 17），这就是俗称的多伦大喇嘛庙。命一百二十旗，旗各一僧居之。①康熙五十年（公元 1711 年）亲赐曰"汇宗"，匾曰"声闻屈远"。内设正副大喇嘛各一员，颁印信牌，正者掌之。其文曰："总管多伦诺尔喇嘛班第札萨克大喇嘛之印。"康熙五十七年（公元 1718 年），汇宗寺中，树有圣祖（康熙）仁皇帝御制碑文，文中描绘了外蒙古喀尔喀各部和内札萨克四十八家名王世官，云集多伦，拜舞起舞，欢乐踊跃，各族亲如一家，友好谅解，空前团结在清朝中央政府之下，一致对外的情景。蒙古各部笃信黄教，予以建寺，令各部一一信奉之，命名"汇宗"，有"佛法无二，统之一宗"之意。同时康熙帝把这次会盟譬之"江汉朝宗于海"那样，要永远恪守这个制度，不要破坏。

这次会盟选择在多伦诺尔，因其地"川原平衍，水泉清溢，去天闲刍牧之场甚近，而诸部在瀚海龙堆之东西北者道里至此亦适相中"。所谓"天闲刍牧之场"指南连木兰围场的蒙古大草原，清帝岁秋举木兰秋狝，可依此路巡视塞上甚为方便，且地理位置适中，但多伦附近自然条件远不如木兰围场。由于围场是一所天然名围，奇禽异兽密集其中，具备了"行围肄武"条件，又经过康熙的多年经营，创造了能够团结蒙古诸部，巩固多民族国家统一这样一个条件，所以说，没有这个"灵囿"之所，会盟地点也就不会选中在多伦，二者关系就是如此。

因康熙有建汇宗寺之举，雍正于在雍正九年（公元 1731 年）在汇宗寺西南里许建善因寺，以居章嘉呼图克图胡毕尔罕（活佛），但其意义则远不及汇宗寺。

康熙三十五年（公元 1696 年）亲征噶尔丹时，复归还喀尔喀诸部游牧地，编喀尔喀三部为五十五旗。雍正三年（公元 1725 年）以固伦额驸策凌击准噶尔功，诏率近旗十九札萨克别为一部，以其祖图蒙肯、赛音诺颜号冠之，积前，凡四部，计车臣汗部、土谢图汗部、札萨克图汗部、赛音诺颜汗部合七十四旗。乾隆中叶增至八十三旗，与辉特一旗、额鲁特二旗，统称为外札萨克。②

多伦会盟在清朝前期维护国家民族统一，反击外来侵略，镇压国内叛乱的斗争中占着很重要的地位，其中主要的意义是：

① 《口北三厅志》卷之四，坛庙《圣祖御制汇宗寺碑文》；《清朝藩部要略稿本》卷之三，《外蒙古喀尔喀部要略》，1~52 页，黑龙江教育出版社，1997 年；《清圣祖仁皇帝实录》卷一百五十一·六，康熙三十年四月，2637 页，华文书局（台北）。
② 《蒙古游牧记》喀尔喀总叙。

初步解决了清代前期蒙古各部的团结和统一问题。自明朝以来，北面的乃蛮，西面的瓦剌，到了明末清初分为蒙古四大部长期以来互不统属。漠西、漠北蒙古由于沙俄长期在背后挑唆，各札萨克之间长期处于分裂状态。沙俄通过派密使、出军队、供枪炮等方法支持各部中的少数上层民族分子进行叛乱，把矛盾直接指向清朝中央政府。内有家贼作乱，外有沙俄支持并直接陈兵黑龙江以北进行侵略，处于严重的民族分裂状态，直接危及清朝政权。到了康熙初年，解决民族团结统一，以便共同对付沙俄侵略已是刻不容缓。准噶尔部噶尔丹的叛乱，使漠西厄鲁特、回部、西藏，特别是喀尔喀三部失去牧场，广大牧民颠沛流离、饥饿倒毙。喀尔喀蒙古在清初约有四五十万之众，占着蒙古族人民的一大部分，他们被迫放弃漠北草原，移徙到漠南，受到清朝政府的保护是理所当然之事。清政府对喀尔喀各部众给予无比的优惠，无微不至的关怀和热情的接待。对"喀尔喀乏食有至饿死者，深为悼念"，于康熙二十八年四月命内大臣弗扬古、明珠等赍茶、布、银两，采买各种牲畜包括骆驼、马匹、牛、羊等物，命发张家口仓米速运到喀尔喀羁縻之处，"赈其乏绝"。① 并于康熙三十年亲自到多伦巡视喀尔喀各部生计。会盟期间，实质是对民族团结的一次大检阅，是一次漠南、漠北（即内外）蒙古的大统一。

其次是进一步巩固了清政权，清政府本着团结、谅解和友好的原则，制定了各种法度，把漠南（内）蒙古作为楷模，一切制度都依内四十九旗之例，编外蒙古喀尔喀各部为旗籍，设官制，对喀尔喀三部王、公、台吉等进行赏赐和封爵，划定牧界，定人口等。这些都统一在清中央政府管辖之下，由理藩院颁布执行，这些措施都有利于巩固清政府的中央集权。这次会盟，对少数勾结噶尔丹进行叛乱的，如乌珠穆秦亲王苏达尼之妻以及其所属台吉阴附噶尔丹为乱等也进行了处置。这次会盟为后来一系列反击民族叛乱分子、反对沙俄侵略、保卫和巩固北疆都有着战略意义。

康熙三十年（公元1691年）在会盟途次谕扈从诸臣所讲："昔秦兴土石之工，修筑长城，我朝施恩于喀尔喀，使之防备朔方，较长城更为巩固。"② "防备朔方"即指当时的沙皇俄国，巩固西、北部边疆，这就是多伦会盟的深远意义。

三　木兰围场是团结蒙古及国内各少数民族的重要活动场所

在清代经营木兰围场的一百多年中，历次举秋狝之典都是进行觐见，包括内外札萨克、厄鲁特、青海蒙古、回部等诸王、贝勒、贝子、公、额附、台吉和使臣。他们都是按照预定的时间，于每年5～10月来热河。在热河行宫未建成以前，各部首领于喀喇河屯或博洛河屯恭候清帝到来，然后一一扈从到木兰围场。热河行宫外八庙建成以后，诸部首领先到热河觐见，然后随驾抵木兰围场。一些初次来热河的各部首领，有的先到围场行营中觐见，后随围，再到避暑山庄觐见。清帝行围足迹最多之处是：汗特穆尔、都呼岱、齐老图色钦、英图和洛、毕图舍哩、乌兰雅苏台、拜布哈昂阿、锡们必喇、乌拉岱、永安湃、拜察和洛、乌尔格苏台、僧机图哈达昂阿、固尔班库德哩、爱勒色钦、必琉台、巴颜沟、布祐图、穆墨喀喇沁等。在这些地方驻跸、屯营期间接见过的蒙古各部有科尔沁、喀喇沁、翁牛特、土默特、敖汉、奈曼、克什克腾、阿巴噶、喀尔喀、苏尼特、巴林、察哈尔、札鲁特、都尔伯特、乌

① 《口北三厅志》卷首，《谕大学士伊桑阿等》，《十朝东华录》康熙二十八年。
② 《十朝东华录》康熙三十年。

珠穆秦、杜尔伯特辉特、土尔扈特、青海和硕特、布鲁特回部、唐努乌梁海等，基本包括了漠南、漠北、青海、漠西、新疆各部王公、台吉和使臣。大凡在围场行营觐见后，进行行围肄武，赏赐封爵等活动后，并命随驾去避暑山庄进行各种接触。每解决一部分蒙古内附之后，即到木兰，亲密清中央政府和各部族之关系，商洽一些问题。行围期间的赏赍活动也非常可观，觐见后清帝要给各部王公赏赐以朝服、弓、矢、鞍辔、布匹、金银、玉石、珊瑚、鼻烟壶、洋表等物。康熙二十六年，喀尔喀洪豁尔岱青台吉来朝，康熙帝在围场乌里雅苏台达巴罕御营接见了他，谈得很是融洽，并赏赐给予珊瑚、珍珠等珍贵物品。康熙三十一年，外蒙喀尔喀重要首领哲卜尊丹巴胡土克图、土谢图汗亲王策妄札布、贝勒锡第锡哩、台吉多尔济额尔德尼阿海来朝，康熙帝在木兰围场的永安湃围高兴地接见了他们，并进行宴赍，颁赐冠服、蟒缎、弓矢等物，后岁以为常。康熙三十五年（公元1696年）厄鲁特蒙古丹济拉来朝，康熙帝在汗特穆尔围场接见了他们。

乾隆时期，在木兰围场的活动达到高潮，如乾隆十九年（公元1754年）准噶尔、杜尔伯特策凌等人来朝，同年十一月，准噶尔部辉特台吉阿睦尔撒纳、和硕特台吉班珠尔、杜尔伯特台吉纳墨库等入觐，乾隆帝并在山庄万树园进行宴赍活动。乾隆二十年（公元1755年）准噶尔绰罗斯台吉噶尔藏多尔济、辉特台吉巴雅尔、和硕特台吉沙克都尔曼济等到木兰围场，札克丹鄂佛啰觐见乾隆帝，同时参加避暑山庄宴赍，于万树园观大戏。乾隆二十二年（公元1757年）平定阿睦尔撒纳叛乱之后，在阿济格赳围场东北的布扈图口（即伊绵峪）接见了"西域诸藩"。乾隆二十五年（公元1760年），杜尔伯特亲王乌巴什、回部郡王霍集斯伯克及哈萨克使臣来朝，随乾隆帝去木兰行围，表明当时回部早已臣服于清廷。具有重要历史意义的是，乾隆三十六年（公元1771年）在木兰围场布扈图口接见了土尔扈特部蒙古首领渥巴锡率众返回祖国一行（后文详述）。乾隆四十年（公元1775年）八月丙申，于木兰围场乌拉岱接受了定西将军阿桂奏攻克"乌勒围"的红旗报捷，即命御前侍卫春宁驰诣热河行宫向皇太后称贺。

嘉庆时期，行围期间接见各部首领岁如以往。以上所举，足以说明，清初百余年来，木兰围场是清代前期政治活动中的一个重要活动场所。

四　土尔扈特部首领渥巴锡率众返回祖国的事件

在木兰围场七十二围中有一处伊绵峪围。"伊绵峪"原名"布扈图口"。乾隆二十二年（公元1757年）平定准噶尔部阿睦尔撒纳叛乱之后，于第二年，即乾隆二十三年（公元1758年）弘历在木兰围场的阿济格赳围场东北布扈图口地方（今围场县棋盘山镇小上村）接见了西域诸部首领，并把"布扈图口"改名为"伊绵"（伊绵，蒙语，回归也）。

乾隆三十六年（公元1771年）于木兰围场伊绵峪接见了摆脱沙俄控制，率众返回祖国的土尔扈特部首领渥巴锡一行。这在当时维护多民族国家的团结和统一具有重要的历史和现实意义。

土尔扈特是我国厄鲁特蒙古四部之一，其游牧地在雅尔（即塔尔巴哈），伊犁之北，科布多之西。明朝末年，准噶尔部长巴图尔辉台吉特强欺侮诸卫拉，当时土尔扈特长和鄂尔克恶之，被迫于崇祯三年（公元1630年）率所部去额济勒河（即今苏联伏尔加河）流域游牧。清初入关以后的顺治十、十二至十四年，和鄂尔勒克子书库尔岱青、伊勒登诸颜、罗卜藏诸颜，相继遣使奉表臣服于清。书库尔岱青子朋苏克、朋苏克子阿玉奇，世为土尔扈特部长，传至阿玉奇始自称汗，和清廷的关系至为密切，贡表往来不绝。当时的准噶尔部策妄阿拉布坦曾乞婚于阿玉奇、阿玉奇仍以女妻之。阿玉奇之子散札布台吉携众万五千徙往。待噶尔丹兵败，阿玉奇遣宰桑以所部兵千防于阿尔台之土鲁图。所以，阿玉奇虽然是远在额济勒河，并非是鞭长莫及，而对于准噶尔部的军务可谓了如指掌。策妄阿拉布坦叛乱以后，逐阿玉奇子散札布，而没入其财产。阿玉奇携其子阿拉布珠尔入藏礼佛，策妄断其道不得归。阿拉布珠尔附于清，并封为贝子。由于贡道梗塞，所以阿玉奇假道俄罗斯与清廷保持臣属关系，贡方物。康熙五十一年（公元1712年）阿玉奇复遣使假道俄罗斯贡方物，康熙嘉其忠诚，为了熟悉所部疆域，遣内阁侍读图理琛假道俄罗斯奉敕前往探望，由于沙俄的从中破坏，历时三载乃还[①]。阿玉奇附表奏谢。

图理琛之行，是从康熙五十一年开始出使，到康熙五十四年三月回京复命。这个由图理琛率领的使团由7名使者26名随行人员组成。使团穿过蒙古高原，到达俄罗斯边境城市色楞格斯克，从此横跨西伯利亚到达俄罗斯与土尔扈特边界城镇萨拉托夫。

图理琛于康熙五十三年六月一日到达土尔扈特汗阿玉奇驻扎的玛努托海切地方。阿玉奇以臣属的礼节在幄帐前北向跪接了图理琛带去的康熙皇帝谕旨，并恭请康熙帝万安。康熙在谕旨中问候了阿玉奇汗无恙，并带去了大批的赏赐，有各种礼物、弓矢等。阿玉奇不胜感谢。当阿玉奇问到康熙皇帝是年61岁时，阿玉奇汗恭祝"大皇帝万寿"，还问到了大皇帝（康熙，下同）有皇子几人、公主几人，大皇帝每岁避暑行围所系何地方，相去京师几多远近，图理琛答复："避暑之处名热河及喀喇河屯，离都城七八日路，秋后哨鹿。"阿玉奇又问到避暑地山川、水土情况，如何耕种，盛京情况，清文（满文）与蒙古文字之异同，平定三藩之乱等。遵康熙谕旨将其侄阿拉布珠尔遣回与其团聚。又问到去往内地的路径情况。图理琛把清廷关心土尔扈特部的情况转给了阿玉奇，他不胜喜悦。六月十四日，图理琛返旗。阿玉奇又赠送了大批礼物，如马匹、毛匹、鸟枪等物，并遣台吉率兵护送。[②] 1724年阿玉奇卒。

乾隆二十一年，阿玉奇子惇罗布喇什遣使假道俄罗斯来朝，三载方至。乾隆皇帝在热河万树园设宴款待使者，使者请赴唐古特（西藏）谒达赖喇嘛，乾隆遣官护往。翌年使者领取了乾隆赐给惇罗布喇什的礼物，返回伏尔加河畔。惇罗布喇什卒，子渥巴锡嗣为汗。

从康熙开始，俄罗斯察罕汗曾数征土尔扈特兵攻打西费雅斯科，土尔扈特兵不习战事，死伤万计，沙俄的征兵、纳税、派粮给土尔扈特人民带来了深重的灾难。土尔扈特人对沙俄的种种压迫和欺侮已不堪忍受，为了摆脱沙俄统治，他们曾多次和清廷联系。沙俄在与其北邻控噶尔图理雅国进行战争前后，征兵于土尔扈特，死者七八万人。因屡经大败，康熙三十五年（公元1696年）又征兵于土尔扈特，此时人人危惧，渥巴锡汗计无所出。平定准噶尔的消息早已传到了伏尔加河畔，得知伊犁地方人口减少的消息，特别是其新附之四卫拉特人，对伊犁雅尔、哈喇沙尔等处山川道路皆很熟悉。其地草肥水甘，土田广阔，可以定业。他们就要逃出已经处于绝望状态的伏尔加草原，回归到祖国土地伊犁地方。在这种情势下，渥巴锡汗虽召集各台吉、喇嘛密议定

①　张穆：《蒙古游牧记》卷十四，《土尔扈特》；祁韵士：《西陲要略》；《清朝藩部要略稿本》卷十四，黑龙江教育出版社，1997年。
②　图理琛：《异域录》，《小方壶斋舆地丛钞》。

策，乃藉众归顺曰："俄罗斯不兴黄教，愿依大皇帝（乾隆）兴黄教之地，以安部众。"且俄罗斯与土尔扈特衣冠、习俗异制，所以决计率部返回祖国。乃传谕大小宰桑各戒严约，定北岸所居部落于河水冻结后同返。

　　乾隆三十五年（公元 1770 年）十月，天气温和，河水不冻。渥巴锡迫于形势不能等待，河北人户"遂率所部之土尔扈特、和硕特、怀（辉）特、都尔伯特、额鲁特人众等户三万三千有奇，口十六万九千有奇"，于十月廿三日起程，斩关夺将，沿途袭破俄罗斯城池四处，摆脱沙俄察罕汗济纳喇拉数万大兵的追阻，经过多次抗击和战斗，终于逾过沙俄卡伦格勒图拉而南，进入中国境内。特别是在经过千里戈壁沙漠，当时滴水寸草皆无，历经八个月的艰难困苦，时至翌年之乾隆三十六年（1771 年）三月，天气温暖，人皆取牛、马之血而饮，瘟疫流行，人畜倒死，损失十万人，牲畜十存三四，经十余日走出沙漠之外，至他木哈地方，与内地卡伦接近，回到伊犁地方。渥巴锡及其所部到他木哈处，尚有男妇大小人口七万余人。清廷对渥巴锡汗率众返回祖国的事件非常感动。首先，由伊犁将军舒赫德接见了渥巴锡汗与其台吉喇嘛一行，渥巴锡汗为了表示这次率所部众返回祖国之诚意，献其祖所受明永乐八年汉篆敕封玉印一枚和玉器、自鸣时刻表、宣窑瓷器、自来火鸟枪、拉古尔木碗等物。乾隆皇帝差额附色布腾巴尔珠尔等带领渥巴锡及其台吉头目一行赴热河。[①] 乾隆帝对卫拉特之一的土尔扈特自动脱离俄罗斯而回祖国喜出望外，他以土尔扈特归来为题材，亲自作了三篇诗文。[②] 赞美他们不畏强暴，毅然决然地脱离沙俄统治而回归祖国这一伟大壮举。现转载宫肋淳子对乾隆帝满文原诗的汉译文：

　　　　这个名为土尔扈特的部落，

　　　　这些人过去的汗是阿玉奇，

　　　　来到这里的渥巴锡背离俄罗斯，

　　　　从伏尔加之地来降。

　　　　即使未加怀柔也仰慕皇帝的德化而来，

　　　　应当受到深恩慈怀

　　　　（从准噶尔往俄罗斯）逃走了的色凌也改变初衷仰慕来归，

　　　　对于俄罗斯（他们）以什么为借口。

　　　　卫拉特的人们因为互相不和，

　　　　从前举众迁往俄罗斯，

　　　　在虐待之中回想起故地，

　　　　舍弃了俄罗斯来降。

　　　　接受了这些人他们会不会成为贼寇，

　　　　使他们得到安置而成为良民，

　　　　从此所有的蒙古诸部，

　　① 《高宗纯皇帝实录》卷八百八十七·一，乾隆三十六年六月，12675 页，华文书局（台北）；张穆：《蒙古游牧记》，引自《西域闻见录》。

　　② 宫肋淳子：《最后的游牧帝国准噶尔部的兴亡》，160 页，内蒙古人民出版社，2005 年。

将一体成为臣仆。

这首诗的内容，表明了清廷的德化抚育万民，皆仰慕而来，同时也完成了他的祖父康熙皇帝未完的统一大业。

渥巴锡率众从十一月起程，历时八个月，行程万余里，冲破沙俄的重兵追袭，终于在第二年六月回到祖国的怀抱。乾隆三十六年，行围木兰，于伊绵峪接见了渥巴锡一行。弘历在行幄里，亲自以蒙语询问了渥巴锡回归祖国的情况以及土尔扈特蒙古的历史。回到避暑山庄以后，又赐宴于万树园，皇太后赐大宴三日，于万树园观大戏，凡二日，复赐宴，银币、珍奇等。封渥巴锡为汗，其弟亲王，余郡王、贝勒、公、台吉有差，分新旧二部，各设札萨克。为了安置经过千辛万苦返回祖国的约十万土尔扈特部众，清朝中央政府拨巨款进行抚恤。"口给以食，人授之衣。分地安居，使就米谷而资耕牧。……出我牧群之孳息，驱往供馈。……凡市得马牛羊九万五千五百，其自达里冈爱商都达布逊牧群运往者，又十有四万……拨官茶两万余封，出屯庾米麦四万一千余石……购羊裘五万一千余袭，布六万一千余匹，棉五万九千余斤，毡庐四百余具……计诸用帑银二十万两。"[①] 同年九月渥巴锡随同乾隆前往新落成的普陀宗乘之庙瞻礼，并参加了法会。乾隆帝还特地撰文在普陀宗乘之庙立了《土尔特全部归顺记》《优恤土尔扈特部众记》两座石碑以志其事。

渥巴锡返回祖国事件说明各族人民是要统一的，统一符合各族人民的利益和愿望。只有统一才能战胜沙俄的侵略和颠覆活动，才能战胜和制止一切分裂活动。当时清廷所采取的巩固和维护多民族国家统一的各种措施，是符合各族人民利益的。

五 平定新疆回部大小和卓事件

在木兰围场卜克达坂（即碑梁）有乾隆十六年（公元 1751 年）所树手书《于木兰作》诗碑，在碑之右侧补刻乾隆二十四年（公元 1759 年）《过卜克达坂》五言律诗一首，诗中提到"廿围倏藏事，二竖待成擒。……贞符如卜克，愿即递佳音"。在碑之左侧刻乾隆二十五年（公元 1760 年）《过卜克达坂叠旧岁韵》五言律诗中又提到"果协贞符吉，早传逆贼擒"。后诗明明提到"叠旧岁韵"，即两首诗是前后呼应的，前诗中说到他在盼望收到平定二竖（即新疆回部大小和卓）叛乱的捷报，"愿即递佳音"的急切心情。而第二首诗则说他已收到捷报，"旧岁九月初过此，有贞符如卜克，愿即递音之句，回銮未逾月捷报果至"（诗原注）。诗中提到的时间刚好与平定大小和卓的时间相吻合。

平定新疆回部大小和卓叛乱的事件，是继乾隆二十二年（公元 1757 年）平定准噶尔部阿睦尔撒纳叛乱之后的又一次重大事件，清廷关于这次平叛极为重视，在行围木兰时也在时刻想着此事。

新疆回部在天山南路，天山为葱岭正干，延袤数千里。抵哈密，其左右分准、回两部，回部有大小城数十座。顺治初年，新疆回部之要宗叶尔羌即贡表称臣。康熙二十五年，成吉思汗后裔承苏赉满汗为新疆回部之长。

噶尔丹叛乱时，并有回部，将回部旧汗及回部领袖执于伊犁，设官征赋税、徭役。康熙三十五年（公元 1696 年），噶尔丹死，回部首领阿布都实特投于清，康熙优恤之，使遣故土。可以看出，清初以

---

① 弘历：《优恤土尔扈特部众记》碑文，碑存承德普陀宗乘之庙。

来回部就已臣服于清。

大小和卓是叶尔羌城回部首领玛罕木特之子，长曰布那敦（亦曰博罗尼都），次曰霍集占。噶尔丹策凌叛乱时曾将玛罕木特及其二子羁于伊犁，使率回民数千垦田输税。康熙二十年（公元1681年）清军初定伊犁，释放大和卓，以兵送叶尔羌，命其统属旧部，留小和卓，使其居伊犁掌天山北部回教之众。因阿睦尔撒纳之叛，小和卓曾助阿叛乱。

乾隆二十二年（公元1757年），小和卓逃遁伊犁，产生二心，清军两次派人进行招抚未果。于是大小和卓集其伯克、阿浑等自立为汗，传檄各城爱曼，集士马、粮秣、器械。拥回户数十万麇集库车、拜城、阿克苏以叛。三城回部官员之阿奇、伯木克、鄂对等素知小和卓为人残忍，耐惧其兵威，皆逃奔清伊犁将军驻地。伊犁将军兆惠命伊敏图率厄鲁特兵二千往征不利。乾隆二十三年（公元1758年）五月，清廷以雅尔哈善为靖逆将军，将兵万余进行征讨，不利。由于兆惠移师南征，大小和卓自库车逃出，小和卓奔叶尔羌，大和卓奔喀什噶尔。十日，清兵到叶尔羌，被围十七夜，进行了有名的黑水河之战。乾隆二十四年（公元1759年）正月，清援军到，围解。又经过了将近一年的准备，乾隆二十五年（公元1760年），清军分两路西进，取喀什噶尔、叶尔羌城。大小和卓兵败西遁走巴达克山。为巴达克山酋素勒坦沙所擒杀。[①] 大小和卓平后，葱岭以西布鲁特、爱乌罕博罗尔、敖罕安集延、巴达克山诸部皆臣服于清，岁遣使来廷。以喀什噶尔为参赞大臣节制南路各城，城大者设办事大臣、驻防大臣，小者驻领队大臣。各设阿奇伯木克，理回务。以叶尔羌红铜铸"乾隆通宝"钱与回地旧普乐钱并行。

平定大小和卓叛乱，始乾隆二十三年（公元1758年），止乾隆二十五年（公元1760年），凡三年时间。二竖之叛乱给各族人民带来深重灾难。他们对回、蒙各族人民派粮、派款、赋税繁重，供给稍迟，即行杀戮，人心所失，民怨沸腾。所以清廷开始平叛不久，叛军即纷纷投诚。这次清军平叛行动符合各族人民维护祖国统一、和平，反对分裂的愿望。清军以少胜多，克敌制胜，是同蒙、回各族人民的热情支持分不开的。大小和卓平定以后，新疆回部、葱岭以西诸部皆统一在清朝中央政府之下。

结　语

中国自古以来就是一个统一多民族的国家，远在两千多年以前的秦朝，我国北方广大地区就统一在中国版图之内。这是几千年来，我国各族人民在政治、经济和文化上不断进行发展和联系的结果。在围场县大兴永村发现的秦始皇二十六年铁权就是一个有力的证明，说明秦时就在这里设置了郡、县等行政机构，实行有效主权管辖。两千多年来，我国各族人民为维护国家主权和领土完整，进行了不屈不挠的斗争。在清朝前期的历史中，先后经过了几十年的斗争，在我国北方和西方，终于平定了由地方上少数民族上层分子进行的叛乱，特别是在沙皇俄国煽动、支持下而挑起的准噶尔部、回部上层分子的武装叛乱。前者长达数十年之久，波及中国大片地区，危害最大。由于清朝政府采取了有效的措施，制止了叛乱，维护了多民族国家的巩固和统一，这在客观上顺应了历史潮流发展，也是符合我国各族人民反对分裂，要求统一这样一种愿望的。到了乾隆晚期，清代已经开始走下坡路，由于国内

---

① 魏源：《圣武记·乾隆戡定回疆记》。

阶级矛盾日益尖锐，农民起义风起云涌。特别是 1840 年鸦片战争以后，中国沦为半殖民地半封建社会。清朝统治阶级把精力都集中在镇压农民起义身上，就连过去曾经是御猎场的木兰围场也都出现了"打皇官"的农民起义运动。清朝过去那种坚持统一，反对分裂，坚持领土完整，反对外来侵略的正确路线，也由对内进行镇压起义，对外施行投降卖国所代替。现在，三百多年已经过去了，清朝前期曾经显赫一时的木兰围场随着中国最后一个封建王朝——清王朝的覆灭，也变成了历史陈迹。木兰围场遗留下来的大量文物，在中华人民共和国成立前遭受军阀和日伪的大肆破坏，所存无几。新中国成立后，在各级党委正确领导和重视下，一些重要围址、碑碣和有关文物都逐步得到了收集和妥善保存。有关围址和碑碣多已公布为各级文物保护单位。

第五章　承德市的早期历史

承德市在历史发展上是比较早的，大约在 4000 年以前就有人类活动了。从考古学角度来看，在承德市的伊犁庙台地发现的夏家店下层文化遗址，相当于中原的龙山文化到商时期。发现有房屋遗迹和各种陶石器，相当于周时，又发现有夏家店上层文化的遗址和墓葬，据考证其大体属于山戎民族的文化遗物。在市郊的馒头山、离宫西山、下二道河子一带，出土大量的石器、陶器等。战国到明朝以前的文献记载虽然不多，但遗迹、遗物遍及市区，如滦河镇发现的战国时期燕国贵族墓地。市北上二道河子闹包山战国障域，双塔山西平台的汉代遗址和墓葬，双塔山上之辽塔，市石洞沟之金元时期骨灰罐等都足以说明，承德市在历史发展上始终是有人类活动的遗迹。但是，在文献上，就承德本身，在历史发展上是不平衡的，记载也是不连贯的，甚至到了康熙初年，他在《御制溥仁寺》碑文中说："名号不掌于职方，形胜无闻于地志。"他的这种说法是不符合事实的，但反映了一个问题，即大体在明以前，承德本身都不是政治活动中心。在建置沿革的发展上，始终处于从属地位是比较确切的。研究承德市的历史，不能脱离承德地区的历史演变情况。在历史上，承德地区的政治活动中心西汉之平刚（据考证在平泉北的黑城一带）、要阳、滦平、隆化、围场，丰宁燕秦长城和障、塞、屯戍地，魏之安州，辽之北安州（今隆化土城子），金之兴州，元之大兴州，小兴州（今滦平县兴州公社），大抵明初兴州的几个卫所都在丰宁、滦平县境内。明朝所设的宽河、会州、富裕、新城、大宁五卫，大体在喜峰口到大明城（今宁城县）一线。说明历史上明以前，承德市并不是一个政治活动中心，而和承德市关系较为密切的是辽之北安州，金之兴州和元之大、小兴州。近几百年来，研究承德市的历史无不把金之兴州断在承德市的滦河镇土城子，认为滦河镇的土城子即喀喇河屯是金之兴州城址。从乾隆时期修的《钦定热河志》包括各种诗文记载一直到近人的考证，都是本着这种看法，辽北安州和金之兴州二者关系若何？兴州是否为滦河镇，承德市的有文字记载这一段历史，究竟可以上推到什么时候，辽、金、元以来承德附近历史沿革的变迁探索，都是需要认真加以研究的。

下面我想从研究北安州的历史着手，对承德市滦河镇的喀喇河屯，热河避暑山庄修建前后承德市历史的变化情况进行初步研究。

一　北安州和大小兴州考辨

北安州是辽中京统辖下的十州之一，也是历史上的一座名城，经辽、金、元三代，一直是塞外的重镇之一，特别是由于它在历史和地理的位置上，与承德市的关系较为密切，所以在研究承德市的地理位置和历史沿革时，也往往要提到它的名字。辽北安州和金兴州，元代的大、小兴州，在地理历史的发展上，有着某些方面的相延续的关系，所以，在研究辽北安州的历史时，又不得不将三者联系起来考虑。搞清楚辽北安州，金兴州和元大、小兴州的具体位置，以及几者之间的关系，对于解决承德市早期城市发展历史，有着一定的意义。

北安州疆域颇广，是辽中京（今内蒙古宁城县大名城）属下的要邑之一，辽建国之前，中京一带包括老哈河、滦河中上游本是奚族所谓遥里、伯德、奥里、梅只、楚里这五部盘踞的区域。辽太祖耶律阿保机起事以后，降五部之众。又于天赞二年（公元923年）增堕瑰部，命奚部头目勃里恩主之，仍号奚王，这就是《辽史·营卫志》中所谓之奚六部。以后奚王沿袭，一直主六部军政事，并设都监和各部节度使以掌之。六部又总称为东部奚，分布于高、利、潭、松山、北安州之间，北安州西接望云川（今赤城云州一带）。有鄂情库、萨拉噶等称为西部奚。辽中京位于老哈河流域，乃奚王牙帐所在地。统和二十四年（按：本纪为统和二十年），五帐院进奚王牙帐地，翌年诏建中京，所以北安州的建成年代应是在统和二十五年建中京以后的不久。这时正是圣宗耶律隆绪对宋用兵的连年战争时期，辽国封建奴隶主军事政权从幽燕掠得大量汉人俘户北徙，北安州就是用汉人俘户所置的。

（一）关于辽北安州、金兴州和元大、小兴州位置方面的不同推断

北安州的位置，历来有不同的说法，归纳起来大致有如下几种：

1. 认为北安州为汉上谷郡女祁县地，唐以后为奚王西省地。[①]

2. 认为辽北安州是在后魏安州故城址上设置的。[②] 辽北安州即北魏安州广阳郡燕乐县治[③]。燕乐即今隆化县土城子。

3. 认为金兴州宁朔军节度使，本辽北安州兴化军，治兴化县。[④] 元因之，称大兴州。[⑤] 属县宜兴称为小兴州[⑥]，另一说属县兴安为小兴州[⑦]。

上引，金元两代之兴州，一直设置在辽北安州治下。

4. 认为辽北安州兴化县和金之兴州，元之大兴州在今承德市滦河镇（即原属滦平县之喀喇河屯）。[⑧] 近人研究发挥了这种说法。[⑨] 许多辞书、图册亦本此说。[⑩]

上述诸说，北魏安州和辽北安州位置的正确确定，是研讨的中心，北安州位置解决，其他问题，自然冰解。

（二）北魏安州和辽北安州

《辽史·地理志》："北安州兴化军，上、刺史，本汉女祁县地，属上谷郡……唐为奚王府西省地，圣宗以汉户置北安州，属中京，县一，兴化县。"此处辽北安州属上谷郡之说，显系错误。考中京统州

---

① 《辽史·地理志》三。

② 《水经注》卷十四《濡水》，世界书局，1936年；曾公亮：《武经总要》前集卷十六下，《边防》，北蕃地幽州四面州军。

③ 《承德府志》卷十五《高宗御制滦河濡水源考证》，《山川》二十七；《钦定热河志》卷五十八《建置沿革》四；同书卷五十五《表》丰宁县，四旗厅。

④ 《金史·地理》上；《钦定热河志》卷六十一《建置沿革》七。

⑤ 《元史·地理》一。

⑥ 《承德府志》卷三《建置》二十六；同书卷二十一《古迹》。

⑦ 《读史方舆纪要》卷十八《直隶》九。

⑧ 《承德府志》卷三《建置》二十六；《钦定热河志》卷六十一《建置沿革》七。

⑨ 徐兆奎：《承德市滦河镇之历史变迁》，北京大学地理系，承德市文物局翻印，1978年。

⑩ 《中国历史地图集》，宋辽金，11、48页，1980年；《辞海》，654页。

境，属汉辽西、右北平和渔阳。上谷位置偏西今宣化一带，而女祁县乃奉圣州武定军之文德县，此条失误是很明显的：辽史中的北安州为奚王府西省地的记载是对的，辽时奚六部以奚王府领之，圣宗置北安州，治以刺史，但其地仍为奚之故地。中京既为奚王牙帐旧地，则奚王府西省地自在其西。辽之土河（今老哈河）、柳河（今伊逊河）、乌滦河（今滦河）中上游是奚族的分布中心，宋王曾出使契丹，就是出古北口，沿乌滦河、伊逊河和老哈河上游去往中京的，他沿途所描写的居民，生活习俗就是奚族的情况，其所经伊逊河是值得注意的一个地方。

《武经总要》："北安州，后魏置安州，筑城，在幽州之北，正当松漠之地，今建为北安州，墨斗岭、牛山、会仙石、柳河，皆在其境，东北至中京二百五十里，西南至古北口二百八十里，南至幽州二百五十里。"① 这里指出了后魏安州和辽之北安州二者系一地，概括了北安州的四至里程、统辖所及，以此不难推出北安州的具体位置。《魏书·地形志》："安州，皇兴二年（公元 468 年）置，治方城，天平中（公元 535 年）陷。元象中（公元 539 年）寄治幽州北界。"又安州广阳郡，"属燕乐州郡治。延和九年（公元 440 年）置。真君九年并永乐。方城，普泰元年（公元 531 年）置"。魏安州乃拓跋鲜卑索头部所居，以部族名名之②。《水经注》："索头水，南经广阳侨郡西，今安州治，南流注于濡水。"濡水即今之滦河。索头水乃辽之柳河，今之伊逊河，南北纵贯今隆化县境。

隆化博洛河屯（蒙语紫城），即皇姑屯土城子，古索头水经其西，此地当为后魏初置安州治方城故址。因为除此而外，这一带伊逊河流域的方圆百里内，再没有另一座在规模上可与之相比，时代又与之相当的古城址。

东魏天平中，安州废。元象中寄治幽州北界。安州及广阳郡治所并置燕乐县，亦寄治渔阳北境。《清一统志》："燕乐在密云县东北七十里。"《读史方舆纪要》："燕乐、密云皆汉犀奚县地，五代废为燕乐庄。"辽代北安州置于后魏安州燕乐之说是不确切的，乾隆《钦定热河志》、道光《承德府志》、民国初年所修《隆化县志》皆从其说，至少已经过三百余年。

《武经总要》中指出的北安州境内有墨斗岭。墨斗岭亦名度云岭，在德胜岭北百二十里。唐于此置墨斗军以御奚，岭长二十里，地极险要。清人以为承德市西郊广仁岭为墨斗岭，地方志、文人游记多颂之，以为其险要乃是大错。广仁岭根本无险要守，近人对此也持有怀疑。《王曾上契丹事》曰："九十里至古北口……，又度德胜岭……俗名思乡岭，八十里至新馆……，四十里至卧如来馆，过乌滦河，东南滦州，又过摸斗岭……""七十里至柳河馆……，七十五里至打造部落馆，东南行五十里至牛山馆。"文中所云较《武经总要》为详，皆属北安州境，古北口、德胜岭（今滦平十八盘岭）、新馆（今滦平县城关附近）、卧如来馆（今滦平县东院喇嘛洞），从此东北行过乌滦河，东南滦州（即滦河沿之辽金城址，辽史中未曾有在这一带设置滦州的记载，此处可能是辽之利民寨，后升为县，此处或为金之兴安，详下节）。摸斗岭即滦河和伊逊河之间的梁底下，此处有古路，山高路险，地扼两河之要，是北去柳河川（伊逊河）和魏安州、辽北安州之要，形同门户，又是东经柳河馆（今隆化东南境）、打造部落馆（今承德三沟附近），去往中京的必经之路，所以于此置墨斗军以控。按《钦定热河志》墨斗岭如在承德市广仁岭，则王曾只有再从承德北行百三十里才能进入柳河，然后变而南折，进

①　《承德府志》卷四《建置》二《滦平县》。

②　索头，即辫发，参阅马长寿：《乌桓与鲜卑》，176 页，上海人民出版社，1962 年。

入辽车河（今老牛河），显然无走此逆程之必要。《钦定热河志》把墨斗岭定在广仁岭，是因为还有另一个错误推断，它既把北安州定在魏安州故址（即隆化土城子），而又把兴州的位置定在承德市滦河镇，由于金之兴州是在辽北安州治设置的，所以显得前后不能自圆其说，为了附会金兴州的位置，所以又把墨斗岭错误地定在广仁岭，而愈发显得矛盾百出。以上明显地为我们提出，北安州的辖境包括了滦河、伊逊河、老牛河流域，其治所在伊逊河。

王曾行程录中没有提到北安州，这是因为北安州和柳河馆，中隔高山，沿伊逊河而上尚有一段路程。再从北安州方位、四至里数推断，隆化土城子为辽北安州治亦甚切中，如州东北至中京二百五十里，西南至古北口二百八十里，都是相接近的。

辽北安州曾经进行过较大的战役，"天祚保大二年正月乙亥，金克中京，进下泽州……二月乙亥，金师败奚王霞末于北安州，遂降其城"①，金宗翰驻北安②，北安州是辽中京的外围重要据点，故攻下后，即以宗室移赍勃极烈宗翰镇之，不久挥师西北。追辽主于鸳鸯泺，中间再没有涉及另外的城市。其进军路线为中京、泽州（今平泉县会州附近）、北安州（今隆化县土城子）和今之丰宁、多伦、沽源一线。北安州以东正是辽南京（幽州）经由古北口去往中京的大路，以西是去往辽西京的大路。

（三）金兴州和元大、小兴州

关于金兴州，《金史·地理志》："兴州宁朔军节度使，本辽北安州兴化军，皇统三年降军，置兴化县，承安五年升为兴州，置节度，军名宁朔，改利民寨为利民县。……承安五年以利民寨升，泰和四年废。……县二，兴化，宜兴。"显然，金之兴州，是在辽北安州兴化军基础上设置的，仍治兴化。元初仍为兴州，中统三年属上都路，以附郭兴化省入，俗谓之大兴州，领县二，兴安，宜兴③。小兴州是元以后称谓。关于小兴州有两种说法，一种认为兴州属县兴安是小兴州，《读史方舆纪要》中"兴安在州西南……，辽置利民县，金废为利民寨（按应为辽为利民寨，金一度置县，后废，此据《金史·地理志》改），元置兴安县，属兴州，或曰金末兴州当寄治此，后又徙密云，俗名为小兴州云云，兴安废县南去古北口一百三十里"，是元之兴安乃辽之利民寨；另一种认为，金兴州属县宜兴是小兴州。《钦定热河志》："致和元年升为宜兴州，以旧有兴州，故俗称为小兴州，明初改置宜兴守卫千户所，永乐初废，今土人尤称其地为小兴州。"一般皆从后说。洪武三年（公元1370年）以兴州隶北平府，四年州废。

上引可以看出，金元两代之兴州，一直没有离开辽北安州治。洪武中置兴州左、右、中、前、后五卫，仍是在元兴州的旧范围内。永乐初，"弃大宁，虽徙兴州五卫于内地"④。兴州五卫因置时不长，所以在乾隆《钦定热河志》已说："兴州五卫，道理不详，大约兼有今承德府本境及滦平县、丰宁县地"，已不明了各卫之具体地点。永乐以后，塞外地皆转为蒙古牧马场，北安州和大、小兴州及其属县皆废弃。明人蒋一奎说："小兴州、大兴州等地，国初仍属蓟密版图，以永乐弃大宁，俱沦沙漠。"⑤但他也没有进一步明确指出大、小兴州和明兴州五卫的具体位置。

———————————

① 《辽史·天祚》。

② 《金史·太祖》。

③ 《元史·地理》。

④ 《明史·地理》。

⑤ 蒋一奎：《长安客话》卷七《关镇杂记》。

明太祖征元用兵于北方的进军路线，也可以得到一些旁证，"洪武二年常遇春奉诏取开平（今内蒙古正蓝旗兆乃曼苏木，即元上都开平府），过惠州（大宁卫东北），取全宁（高州东北），败元丞相，也速兵进攻大兴州，擒元丞相脱火赤，遂克开平"①，这条路线是从大宁回师西北进入大兴州的，并进趋开平，方位、路线均相吻合。又"明正统九年，成国公朱勇讨三卫……陈怀出古北口为西北路，逾滦河，渡柳河，经大兴州，过神树，至全宁"，也说明兴州在柳河即伊逊河近旁，路线顺序，晰而不乱。

金、元之兴州，正是明初万里长城之蓟镇边外，顾炎武《天下郡国利病书》录《永平府志》卢龙塞外远近敌扎营，对这里的山川形势作了细致的描述。喜峰口路下，元兵如由塞外犯关，其一，由大兴州东南，再转而南下到喜峰口一线，"……一马兔（今隆化县驿马吐河）②，一逊川（今隆化县伊逊河），大兴州（今隆化城关土城子），五儿班（今承德县头沟高寺台一带，地当武列河东源），逃军兔（今承德三沟一带，地当老牛河川），脑奴河（承德县上谷河），傍牌川（今承德县暖儿河）之虔婆岭，冰窖之黄崖（今黄崖）南下，亦犯喜峰路……"；其二为返程，自喜峰口西团亭砦起，"黄崖西北至冰窖川、虔婆岭、傍牌川，东北通会州（今平泉县会州城）又北顺滦河至脑奴河川口，俱川二里，西北至逃军兔川南口，西北至呵谷得岭……（川）宽七里……至五儿班川，亦名呼鲁班，有树有水，并通大举……"；其三是记载五儿班至大兴州的路径，"其五儿班，宽六七里，西北由隰坡兔（即隆化县十八里汰，蒙语泥泞处也）通一逊川，三日程，西由呼答哈而通大兴州"。又同书《夷中地图》详具会州以西逃军兔、五儿班、隰坡兔里数，中以滦河为界，分东西两区，上引地皆在滦河以东。自喜峰口西团亭砦外设九拨，曰暖泉、黄崖、夹儿、清河、土洞、横河、傍牌川、滴水崖、脑奴河，凡百二十里，西逃军兔川南口，皆去往兴州之大路。从引文叙述顺序又可以看出，大兴州在一马兔（驿马吐）、一逊（伊逊）和五儿班（武列河东源头沟河，即清之赛音河）三川之间，其位置恰在隆化县城关土城子之地。大兴州不在滦河西岸今承德市滦河镇，当时这里不是政治中心。文献和《夷中地图》中，在叙述滦河西岸的古地名时也没有提到大兴州的名字。又同书所载大兴州四至里数与今日里数相近。

总之，我们根据记载，可以肯定，辽北安州及其治所兴化县，金时改置为兴州，仍治兴化县，元时省兴化为大兴州，三者乃一地，其故城即隆化县伊逊河东岸皇姑屯土城子。

（四）考古学上所见北安州和大、小兴州位置

从考古学角度对其进行了调查和发掘，从地层关系和出土遗物等方面对前述论点提供了实物论据。隆化皇姑屯土城子，又名博洛河屯、波罗河屯。清人汪灏在《随銮纪恩》中说："波罗（博洛）河屯，一名皇姑庄，乃今上之姑太宗文皇帝公主下嫁巴陵（林），往来停留地也。四面山如列屏中间地平如削……东北行，见蒙古土城层层，知波罗河屯取名之意。"清初，这里是蒙古游牧地。由于康熙二十年开辟木兰围场。博洛河屯成了热河避暑山庄到木兰围场的中间站，内蒙古四十八旗王公要到这里恭迎清帝，于是建行宫，修王公宅地。康熙二十九年，清廷平定准噶尔部上层分子噶尔丹的叛乱，康熙帝曾亲自坐镇博洛河屯进行指挥③，由于对博洛河屯的不断经营，到了康熙四十二年这里已是"人家农舍，栉比鳞集，烟火稠密"的一个市镇了④，但是当时还很少有人关心这座城的来历。乾隆修《钦定

① 《读史方舆纪要》卷十八《直隶》九。

② 括号中古今地名，据引文里数推出。

③ 魏源：《圣武记·康熙亲征准噶尔记》。

④ 汪灏：《随銮纪恩》，《小方壶斋舆地丛钞》。

热河志》时才指出伊逊乃魏之索头水，土城系魏之安州和辽之北安州故址。民国修《隆化县志》从其说。

土城子坐落于伊逊河左岸开阔平地上，平面呈长方形，今城垣南北长747、东西宽566米，城垣高3～8米，厚8米左右，土筑。南北垣中间辟门，有瓮城，城垣中间，土阜隆起，下为殿堂基址，墙四角为楼，中为马面。1980年夏，为配合土城子中间偏西公路干线工程的考古发掘，证实了土城子地层自下而上包括战国、北魏、辽、金、元五个时期，其中北魏、辽、金、元为最丰富。北魏层集中在城的北面，出土有大量板瓦、莲花瓦当，各种灰陶器包括缸、盆的残片，还搜集到书"太和"年款的石刻舟形佛背光等。辽代层出各种辽白瓷、仿定白瓷、绿釉瓷器等，另有捺纹砖、布纹瓦、兽面瓦当、房基、灶址等。金、元层中多见当地窑产的赭釉瓷器，有红胎鸡腿瓶、缸、米黄釉黑花梅瓶、瓷碗、宋代货币等。值得注意的是在T25第二层中出土了一件有"兴州"字样的布纹瓦，字为隶书，阴刻，"州"字在"兴"字的右下角，二字刻于板瓦的瓦头上，瓦表饰少量细绳纹，里为布纹，存长23、厚2厘米，是典型元代大瓦。从字体、刻风规整有序看，系有意所为，表明了瓦的烧制地点就是兴州，即土城子。在城址东1里的黄土山上，过去曾发现过窑址，是专门为土城子烧制砖瓦和提供原料的地方。

在城址北面还发现有大量元代瓷窑址，已发掘的三座窑址出土了很多窑具，各种赭釉米黄釉黑花瓷碗、鸡腿瓶、罐、缸等物，产品种类比较单一。在城址南垣外和甸子村一带，发现有北魏时期墓葬，出土有陶罐、莲花纹、兽纹砖。在城址北垣外鲍家营小械附近也发现有北魏的建筑遗存，莲花瓦当、筒瓦、板瓦等。在西垣外，伊逊河西山一带出土了金代"元帅监军之印""兴安西北等路元帅府印"。①在城址东北发现有辽、金、元时期墓葬。

根据地层和出土遗物分析，认为隆化县土城子为北魏安州，辽北安州，金、元兴州的看法是正确的。据地层和实物方面的证据，这座古城在战国时期即已是有人居住的地方，北魏安州方城治此，魏以后至辽中间没有发现地层方面的依据。辽于此设置北安州，金置兴州，元继置大兴州，历史上相当长一个时期没有间断。北魏、辽、金、元遗物的分布远远超出城垣范围，证明当时这里曾是塞外的一个重镇，金元帅府印的发现证实史载金末元初这里曾进行过较大的战役，确是地控松漠的一处要邑。元以后的明代，遗物较少，表明了这一带已不是政治活动的中心。

（五）利民寨、兴安和宜兴（小兴州）

辽利民寨，金承安五年升为县，泰和三年废。利民县和元之大兴州，属县兴安是什么关系？《读史方舆纪要》："金为利民寨（应为县），元置兴安县，属兴州。"又谓："兴安在州之西南。"可见元兴安即辽利民寨，也即金利民县。谓"南去古北口一百三十里"，以其方位和里数推之，约当今滦平县滦河西岸滦河沿村。这里在1958年文物普查时曾发现有辽、金、元时期古城址一处，出土大量陶、瓷、铁器，分析这里可能就是兴安故城所在地。兴安的废弃时间，《读史方舆纪要》谓兴州西南有兴安县，顺帝后至元五年（公元1339年）四月废。

宜兴即小兴州。《金史·地理志》："宜兴本兴化县白檀镇，泰和三年升为县。"宜兴属兴州，元因之。故城在今滦平县兴州乡，有土城址，今仍名兴州。现城北垣完整，西南垣保存一部分。城址平面

① 郑绍宗：《介绍几方宋、金、元的官印》，《文物》1973年11期。

作长方形，南北长 390 米，东西宽 257 米，垣存最高处 15 米左右，城北发现有建筑基址，金元时期砖、石础、瓦件、平板、筒瓦、滴水、兽面瓦当等，另有各种陶瓷器、铁器、农具。在城外西山发现有建筑基址。从出土遗物、城垣的建筑特点等分析，该城在金元时期是元之宜兴故城当不会有误。

宜兴辖境地面较广，西起丰宁县上黄旗，此处原有元宜兴和开平的分界石。东抵承德市东鸡冠山（一名五指山）。概括了滦平县、承德市南境及承德县上板城一带。五指山有元至元二十四年"兴州宜兴县五指山大灵峰禅寺大轮禅师铭碑"① 可证。

（六）承德市滦河镇喀喇河屯（土城子）非金元时期兴州辨

自从明永乐以后，古北口塞外之地基本沦为蒙古游牧地，明的势力所及包括兴、营等卫所皆移徙关内，所以这一带的历史就变得若明若暗了，非但明史记载不详，文人游记也寥若晨星。所以到了清朝，特别是顺康以后，一些文人墨客随从康乾诸帝岁巡塞外，举秋狝之典，研究这一带的历史才又提到日程上来。

滦河镇在民国时期为滦平县治所在，日伪时期（1940 年）县治移至今治（鞍匠屯）。新中国成立后属滦平县的一个区（镇），1958 年划归承德市滦河公社。在这里的滦河西岸牤牛河谷有座古城，清时称为喀喇河屯（蒙语乌城或黑城）。这座古城在清朝初年的历史上占着很重的地位，从清朝中叶以来，一直把这座古城当作金元时期兴州故址来看待。如乾隆《钦定热河志》一面承认"辽北安州兴化军（后省军为县）即金之兴州，元之大兴州"，是从历史上一直相延续下来，而另一方面又认为"金兴州即元之大兴州，其故城即今喀喇河屯，在滦平县境内，是金之兴州特改置于北安州之南境"②，俟后，《承德府志》亦本此说。近人研究承德市的历史也把喀喇河屯作为金元之兴州，认为这里是承德市早期历史发展的一个雏形，作为地方行政中心已近千年之久③，近版《中国历史地图集》也把辽北安州兴化县，金之兴州兴化县标绘在承德市滦河镇喀喇河屯的旧址上④。各种辞书也本此说，几成定论。这显然是错误的，实均源于《钦定热河志》和《承德府志》。这样一来有许多问题难解释得通，不得不把喀喇河屯古城作一番调查。喀喇河屯在明以前并不是一个有大名气的地方，它位于伊逊河和滦河交会南二里的滦河西岸，这里有自北而南的丘陵斜面，属滦河冲积的局部平原，西面是牤牛河谷。清世祖顺治八年（公元 1651 年）和摄政王多尔衮巡幸塞外，曾驻跸喀喇河屯。议于此建成避暑之地⑤。康熙十六年（公元 1677 年）北巡塞外，驻跸喀喇河屯时，这里除了这座荒凉的古城残垣断壁以外，几乎是一片长满绿草的牧马场。当时史臣并没有提到这里地理的沿革情况。康熙十六年喀喇河屯行宫建成⑥。从康熙四十三年（1704 年）肇建穹览寺以后，关于喀喇河屯历史的记载逐渐增多，但都不准确。清代早期的记载还是比较客观的，如康熙御制穹览寺碑文认为"喀喇河屯者，蒙古名色（也），释之即乌城也（意即黑城），乃古兴州之所辖，因世久事殊，前朝未及设官分职，皇舆等书偏察难考"⑦。

① 《承德府志》卷二十一《古迹》。
② 《承德府志》卷四《建置》二《滦平县》。
③ 徐兆奎：《承德市滦河镇之历史变迁》，北京大学地理系，承德市文物局翻印，1978 年。
④ 《中国历史地图集》，宋辽金，11、48 页，1980 年；《辞海》，654 页。
⑤ 《大清世祖章皇帝实录》卷四十九，十二（一）顺治七年"七月乙卯"，台湾华文书局，578 页。
⑥ 关于喀喇河屯行宫的建成年代，一说为康熙四十三年（1704 年），详见《热河园庭现行则例》卷三。
⑦ 《承德府志》卷二十《寺观》二《圣祖御制穹览寺碑文》。

此种看法较为客观，认为是古兴州所辖，但前朝未设官分职，至少是明朝或可早到金元，喀喇河屯这座古城的历史就难以考察了。清朝的顺康时期，距明朝灭亡时间不算久远，若前朝曾于此设治，康熙多次巡幸塞外驻跸于此，不能不知道。如果此城就是兴州治所兴化县，而明洪武时期设立兴州辖境为左、中、右、前、后五卫之地，或与其中某一卫所有关的话，又如何也未提及。官方的记载和诗文，如清高宗乾隆皇帝《御制兴州览古言怀元韵》"兴州于古为遐荒……建置今已不可详……"提法上表明显然是对于前朝关于这一带的历史是含混不清。而汪廷玙的《恭和兴州览古》也说"今之神皋昔阻荒，近代遗迹简佚亡"①，当时的人就哀叹"兴州沿革迹，文有谁徵"②，可以充分说明，当时对喀喇河屯的历史，包括官方并不清楚。那么为什么在文献中又出现了喀喇河屯即古兴州之说呢？这也正是本文所要解释的问题。首先，由于康熙皇帝在穹览寺碑文中提到"喀喇河屯乃古兴州之所辖"，即清帝的提倡，一些文人墨客、儒臣词伶也就随声附和，把"所辖"二字去掉，而附会为"兴州之地"，所以在修热河志的时候更明确提出了"兴州故城在滦平西南，金承安五年置……故俗称为大兴州，今滦平县西南里许基址尚存"。把本来不是金元时期的兴州故城址，硬附会为大兴州，这是在看法上的一个很大改变，并导致改变了大兴州历史的本来面貌。此后《承德府志》以及近代一些研究地方历史的文章、游记、论文皆以喀喇河屯古城为大兴州治兴化所在地。其次，为了说明喀喇河屯是金、元之大兴州兴化治所，把辽北安州和金元兴州延续设置的历史割断开来，提出所谓"金之兴州，特改置于北安州南境"的非科学的提法，不知根据是什么。特别是康熙十六年喀喇河屯行宫建成以后，此处为古兴州之说几成定论，一直延续了近三百年。

喀喇河屯古城，位于承德市西四十里，古城坐落在滦河西岸黄土丘陵的南坡今滦河镇西南，附近地势开阔，滦河在土城子东面，自西北而东南蜿蜒流去，伊逊河自北而来，在滦河镇的北面汇入滦河，土城子西面为开阔的牤牛河谷，附近属于滦河冲积的局部平原，整个地区皆为黄土所覆盖，适于耕作。牤牛河自城西而东汇入滦河。清代一些文人如汪灏等随从玄烨出塞时，都提到过这座古城的情况，当时城垣还保存着一定的高度。之后，由于清帝岁巡塞外，农桑交通日益发达，往来的官员和住地民户日益增多，古城也就为居民所占。据笔者调查、访问，六十年前，这里大约有六七百户人家，还保存着一部分夯土城垣。1979年调查时还存有一段残垣，城址平面为方形，每面不足一里。城内居民许慎房前尚存有残垣一段，长约6米，存高不足2米，夯土筑，夯层15厘米左右，夯土内夹杂着一些战国至秦汉时期的陶片和绳纹瓦片。此外在原城内也发现有绳纹瓦片、灰陶器片、鱼骨盆等物。在城址的西北和正北黄土丘陵坡地上，发现过大型战国时期燕国贵族墓③，西北丘陵还出土有战国时期明刀钱和汉代墓葬④。在城址南面的馒头山对面山上有西汉时期的烽燧。据此推断，喀喇河屯古城时代为战国至西汉时期。不是辽北安州和金、元之大兴州，更不是兴化县治。通过文献和实地调查，一破千古之讹，纠正了记载中的许多错误。

滦河镇一带金元时期行政归属也值得提及。康熙帝穹览寺碑文喀喇河屯"乃古兴州所辖"当事有所本，但是属于金元兴州的那一县未作说明。元大兴州属县宜兴地面较大。宜兴（即小兴州）故城在

---

① 《承德府志》卷二十一《古迹》。
② 《承德府志》卷四三《行宫》。
③ 承德市离宫博物馆：《承德市滦河镇发现的战国墓》，《考古》1961年5期。
④ 东亚考古学会：《上都》，附录《热河滦平附近之遗迹》，12页。

喀喇河屯（即滦河镇）西北七十里。应该说明，喀喇河屯，在历史上成为居民点比较早的，那么，这里是燕汉时期的什么地方，也是值得研究的一个问题。《水经注·濡水》："濡水……又东南流，右与要水合，水出塞外，三川并导，谓之大要水也。东南流，经要阳县故城东，本都尉治，王莽更之曰要水矣，要水又东南流，经白檀县，而东南流入于濡。濡水又东南，索头水注之。"濡水即滦河，从塞外（即丰宁）来之，要水注之，要水即今兴洲河，东南所经要阳故城，即现在的丰宁县凤山镇东南之土城子。土城子为西汉时期土城，每边长里许，从考古学上证实应即要阳都尉治所。要水又东南经白檀而入于濡，兴洲河在今张百湾入于滦河，据调查，这一带有小土城子，据考为西汉的白檀故城。而在索头水（今伊逊河）入滦处之西即滦河右岸恰为喀喇河屯古城，索头水入滦处（今滦河镇东北）和西汉之白檀相距尚远。要阳都尉和白檀都是西汉时期渔阳郡塞上要地，《水经注》中山川脉络条理分明，一北一南都在要水中下游。喀喇河屯在濡水支流的要水、索头水之间的濡水一侧，分析当时的记载基本合乎事实。这里值得叙述的是清乾隆《高宗御制热河考》中对郦氏《水经注》此条进行的考辨。《热河考》认为："以濡水为经白檀北，夫白檀乃今密云，实非濡水所经，则误以汉书地理之洫水为濡，又从而附会之矣。"考证本身值得商榷的是，他首先认为西汉要阳、白檀皆非滦水所经，认为郦氏以汉书之洫为濡，不是以山川证古地名，而是以地名证山川，先入为主，非实地考察，不能不误，所以，喀喇河屯古城有可能是西汉之右北平郡下的某一县址。要水先经要阳为丰宁土城子，而白檀为滦平县小城子。东汉以后历史为乌桓、鲜卑、北燕、库莫奚之地，未曾建置，一直处于北魏的安州，辽之北安州，金元之兴州的从属地位。元代宜兴州界西抵丰宁上黄旗，东达元宜兴五指山（今承德市鸡冠山）东西长二百余里，滦河川的喀喇河屯自然在宜兴州界管辖之内无疑。

通过上述几个问题的研究，大体证实了以下几点：

1. 后魏之安州、辽之北安州兴化军、金之兴州宁朔军（后降军改兴化县）、元之大兴州本系一地，位今隆化县城关土城子即博洛河屯（紫城）。

2. 元之宜兴州本金之兴化县白檀镇。故址在滦平县兴州乡今小城子。

3. 辽之利民寨，金一度置县，寻废。元在利民县置兴安县。遗址在隆化县土城子西南今滦平县滦河沿金元时期古城址处。

4. 承德市滦河镇喀喇河屯（土城子）时当战国至西汉，应为西汉时期某县址。与金之兴州、元之大兴州无关。其地元时属大兴州宜兴县辖境。

二　喀喇河屯行宫

喀喇河屯的再一次复苏是在清顺治八年（公元1651年），当时顺治皇帝（福临）和多尔衮第一次巡幸塞外，驻跸喀喇河屯，这里壮丽的山川，丰美的水草，可耕可牧，引起了他们的极大兴趣。康熙十六年（公元1677年）喀喇河屯行宫建成以后，这里实际上已成为清初以来在塞外从事政治活动的一个中心了。

康熙十六年出塞巡视北方，这次他是出喜峰口经平泉县抵喀喇河屯的。由于前有福临之行，这次又是以这一年准噶尔部上层分子噶尔丹的叛乱和沙俄在黑龙江以北进行的侵略活动为背景，所以，这次出塞巡视漠南蒙古地方有着极为特殊的意义。按照清廷预定解决蒙古问题的长远计划和需要，在滦河右岸北面的高亢之地建立了塞外第一座行宫——喀喇河屯行宫，紧接着又在平敞之处建立了滦阳别墅。至此，这一区以喀喇河屯行宫为主的一组建筑群完成，使清廷塞外巡幸时的政治活动中心得以初步形成，这些建筑设施都早于热河行宫二十多年。为了满足满、汉、蒙古王公瞻仰和礼拜的需要，在康熙四十二年（公元1703年）于滦河右岸的宽敞之地，建立了清代在塞外敕建的第一座宏伟寺院——穹览寺。为了纪念这次有意义的事件，康熙皇帝于四十三年勒铭以志其事。康熙帝所以选择喀喇河屯建立塞外的第一座行宫，这和喀喇河屯这个地方本身历史的发展、地理位置和自然条件有密切关系。因为喀喇河屯自燕汉时期以来就曾一度是人烟密集的居民点和屯戍地，土质肥沃，气候适宜，是滦河谷地的谷仓，屯兵就食的好地方。在交通方面，它是通往博洛河屯（隆化）、木兰围场和坝上草原以及东北平原的枢纽之地，距京师较近，距离适中。

特别是作为岁幸木兰围场和巡视漠南蒙古中的一个重要落脚之处，喀喇河屯行宫是团结蒙古诸部，商议边备的重要基地。它不但是陆路交通的要冲，在水路方面也比较方便，夏秋水盛之时可以乘船上溯直抵博洛河屯去木兰围场行围，可以利用水路转送军需粮秣，同时由滦河可以顺流而下直抵关内。康熙四十二年北巡行幸木兰后，于九月十一日水盛时，同皇太子、十皇子、十四皇子乘舟从伊苏河（伊逊河）经博洛河屯（隆化）、蓝旗营返回喀喇河屯。[1] 在陆路方面，从喀喇河屯东北行经承德、黄土坎、中关、博洛河屯也可到达围场。由于它在地理位置方面的重要性，就是在康熙四十二年开始建立热河行宫以后，喀喇河屯行宫仍不失其重要地位。

喀喇河屯行宫位于滦河右岸，现在行宫基址上已经建起了承德钢厂小学。康熙皇帝对肇建这座行宫很是满意，他在《御制穹览寺》碑文中说："因其地土肥水甘，泉清丰美，故驻跸于此，未尝不饮食倍加，精神爽健……。地脉宜谷，气清少病，诚为佳境。"正是因为有了这些优越的自然条件，所以康熙十六年出塞巡幸时"鸠工于此，建离宫数十间"。这些建筑的特点是"茅茨土阶，不彩不画"，取其朴素自然之势。但是，因为是皇家园囿，自非一般亭苑可比拟。

根据《钦定热河志》记载，从喀喇河屯行宫有浮桥登至滦河的中心小岛，名曰"小金山"，可达北岸的滦阳别墅。当时的主要亭、台、阁、轩分布在行宫和小金山的沿河两岸。比较著名的建筑属于行宫一组的有正宫、东宫、西宫，宫宏敞，宫两层楼，面对巨壑；属于园囿方面的有"野秀轩""消遥楼""翠云堂""虹盖亭"等。依据张玉书《扈从赐游记》："康熙四十二年五月廿四日，驻跸喀喇河屯时，廿七日游观行宫后苑，有一大轩，曰'松鹤清樾'，'慈云大士阁'（有藏经），'泉萝幽映'。从后苑北行，渡滦河浮桥，而达北岸入苑内有行殿，殿前面可望河中的小金山，金山上建二亭，一亭规制与镇江金山留云寺相佛、小金山绝顶之小亭，类如金山之吞海亭。从行殿左行，所历多佳胜，浮桥而南别殿额曰'寄云涵碧'……绝滦河而渡伊苏水，水中有大洲，上有轩，额曰'烟月清真'。去轩数十步有亭曰'积翠'，南有亭曰'碧玉'"。

喀喇河屯行宫是清帝驻跸于此处理政务的地方，所谓"日理万机，未尝稍辍，与宫中无异"。而小金山、滦阳别墅则是政暇之时游览之所。玄烨对于他亲手设计的喀喇河屯行宫、小金山、滦阳别墅各景异常欣赏，并赋诗以赞。如"行宫有余暇，滦阳必一渡，别墅河之阳，旷览山川趣"。又如"每到小金山，心神顿旷闲"，"不必扬帆过扬子，小金山胜过大金山"。[2] 这些诗的词句，虽然在实际意义

---

① 《金史·地理》上；《钦定热河志》卷六十一《建置沿革》七。

② 《钦定热河志》行宫；张玉书：《扈从赐游记》，《小方壶斋舆地丛钞》。

上有些失真，但仍不失其为反映当时景色真实写照的一面。喀喇河屯行宫虽然是规模不大的离宫别苑，但其安排也是按京师皇宫紧近苑囿的布局来进行设计的。

在承德避暑山庄未建成以前，喀喇河屯行宫曾一度起着"行都"的作用。清帝每岁巡塞外，跟随皇帝一同出巡的清宗室、贵戚，后宫包括宗人府、内阁六部、院、司、寺、理藩院等各所属机构都要前来，组织成一支庞大的中枢宫廷机构，屯驻在喀喇河屯，也就是在这个"行都"移到热河后，各蒙古王公、札萨克首领照例到喀喇河屯恭候谒见，或行围后于此告别。这里仍然是一个重要的政治活动场所，但是活动中心已经移到了承德。

关于喀喇河屯的发展，在康熙肇建喀喇河屯行宫不久，喀喇河屯旧城附近，已经有定居的村落了。明朝人曾经说"其地有城可居"，康熙四十二年岁幸木兰驻跸喀喇河屯时，当时随銮的汪灏形容喀喇河屯说："河北兼饶村落，有敕建穹览寺"，说明行宫建成二十年左右，滦河北岸（实为西北岸）喀喇河屯故址已经是一处富饶的村落了。这个村落是随着清帝历年出塞驻跸发展起来的，包括农户、小手工业者。滦河附近，还是清廷固定的一个牧放点，每年春季，"上驷院厩马至此收养，以备行围"，起着"御马圈"的作用，这不能不促进这个村落的发展。到了康熙晚期，由于内地人口大量移居于该地，从事农桑，农业发展很快，就连原曾游牧于该地的内札萨克蒙古，一向以游牧为业的蒙民，也转而从事耕种，当时在滦河两岸已是"一川禾黍，万户耕桑"了。这在当时来说，至少是从明朝初年到清代前期的四百年来当地居民经济发展和生产方式的一个重大转变。所以，发展到了雍正特别是乾隆时期，喀喇河屯已经不只是"饶有村落"，而是在"行宫"和"别墅"之处已经成为"万家烟景，鳞次栉比"的一个"都会"了。正是由于人口的增加，户籍的发展，到了乾隆七年于此设立喀喇河屯厅。到了乾隆四十三年将喀喇河屯厅升为县，因其位于滦河之傍，取名"滦平"，以水得名。喀喇河屯这座古城，曾经有两千多年的历史，康熙十六年以后开始复苏，乾隆四十三年以后又成为塞外的一个重镇。

三　关于热河的来历

热河的名字是比较古老的，但其起源于何时，史家无从考证过，一般认为热河避暑山庄肇建以前就已有热河之名。《热河志·巡典》："康熙四十一年（公元 1702 年）驻跸热河下营"，"康熙四十二年驻跸热河上营"，以后一直到康熙四十六年都驻热河上营，可见热河上营在避暑山庄未建之前，康熙帝巡幸热河时是一个久居之处，一般都是"驾发喀喇河屯，幸热河上营"。《清一统志》："热河，南流折而东，至下营子入滦河，即古武列水。"说明避暑山庄未建之前，上营和下营应是这里相距不太远的两个居民点，这是"热河"二字见于记载的情况。关于其来历，一种说法"热河"之名是根据避暑山庄内湖泊中流出的溪水而得名的。在避暑山庄未建以前，这里就是一处背岗面湖的景囿佳处，《辽史》中曾有契丹国主"避暑于秋山"的记载，一般史家推断也就在这里，但无进一步考据。这里大大小小的湖泊，原来可能没有经过人工的疏导，热河泉是这些湖泊的重要源头之一，是山庄湖泊之首，水势涌流，常年不竭不涸，水温冬季保持在零摄氏度以上，所以又有"热河温泉"之称。各湖水南流汇而为一，出八孔闸沿武列长堤南去约一里与武列水汇，一般把这段长不足千米的溪水称之为"热河"，这种说法，是把热河和武列河分开的提法。① 另一种提法，热河即武列水，乾隆《热河考源》中说：

---

① 侯仁之：《承德城市发展的特点和它的改造》，承德市建设局。

"热河，今称武列水，水源有三……三源既汇，又西南流，沿山庄东北，历锤峰下，山庄之内亦有温泉流出汇之，于是始有热河之名。"《清一统志》和乾隆《热河考源》的提法是一致的，这里是把武列水合热河泉后注入滦河的一段，长约 12.5 千米，称之为"热河"，即在一般通行的地图上也是如此标法。在康熙四十一年以前，可能即已有热河之名，其可能与当时的蒙语"哈仑廓勒"，汉译即为"热河"的渊源有密切关系，

四　上营和下营

前已提及，关于承德市早期发展历史的两个村落，即上营和下营，顺治是否到热河上营来过，他去喀喇河屯前后是否到过上营不清楚，康熙所到上营当然去热河泉不会太远。承德市山峦起伏，唯一开阔的地方是新开河（即旱河）西岸的开阔地，现今的市区是由西北而东南的一狭长形，老市区在旱河的北岸，距岗背湖，水源充沛，地势高敞，适于人类居住，又是通往京师的必经之路。关于上营的位置，汪灏《随銮纪恩》中说"热河距上营数里"，一般推测是在承德市区火神庙到西大街这一带，而火神庙一带可能是当时上营的中心处，符合"热河距上营数里"的记载。1978 年西大街改路工程恰好在火神庙基附近的下水道沟中发现了清初的房屋基址，出土了一批青花瓷器（多已打碎），有盘、碗之类，有属于明朝的宣德青花或清初瓷器。又火神庙以北的小溪沟，在 1953 年修粮库时，也挖出一批明末清初的瓷器，说明明末清初时期，火神庙到西大街一带曾是当时的居民点无疑。而上营本身应和满洲、蒙古八旗兵屯戍处有密切关系，即这个村子最初曾经是八旗营房的一个屯驻点，是在这个基础上发展起来的。在承德以某营命名的地点是相当多的，如陕西营、南营子、庄头营子、红旗、白旗、黄旗、蒙古营等，不一一类举，都是和八旗兵屯驻或和皇粮庄头有关。《承德府志》："下营子在偏岭南稍西五里。"其位置恰好在今大石庙一带，再南则为庄头营子。

五　承德市清初以来沿革变迁

在清朝以前，承德市属于明宜兴守卫千户所，后废入诺音卫。清初正式设置建置则是在康熙四十二年（公元 1703 年），热河避暑山庄建成以后，当时的管理系统是从两个方面设置的。一方面隶属于京师的木兰围场和避暑山庄两个总管署，是在康熙二十年木兰秋狝以后，就设立了围场总管大臣，即后来的围场总管署，初由蒙古王公代理，后来专任，设府唐三营。康熙四十二年开始肇建避暑山庄，又在承德设立了热河总管大臣，即热河总管署，设府承德南营子，这两个总管署隶属于京师的内务府。另一方面，木兰秋狝数十年来，户口日增，市肆繁盛，特别是避暑山庄建成以后，随之而来的是一大批文武官员等的增加，使承德俨然成为一个都会了。为了加强管理，从上而下设置了一套行政机构，雍正元年（公元 1723 年）开始设立了热河厅，雍正十一年（公元 1733 年）改设承德州，是承德一名的始见，是由官方命名的，乾隆七年（公元 1742 年）罢州仍改热河厅。乾隆四十三年内阁奉乾隆谕旨改为承德府，领州一、县五。乾隆在谕旨中说："热河地方朕每岁木兰秋狝，先期驻跸，数十年来户口日增，民生富庶，且农桑繁殖，市肆殷阗……"而名称仍"热河"之旧，殊与体制不协。因原曾称过承德州，乃依"承德"之名改为"承德府"。嘉庆十五年（公元 1810 年）设热河都统署。道光七年（公元 1827 年）以后，热河文武官员都隶属于热河都统署，包括原道属、府属各机构。

1911 年辛亥革命以后，取消府治，成立热河特别行政区，是热河都统公署驻地。1929 年，成立热

河省，承德是热河省会所在地。从 1911 年辛亥革命起到 1932 年前后，有熊希龄、姜桂题、汲金纯（奉系）、王怀庆（直系）、阚朝玺（奉系）、汤玉麟（奉系）六易热河都统。1933 年在国民党不抵抗政策下，日寇侵入热河，1945 年日寇投降热河全境解放。1946 年 8 月国民党反动派发动内战，承德一度沦为国统区。1948 年 11 月，承德及热河全省再度解放。1956 年热河省建置撤销，以热河省所辖承德市、承德县、隆化、丰宁、宽城、兴隆、围场、平泉、青龙县等组成承德专员公署即承德行署，隶属于河北省。

六　清初以来承德市人口、商业、经济变化情况

关于承德市人口变化，在清朝道光以前没有确切的记载。康熙四十二年建避暑山庄以前，只上营和下营，人口不会太多。到乾隆时期，上营之名在记载中已经消失，为府治（承德市）所掩没，而下营还是存在着的，围绕府治周围的一些适于发展农桑经济的小居民点，随着府治人口的增加，也都相应的发展起来。如府治东面的河东，西面的高庙、瓮泉沟、水泉沟，南面的石洞子沟，北面的狮子沟、二道河子等，到了清朝末年都已发展成为具有一定规模和人口的村子了。关于承德府的人口，道光七年作了一次编查，谓承德府有户一万六千三百三十九，人口十一万零一百七十一人，显然是包括了府属各县的。又据清末民初统计，承德县（今承德市）治所有户四千二百，人口两万五千余，其中旗人两千余户，汉人两千三百余户。另有回民一千七十户。①

承德市在康熙四十二年时还是一个小村子——上营，经过康乾两代的经营，到了清朝末期已经发展成为有两万五千多人口的一个市镇了，究其原因还是和避暑山庄的发展有密切关系，分析其人口来源有如下几个方面：

1. 明朝永乐以后，由于蒙古势力的向南推进，明廷势力则逐渐从大宁到开平一线向南推移，嘉靖时期基本上退守到长城一线。而明初在关外所设的几个卫所也多有名无实逐渐放弃。所以承德一带成了喀喇沁、翁牛特等蒙古部落的游牧地。由于康、乾以来岁举秋狝之典，蒙古王公、牧民络绎于古北口、喀喇河屯、博洛河屯之间，经过前后一百多年的活动，这里形成了蒙、旗、汉人错居杂处。另外，由于这里地处关内外，多少年以来一直是北方少数民族和中原汉民族交汇融合的地方。

2. 热河行宫建立以后，清朝皇室贵族和蒙、汉官员一同前来，因秋狝是岁举，成为清朝的祖制，不能改变，所以这些官员也都带着大批家眷前来，修府第，建宅院，一幢幢朱门平地而起，如佟山，相传为康熙的舅父佟国纲的府第（约今九仙庙一带）②。在丽正门东南隔街相望的有齐王府、郑王府，西大街文庙一带有常王府（或称庄王府），今其地仍称常王府胡同。市中心区稍南还有罗王府③，这些府第除了皇室宗戚以外还有一大批眷属、侍从人员、生活服役人员等。另外，蒙古四十八旗王公、札萨克历年要轮番来京觐见，而清帝每年要有几个月时间在热河避暑，所以当时蒙古王公在承德的府第也是不少的，南营子的几条胡同有头条至五条，就是当时蒙古王公的府第，现在这里八十多岁的老人，有的还在蒙古王公府第当过差役。

① 《承德府志》卷二十三《田赋、户口》；柏元孝久、滨田久纯：《蒙古地志》，《热河特别区》。

② 斯当东：《英使谒见乾隆纪实》，商务印书馆。

③ 侯仁之：《承德城市发展的特点和它的改造》，承德市建设局。另见《承德市城市建设局旧图》。

3. 由于避暑山庄的建立，大量满、汉、蒙古王公宅第兴起，人口增多，跟之而来的商业、小手工业者也蜂拥而至。又因承德的特定地位，康、乾时期是鼓励关内商业和高利贷者到这里来办一些买卖，以满足大小统治阶级奢侈淫逸生活的需要。清人对于当时热河商业的记载是：买卖街在山庄西，最是繁富，南北杂货无不有。这里说的山庄西是指西大街即当时的买卖街，亦是当时的商业中心。据记载关内贩货至此，经过"古北口，但稽察，往来无税"①。乾隆十九年《出口杂咏》之一的注中说："沿边之口皆有税，惟古北口无，皆康熙年间定制。"由于清廷的鼓励，到了清朝末年，承德已经成为一个贸易集散地和联结关内外的一个重要商业中心。根据民国初年统计资料，承德在清朝末年已有大小商铺四百余家，在行业分工方面包括银行（银号）、钱铺、当铺、染房、成衣铺、肉铺、书铺、木器、鞋帽、服装、鞭炮、纸房、皮腊、盐店、粉房、香坊、银器作坊、席麻、杂货、绸缎、布匹、烟酒、京货、旅店、饭馆等，同时已经开始出现了外商，如专卖美孚油的福记公司，以及出售东西烟草的买办高利贷者。②

4. 承德人口的另一个来源，就是清朝从康熙以来，在沿滦河及其支流两岸的肥沃土地上，建立了大量的皇庄，雇佣大批劳动力。根据《钦定大清会典》记载，"口外皇庄一百三十八，土地五千三百八十二顷"。这些皇庄，每年要生产大量优质粮食，供给皇家。据记载，仅避暑山庄热河仓一地，就要从农民身上榨取粮食一百三十万五千五百石。皇庄中主管官员，即"皇粮庄头"多为旗人（或清贵族），主管下面被雇佣的劳动力，这些劳动力有的则沦为佃户。康熙二十二年（公元1683年）出塞巡幸时，钱塘高士奇在《塞北小钞》中就曾记载出古北口即有皇庄，特别是沿滦河两岸大量皇庄情况。目前仍有许多地方沿用"庄头"这个名字。平泉的会州、滦平的兴州（宜兴故城址）都建过皇庄，且今尚有其后代延续。承德市南滦河尚有庄头营子等。其次是一部分蒙古王公，原来以畜牧为事，由于汉文化的影响，农桑事业的发展，他们也废弃牧场，开扩农田，雇佣大批佃户为其耕种。坐收租税，较之放牧更为得利。乾隆在《山田》诗中说："蒙古佃贫农，种田得税多。即渐罢游牧，相将艺黍禾。"反映了当地蒙古弃牧耕农的情况。在承德周围的平泉、丰宁、隆化和其以北地区，表现得更为突出和明显，这在这一地区生产和经济成分方面是一个很大的改变。在人口方面，从放牧到定居，也促进了人口的增加和相对的稳定。那么，这些皇庄中的劳动力和蒙古王公下面雇用的佃户又都是从哪里来的呢？主要是河北、山东大量移民，特别是康熙时期为最盛。康熙五十一年五月上谕："山东民人往来口外垦地者多至十余万。"当然，这十余万不独流落于承德市，而是府属各县。可以看出，关内山东、河北和山西等地由于连年水旱虫灾，扶老携幼移民于关外求生，是承德一带人口增加的主要来源之一。凡是目前祖居承德的老户，询问其原籍，多属河北、山东，他们来到这里以后，成为皇庄的雇佣农或蒙古王公庄园属下的佃户就定居下来。

没有从内地流落到关外的大批劳动力和精湛的工匠、艺人，热河避暑山庄是创造不起来的。所以，在修建避暑山庄时，热河上营并不是一个小得只有几十户人家的居民点，如此大规模的修建，劳力特别是技术力量来源不足是不堪设想的，即或是可以从京师抽调一批精湛技术人员，没有当地的大批劳动力参加，也是不行的（一般推测上营在当时只有几十户人家的说法值得商榷）。康熙五十年在为

① 吴锡麟：《热河小记》，《小方壶斋舆地丛钞》。
② 柏元孝久、滨田久纯：《蒙古地志》，《热河特别区》。

"烟波致爽"题诗中提到当时承德是"生理农桑事，聚民至万家"，说明山庄初步建成后不久，上营当时已是一个具有一定规模的市镇了。热河行宫当时是仅次于京师的一个政治活动中心。可以看出，承德正是在为这个政治中心服务的情况下建立起来的，山庄的兴建和承德的发展息息相关。其发展速度之快也只是在山庄初建的十几年间，而到了乾隆四十三年（1778 年）由于外八庙的相继修建，人口增加，已俨然成为塞外的一个大都会了。

第六章　承德避暑山庄

前　言

　　承德是一座景色秀丽的山城，提起承德人们就会自然地联想到那座工程雄伟壮丽的世界名苑，即有清一代经过劳动人民近百年间辛勤劳动而创建的热河避暑山庄和金碧辉煌、建筑风格迥异的外八庙寺院，加之那绰妖多姿的起伏山峦，宛如银带的武烈河水，总之使人感到心旷神怡，浮想联翩。

　　避暑山庄又名热河行宫，或承德离宫。始建于清朝康熙四十二年（公元1703年），到康熙四十七年（公元1708年）初具规模，由康熙皇帝亲自以四字命名为三十六景，但当时的规模还是较小的，只是初备草创。到了乾隆时期，由于政治形势发展的需要，又把避暑山庄进行了大规模扩建，乾隆皇帝亲自命名增建以三字为题的三十六景，即所谓乾隆三十六景，加之正宫、寝宫、东宫和山庄内寺院共111处（另说为120余组）。一直到乾隆五十五年（公元1790年）竣工，前后经过87年的时间，才最后完成了这座举世无双的世界名苑（图1a、1b、2；图版18、19；彩版1~7）。那么康熙皇帝为什么要在这里修筑如此规模巨大的避暑山庄呢？山庄本身又具备了哪些条件？修建避暑山庄的政治目的是什么？避暑山庄的修建和木兰围场的开辟二者关系是什么？避暑山庄和各行宫的关系又是什么？这些都是需要在本文中进行回答的问题。

　　一　清朝在承德修筑避暑山庄之缘起

　　清廷为什么要在这里修筑规模宏大的避暑山庄呢？我们认为是其基于两方面的原因。第一是政治方面的原因，第二是承德这里确实具备修建大型皇家园囿的这个自然方面的先决条件。

　　在政治原因方面，《承德府志》和《钦定热河志》都作了比较详尽的叙述。《承德府志》："避暑山庄，在府治东北。圣祖（康熙）仁皇帝岁巡塞外，驻跸热河，康熙四十二年肇建避暑山庄，为时巡展觐，临朝听政之所。"又《钦定热河志》中的《避暑山庄百韵诗》："我皇祖建此避暑山庄于塞外，非为一己之豫游，盖贻万世之缔构也"，"往来沙塞，风尘有所不避，饮食或至不时，以是为乐，固为见其乐也"，要"合内外之心，成巩固之业"。同时乾隆在《避暑山庄后序》碑中说得更为明确，他说："我皇祖建此山庄，所以诘戎绥遐，崇朴爱物之义。"从玄烨、弘历这些话里可以看出建立避暑山庄之目的除了形式上对塞外蒙古少数上层分子的"巡展觐见"和"临朝听政"以外，其主要目的是要达到"诘戎绥遐"即团结蒙古诸部达到国家统一和抵御外侮之目的，同时也起到巩固清王朝封建统治的目的，即清的"万世之缔构"。确实，在康熙、乾隆两代，在热河行宫所进行的一系列政治活动，也都是本着"诘戎绥逼"这样一种要求而出发的。

二 清代木兰围场和避暑山庄、外八庙之关系

先有木兰围场后有热河行宫，二者的关系又若何呢？自从康熙二十年正式辟建木兰围场以来，先后在古北口到木兰围场间修建了多所行宫，热河行宫是其中最大的一处。当时外八庙也都相继建立，它和行宫在政治气氛上形成了一个完整的空间，融合了国内各民族包括蒙古民族对宗教——喇嘛教的信仰。这样，木兰围场是清廷和蒙古王公射猎之处，而热河行宫则是觐见、听政的地方，二者缺一不可，因为木兰围场和避暑山庄确实具备了射猎、觐见这样的客观环境，所以乾隆在《避暑山庄后序》中说："后世子孙，当遵皇考所行，习武木兰，毋忘家法，煌煌圣训……"所以嘉庆在《木兰记》中说的更为露骨，谓"射猎为本朝家法，绥远实国家大纲"，乾隆在后序中说："盖汉唐以来，离宫外苑，何代无之，然不过弗人财，逞其欲，其甚者乃至破国亡家，是可戒无足法也。山庄乃在关塞之外，义重崇武，不重崇文。"这里他明确指出了修建避暑山庄之目的，同时告诫其大臣不要为山庄内的"崇山峻岭，水态林姿，鹤鹿之游，鸢鱼之乐，加之岩斋溪阁，芳草古木"这些较之汉唐离宫别苑有过之而无不及的风景所迷惑，并就"耽此而忘一切"，这就是违犯了"家法"，并用这些话来告诫后人。所以，乾隆的儿子嘉庆在谈开辟围场和修建避暑山庄之目的都把习武木兰和诘戎绥远联系在一起。

三 口外行宫概况

康乾两代在从古北口到木兰围场沿途修建了行宫14处，其中康熙帝修筑了11处，雍正帝因"日不暇给"未能到山庄和木兰围场，期间十三载未建一宫，到了乾隆时期又增建3处。在热河行宫未修建以前，滦平县喀喇河屯行宫是当时最大的中休站，喀喇河屯行宫是关外行宫中建立最早的一处，康熙四十三年《穹览寺碑文》说："日理万机，未曾少辍，与宫中无异。"成了当时出塞时处理政务的中心。当时，从古北口出塞到木兰围场沿途修建的14座行宫并创建年代开列如下：

1. 钓鱼台行宫，在避暑山庄东北13里，乾隆七年建。
2. 黄土坎行宫，府治（今承德市）（下同）。钓鱼台北17里，康熙五十六年建。
3. 中关行宫，府治黄土坎（今属隆化）东北70里，康熙五十一年建。
4. 张三营行宫，府治博洛河屯（今隆化）北62里，康熙四十二年建。
5. 喀喇河屯行宫，滦平县治（今承德市滦河镇）（下同），山庄西南35里，康熙十六年建。
6. 王家营行宫，滦平县治西常山峪东北40里，康熙四十三年建。
7. 常山峪行宫，滦平县治西南两间房东北33里，康熙五十九年建。
8. 两间房行宫，滦平县治西南去古北口40里，康熙四十一年建。
9. 巴克什营行宫，滦平县治西南，康熙四十九年建。
10. 什巴尔台行宫，今隆化（原属丰宁县）东南中关北37里，康熙五十九年建。
11. 博洛河屯行宫，隆化县治（原属丰宁县），什巴尔台北18里，康熙四十二年建。

12. 济尔哈朗图行宫，隆化博洛河屯行宫西北 58 里，乾隆二十四年建。

13. 阿穆呼朗图行宫，济尔哈朗图行宫北 43 里，乾隆二十七年建。

14. 热河行宫，热河上营，康熙四十二年至康熙四十七年建。

（以上历史记载里数并不十分准确）

从上列表所据里数可以看出，从古北口到进入木兰围场界的唐三营，木兰围场总管所在地一共 440 里（西路）至 480 里（东路）之间，而喀喇河屯距古北口 220 里，适处木兰围场到古北口的中间位置，是滦河、伊逊河二河交汇之处，又是当时的水旱码头，康熙皇帝在登极之后出塞巡幸的第一年就建立了喀喇河屯行宫，这年的出塞路径是北京—孝东陵—喜峰口—和尔和克必喇—回驻喀喇河屯—入喜峰口—回宫；可以看出其所行经路线和顺治八年出巡路线即京师—独石口—上都河（多伦）—喀喇河屯—古北口—回宫的路线是不同的。但二者都是把喀喇河屯作为中间站，也可以说顺治八年出塞为康熙十六年出塞作了准备。出塞后的一些军机大事也都于此举行。关于康熙四十三年的出塞路径，汪灏在《随銮纪恩》中有明确的记录发表，此不赘。康熙从四十二年开始肇建避暑山庄起，到相继在古北口外完成了各主要站行宫的建立，大体是 40 里左右一处，乾隆二十四年以后，在博洛河屯以西又修建了两宫，作为中休之所。康熙四十七年热河行宫初步完成（初具规模）以后，在塞外的政治活动中心即从喀喇河屯移到承德，这时由于去围场的路线多从承德北行，经中关、博洛河屯，所以在承德以北沿途，康乾时期又增加了行宫数座，同时历岁出塞次数也由间岁一举改为岁举。

四　康熙创建热河避暑山庄的背景

从康熙皇帝开始经过康乾两帝完成的承德避暑山庄和外八庙的主要政治背景，应是当时清廷的内政外交紧密相连，山庄的创建背景和木兰围场是一致的，二者息息相关，相依为命，这在木兰围场一节已经谈到，为了进一步说明，这里有必要作一番重复。避暑山庄的设置应该是和清朝初年解决蒙古问题密切相关，满清入关以前，天聪九年漠南四十九旗尊太宗为大汗，清廷当时对蒙古各部采取了比较稳健的"怀柔"和"绥服"政策。一方面，为了消除清军南下的障碍，剪除后顾之忧，使蒙古统一在自己的旗帜之下；另一方面又可利用蒙军力量，形成联军，协同作战，满洲八旗和蒙古兵成了清廷的重要支柱，没有这支统一的联军，清廷入关南下进而统一中国是不堪设想的。清廷入关以后，漠北喀尔喀、漠西厄鲁特、青海蒙古相继来廷，清朝的"羁縻""绥服"政策显得越发重要和突出。特别是康熙二十九年（公元 1690 年），由于沙俄挑拨准噶尔部上层分子叛乱，康熙亲自在承德北面的博洛河指挥了这次战斗[①]，经过康熙的三次亲征，一直到康熙三十六年（公元 1697 年）噶尔丹的叛乱才被平定下来，噶尔丹叛乱平定不久，准部并未因此而平静，继之又有康熙五十四年（公元 1715 年）开始的策妄阿拉布坦之叛；雍正七年（公元 1729 年）噶尔丹策凌之叛[②]；乾隆十年（公元 1745 年）达瓦齐之叛和乾隆二十年（公元 1755 年）阿睦尔撒纳之叛。这一切都使清廷认识

---

① 魏源：《圣武记·康熙亲征准噶尔记》卷二。

② 魏源：《圣武记·雍正两征厄鲁特记》。

到，解决蒙古各部统一问题，对于巩固清廷的统治有着直接的利害关系。所以，在伺后处理北方一系列重大问题时，所采取的一些措施都是在这个指导思想支配下进行。康熙三十年在木兰围场北面举行了著名的多伦会盟，这次会盟集中反映了清廷经营塞外的主导思想，是"恩威并济"这样一个政策，即玄烨于会盟途次所说的"我朝施恩于喀尔喀，使之防备朔方，较长城更为巩固①"，这里所谓的朔方即指当时的罗刹，即沙皇俄国。"团结蒙古，防备朔方"，即巩固多民族国家统一，抵御外来侵略，这是玄烨制定的既定国策。到了乾隆时期，继续贯彻这一政策，"习武木兰，诘戎绥远"都是为了这一目的。这一切，在客观上都起到了团结国内各族人民，抵御外侮和完成祖国统一大业分不开。

五　热河避暑山庄在地理上的重要地位

承德在地理位置和军事上的重要性很早以前就引起了清廷的重视。在地理上，其南距京师，北控沙漠，是蒙古、汉族的接触区域，又是沟通南北的重要渠道。从木兰围场可西达新疆、青海、西藏，东、北接外蒙喀尔喀、松辽平原，确如《承德府志》所述："承德之为都会，外连沙漠，控制蒙古诸部，内以拱卫神京，迨定鼎燕都，为神京左辅。"喜峰口、独石口、古北口、张家口都是华北平原沟通漠北的交通要冲，是古来的贡道，也是通往北京的咽喉，成为京师的塞上屏障。军事地理位置之重要，加以承德自然条件兼具南北园林融会的特色，这一切都具备了作为团结国内各少数民族特别是蒙古各部从事各种政治活动场所的一个有利条件。从顺治八年特别是康熙十六年以后，承德的地位日益突出，到康熙四十二年建避暑山庄特别是到了乾隆时期确实成为清廷在以通过各种政治活动，如通过对蒙古各部王公觐见、封爵、赏赐、宴赉、行围、联姻、会盟、抚恤等一系列活动，加强了清中央政府和蒙古、新疆等少数民族的联系。所以，有清一代二百多年来，承德始终是清廷联结蒙古和国内各少数民族的一个纽带。承德地势条件复杂，自然景色富于变幻，在创制帝王园囿上具备了不同的景观要求和造园要素，有障屏叠翠的山峦，幽静深邃的峡谷，蜿蜒回环的河流，清澈如碧的湖泊和如茵的草地。平原和湖泊区海拔在335米，山庄制高点"南山积雪"和"北枕双峰"海拔在500米以上，而北面的群山，背列如屏，南面开阔的平原和湖泊；山林水态皆富于变化。在一个不太大的范围内有如此彩幻多变的自然景苑要素，在国内确实不多。首先在气候上，承德市内的6～8月份的平均温度，在23℃左右，而山庄内较之市区又相差2℃炎热的夏日无酷暑之感，气候清爽宜人。冬季则由于山庄北面环起的群山，有如背屏，不宜直接受到凛冽北风的侵袭，所以冬季又无酷寒之苦。"冬暖夏凉"的特点在这里体现得最为深刻。其次承德市的水源是比较充沛的，以热河泉为首的山庄湖面，宽扩而富于变化，莲荷水草广植其中，武烈河、如意湖疏导得当，又有滦河在西南远山之阳环流，源远流长，而山涧间的溪水瀑布于西山的深邃幽谷之潺潺泻下，这一切都增加了这一自然的魅力。第三是借景的天然造就，鬼斧神工、峻峭莫测，如山庄周围的群山所形成的大小无数景观，对避暑山庄来说是一个天然的衬托，隔河东望的磬锤峰、蛤蟆石、靠屏如椅的风云岭、结伽跌坐的罗汉山、高入云际的僧冠帽等都是处于层峦翠叠之中，往往异军突起，远近布列。这些天然借景，都是辟治山庄的重要条件，使人看后，有看山外有山，一层景致一层天，百游不厌，耐人寻味。

---

① 《东华录》康熙三十年。

第一节　避暑山庄概况

一　避暑山庄之兴建过程

从顺治八年开始到康熙四十二年，顺、康两帝出塞24次，其中康熙皇帝从十六年开始由于政治的需要就出塞23次，特别是自康熙二十二年以后，可谓历年不辍，或出喜峰口，或出古北口，往返于木兰围场、喀喇河屯、北京之间。最初在康熙十六年和二十二年出塞驻跸热河时，就发现了这里山川壮丽、景物优美，且夏暑清凉适于避暑，就决计于此建离宫别馆，对于这里的自然形胜，《钦定热河志》说："圣祖仁皇帝于康熙四十二年肇见避暑山庄，阴阳向背，爽垲高明，地居最胜。期间灵境天开，气象宏敞，俯武烈之水，挹磬锤之峰，叠石缭垣，上加雉堞，如紫禁之制。周十六里三分，南为三门，中丽正门，东德汇门、西碧峰门。其东及东北、西北各一。东门外长堤蜿蜒，北起狮子沟，南尽沙堤嘴，延袤十二里，揪石七层，广约丈许。宫中左湖右山，山势自北而西曰梨树峪，曰松林峪、曰榛子峪、曰西峪，回怀如环，湿翠晴岚，朝夕异状。湖水自东北延迤，而南至万树园之阳，净练澄空，沙堤曲径，如意洲在焉。其北为千林岛，凌空落影，望不可即。瀑源来自西峪，垂于涌翠岩之巅，玉喷珠跳，晴雷夏雪，汇往湖中。湖岸翠曲榭飞，长桥虹驾，引而东南，至德汇门之左，为出水牐以时蓄曳。"可以看出，除了政治因素以外，自然条件也是一个极其重要的方面。玄烨在《御制避暑山庄记》中形容山庄未建之前这里的自然风貌说："金山发脉，暖溜分泉，云壑淳泓，石潭青霭，川广草肥，无伤庐田之害，风清夏爽，宜人调养之功，自天地之生成，归造化之品汇。"可见，山庄未建之前，这里本是一处水草丰美之地，一切景物均乃自然之安排，可谓天造地设。于此创建山庄无伤田园庐舍之苦。康熙虽然是"两幸秦陇""北过流沙""东游长白"可谓景色备矣，但皆不为其所取。因热河之地，一则风景备至，二则地近京师，往返无过两日之地，所以取此处建山庄。当时康熙皇帝肇建山庄的过程，景苑安排包括总的设计指导思想是："度高平之远差（即测量山庄地势之高低），开自然峰岚之势，依松为斋，引水在亭，皆非人力之所能。"即经过能工巧匠的精心设计，依山林水态之势，安排苑景，所以并不是完全依靠人力。在建筑艺术的表现上"无刻桷丹楹之费，喜泉林抱素之怀"。也可以说，在设计景围的特点上，一切都是依了山庄野趣，宫殿台榭，不饰彩绘，不设丹青，无雕探画栋之瑰丽，茅茨草阶，取其朴素自然之气势，高平远近，求设计之得当，容避暑而已。在设计之初，康熙帝虽然强调"朴素"二字，但由于它是皇家苑围非一般园林可比，特别经过康、乾两帝87年之浩瀚工程完成的这座园林已是尽收苏、杭等天下名胜之秀，兼具南北风光之特点，建筑瑰丽，景色绝伦的首屈一指的世界名苑。

二　康熙三十六景

《热河志》说：康熙四十二年命直隶总督噶礼开始建造，一直到康熙四十七年才初步完工。玄烨亲自题额命名曰"避暑山庄"。当时的建筑规模虽不太大，但山庄的宫殿、苑景、湖沼、山林的布置和安排已初具规模。在地形上选"阴阳向背，爽垲高明之地"，多看重天然景物，少有人工修饰。楼台阁榭也比较少。这完成的主要建筑由玄烨以四字命名，集成三十六景，即所谓"康熙三十六景"。

各景中皆有御书题额，并御制三十六景诗，"绘图成帙，垂示内府"。

康熙三十六景：

1. 烟波致爽（现存）

2. 芝径云堤（现存）（恢复牌坊）

3. 无暑清凉（现存）

4. 延薰山馆（现存）

5. 水芳岩秀（乐寿堂）（现存）

6. 万壑松风（现存）

7. 松鹤清越（不存，皆有旧址，下同）

8. 云山胜地（现存）

9. 四面云山（现存）

10. 北枕双峰（现存）

11. 西岭晨霞（不存）

12. 锤峰落照（现存）

13. 南山积雪（现存）

14. 梨花伴月（不存）

15. 曲水荷香（现存）（恢复）

16. 风泉清听（不存）

17. 濠濮间想（现存）

18. 天宇咸畅（现存）

19. 暖溜暄波（不存）

20. 泉源石壁（不存）

21. 青枫绿屿（现存）（恢复）

22. 莺啭乔木（现存）

23. 香远益清（不存）

24. 金莲映日（现存）

25. 远近泉声（不存）

26. 云帆月舫（不存）

27. 芳渚临流（现存）

28. 云容水态（不存）

29. 澄泉绕石（不存）

30. 澄波叠翠（现存）（恢复）

31. 石矶观鱼（不存）

32. 镜水云岑（现存）（恢复）

33. 双湖夹镜（现存）（恢复）

34. 长虹饮练（现存）（恢复）

35. 甫田丛樾（现存）（恢复）

36. 水流云在（现存）（恢复）

三　乾隆三十六景

　　康熙在位时期，雍正尚在冲龄，每扈从大驾前往热河山庄避暑或至木兰围场巡狩，多参与政事。并在热河狮子园修建扈从藩邸，由康熙赐居，但在康熙皇帝死后，在世祖胤禛雍正勤政的 13 年中，由于政治上的不利即所谓"日不暇给"，实际是无暇顾及。所以却未能到避暑山庄避暑和木兰围场举行蒐狩之典。所以，在雍正朝热河基本上没有进行土木工程建设，山庄内外也没有增设新的景苑和庙宇。到了乾隆时期，情况不同了，由于国内外形势方面发展的需要，热河的地位更加突出起来，除了大肆扩建避暑山庄增设景苑以外，在山庄的东、北面宏伟的喇嘛庙也相继建立起来。山庄内扩增的景苑主要是乾隆三十六景。高宗（弘历）在《高宗御制避暑山庄后序》中说："皇祖于辛卯年（康熙五十年，公元 1711 年），成此避暑山庄三十六景，绘图赋什为序以行之，而予适生于是年……辛酉年（乾隆六年，公元 1741 年）为巡狩之举，……甲戌年（乾隆十九年，公元 1754 年）又增赋三十六景。"这就是在乾隆十九年增修的所谓乾隆三十六景，依他自己的说法是"及余游览所至，随时题额补定"。标题皆取以三字命名，以别于玄烨时之题额。并有《高宗御制再题三十六景诗》。在原有康熙三十六景题额中，高宗乾隆又加的新的题额，主要景观的分布没有出乎康熙时期旧定的范围。

　　乾隆十九年增题三十六景：

1. 丽正门（现存）

2. 勤政殿（不存）

3. 松鹤斋（现存）

4. 如意湖（现存）

5. 青雀舫（不存）

6. 绮望楼（现存）（恢复）

7. 驯鹿坡（现存）

8. 水心榭（现存）

9. 颐志堂（不存）

10. 畅远台（不存）

11. 静好堂（不存）

12. 冷香亭（现存）

13. 采菱渡（现存）（恢复）

14. 观莲所（现存）

15. 清晖亭（现存）（恢复）

16. 般若相（现存）

17. 沧浪屿（现存）（恢复）

18. 一片云（现存）

19. 蘋香沜（现存）（恢复）

20. 万树园（现存）

21. 试马埭（不存）

22. 嘉树轩（不存）

23. 乐成阁（不存）

24. 宿云檐（不存）

25. 澄观斋（不存）

26. 翠云岩（不存）

27. 罨画窗（现存）（恢复）

28. 凌太虚（不存）

29. 千尺雪（不存）

30. 宁静斋（不存）

31. 玉琴轩（不存）

32. 临芳墅（不存）

33. 知鱼矶（不存）

34. 涌翠岩（不存）

35. 素尚斋（不存）

36. 永恬居（不存）

四　康、乾三十六景以外诸景和寺院

在避暑山庄内，除了康熙和乾隆两帝以四字和三字命名的各三十六景（合七十二景）之外，同时还修建了许多属于题名以外的各景，有的是属于宫殿组成部分之一，有的则散点于山峦、湖泊的小岛之中，各苑景之规模并不亚于上述各景，而且有的是具有一定的政治意义，如供皇帝处理政务，接见蒙古王公和外国来使的澹泊敬诚殿（避暑山庄正殿）；供皇帝、后、妃和诸王公大臣膜拜的山庄内诸寺院，包括喇嘛教和道教两个方面；供帝、后、嫔妃居住的寝宫和皇子居住的阿哥所等。现把康、乾三十六景以外的诸景包括宫殿和寺院列下：

康、乾三十六景以外诸景：

1. 澹泊敬诚（避暑山庄正殿）（现存）

2. 清舒山馆（不存）

3. 戒德堂（现存）

4. 春好轩（现存）（恢复）

5. 静寄山房（现存）

6. 烟雨楼（现存）

7. 绿云楼（不存）

8. 创得斋（不存）

9. 观瀑亭（不存）

10. 食蔗居（不存）

11. 敞晴斋（不存）

12. 秀起堂（不存）

13. 静舍太古山房（不存）

14. 有真意轩（不存）

15. 碧静堂（不存）

16. 含青斋（不存）

17. 玉岑精舍（不存）

18. 文园狮子林（内括十六景）（恢复）

19. 文津阁（现存）

20. 宜照斋（不存）

21. 山近轩（不存）

22. 继德堂（现存）（恢复）

23. 阿哥所（现存）

24. 热河仓（现存）

25. 狮子园（在山庄北麓）（不存）

26. 新所（现存）

27. 芳园居（现存）

28. 热河泉坞（现存）

山庄内各寺院：

1. 永佑寺（现存六和塔和基址）

2. 水月庵（不存）

3. 碧峰寺（不存）

4. 栴檀林（不存）

5. 汇万总春之庙（不存）

6. 鹫云寺（不存）

7. 珠源寺（存山门和殿堂基址、幢竿座）

8. 斗姥阁（不存）

9. 灵泽龙王庙（不存）

10. 广元宫（即元君庙）（不存）

11. 法林寺（不存）

以上总计内宫殿、景苑、寺院计 111 处（另说 120 处）。

五 避暑山庄之布局

避暑山庄的布局是比较复杂的，自然景观和人工修饰兼具。山庄坐落在武烈河西岸的平原和丘陵山岳地带。在山庄正东隔武烈河直对磬锤峰，东南面为罗汉峰，北为狮子岭、狮子沟，西北为风云岭，正西是广仁岭，南为市区，佟山和远望之僧帽山。

避暑山庄总面积为 564 万平方米，比北京颐和园为大，而比与之约略同时的长春、万春、圆明园三园面积之总和还大，在现在还保存的清代皇帝苑囿中，除了北京的西苑（北海、中南海）和西山各园林外，承德避暑山庄算是屈指可数之一了。在避暑山庄周围有围墙环绕。庄内地势复杂，西北面山峦起伏，万树丛蔚，幽谷深邃，泉水淙淙。《钦定热河志》说："瀑源来自西峪，垂于涌翠岩之巅。"这些溪水从峡谷激流中喷出汇入平原和湖泊之中；山庄的西北面为开阔的平原，万木榕桧，绿草如茵；东部则是湖泊区，期间岗峦环绕，岛屿棋布，大小苑景散点于山间。峡谷、岛屿、平原或湖畔极富诗情画意。避暑山庄内的山岳区约占 430 公顷（77%），湖区约占 80 公顷（14%），包括水面 38 公顷，现为 32 公顷，平原区约占 50 公顷（9%）。

一般记述和介绍热河避暑山庄的有关材料，为了叙述上的方便，把山庄分为宫殿区和景苑区两大区域。而景苑部分又包括了湖区、平原区和山峦区三部分。《钦定热河志》说"宫中左湖右山"，实际也包括了这三部分。但是实际上，避暑山庄的管理区划，在清代并不是按照自然区划来分的，而是按照清廷内务府下的"热河行宫总管"系统下面所设的分支机构分区进行管理的。现在按着《钦定热河志》中《避暑山庄图》和康熙时期冷枚《避暑山庄图》以及现存情况，把有关景苑分布情况介绍于后。

（一）城垣情况

山庄周围"叠石缭垣，上加雉堞，如紫禁之制，周十六里三分"。可见山庄特别是宫殿部分的修建是依仿了皇城之制。用不规则的石块，砌成虎皮石墙，墙高 6.5、厚 1.3～1.5 米，墙上部甃以雉堞，里面砌出宽约 1.5～2 米的马道，系供侍卫巡视之用。石垣顺山势蜿蜒于山庄西北面的崇山峻岭之中。避暑山庄的正门有三。中为丽正门，东为德汇门，门前临热河，西面的崇岭之上为碧峰门。另外在正东有门一，名曰流杯亭门。东北有便门一，名曰惠迪吉门，一直通往狮子沟，西北有门一。

在东门外，距东垣 30～250 米处，北起狮子沟，南到沙堤嘴处有长堤一条，约长 6 千米，堤甃石 7 层，宽约丈许（3.5 米），一般群众称之为外河堤。为了保护东垣，在垣外下侧北起东北门，南至德汇门筑起护堤一条，其制与外堤同。此堤可从德汇门一直沿热河南去，到热河泉水与武烈河水会合后，成为武烈长堤，直达河东纸坊胡同东南，此堤长约 2 千米，中有闸门三处。这条长堤显然是为了保护市区，阻拦武烈河水西侵而设的。

（二）避暑山庄宫殿区

主要分布在山庄东南部的第一到第二黄土阶地上。从避暑山庄正门丽正门进入以后自西而东的分布情况是：正宫、正宫东路松鹤斋和万壑松风这三组建筑群，从正宫东路松鹤斋斜背而下即是东宫。在东宫的正南面为德汇门。在正宫的西南有阿哥所、热河仓等。

（三）湖泊区

湖泊区的苑景，是避暑山庄的主要部分，基本都集中分布在三组大的宫殿建筑群的北面，一些建筑背岗面湖，有的立于水中，或三三两两错落于山岳幽谷之后，殿、堂、楼、阁、廊、榭、亭、桥，峥嵘斗艳，变化奇特。

山庄内的湖泊是富于变化的，最北面的热河温泉是湖泊的重要源头之一，而又有来自西山峡谷的溪水、流泉和瀑布下汇，经过人工开凿和导引到湖泊之中，又有武烈河水从山庄东北面的进水闸引入，根据《钦定热河志》的记载，山庄因地处塞北，而总之以塞湖之名，塞湖是其泛称。在这个广阔的湖面上，经过能工巧匠的精心设计、开凿、疏导，取出湖内沙石、淤泥，堆成山峦、丘陵和岛屿，隔列犬错，形成大小形状不同的湖泊多处。自北而南包括热河泉、澄湖，西面有如意湖，中南为上湖、下湖，东南有银湖、镜湖，总下于五孔闸处。

在避暑山庄内，关于水的利用和处理，甚为巧妙，有动有静，合而不乱。瀑源溪水自西山来，湍流急下，而进入平原区，则逶蜒曲折，回环漫流，云容水态、暖溜暄波、水流云在等景都道出了水的千姿百态变化情况。在湖泊和岛屿之上广植各种花草树木。堤岸两侧古松桧柳，浓荫密布，湖面上莲花、蒲草、细苇、浮萍，珍禽异鸟、鱼、龟水族嬉戏于湖中，静中有动，构成了湖沼区的一大景观。

关于湖区的开凿，山庄的湖面从现在的水心榭北行到天宇咸畅热河泉一线的以西湖区，包括热河泉、澄湖、如意湖、上湖、下湖这五大部分，主要是康熙四十二年始建避暑山庄时开凿的，但当时东面的清舒山馆一带也有一部分建筑，而水心榭、天宇咸畅以东的镜湖（东湖）、银湖的一部分湖面，则是在乾隆十六年（公元1751年）至乾隆十九年（公元1754年）山庄扩建时向外开展的一部分。在山庄扩建之前，山庄东半部的面积可能没有现在这样大。可以看出，康熙时的避暑山庄湖面较小，景苑也非后来的多。当时东面的外宫墙，根据目前发现的热河泉东岸到金山以东一段约数十米长埋于沙石之下的石堤看，此段石堤可能是康熙时期湖堤的东岸。乾隆时期，开拓湖区，使东垣又向东扩展了100～500米，成弓背形突出。所以在东垣外侧加筑一道护垣长堤，逶迤于河东，使武烈河水被排挤到一个狭长地带。辟镜湖、银湖，此东部两湖水面较西部低约1米，水流外曳处设通水闸。另外，冷枚《避暑山庄图》所反映的东垣情况，也是在热河泉、金山、水心榭这一线。乾隆时期，在湖区东部增建了文园狮子林、戒德堂、花神庙、畅远台、颐志堂等建筑组群。

在岛屿和湖泊之间以曲径相通，或架木桥，或筑长堤，如模仿杭州西湖的芝径云堤，或置亭榭、楼台殿阁，或深入水中，或半抱水面，或背岗面湖，或巨阁矗立于山巅，或叠山堆石千松壁立之中，加之堤旁湖侧广植草木，花卉锦簇，与湖光山影交相辉映，真是千姿百态令人神往。

属于湖泊的建筑苑景，每多以许多景苑构成一区，景中有景，配列散点于湖沼之中，目前一些建筑已经不存，但其中几座大的组群仍然存在。原属于湖区的建筑组群有：

1. 水心榭（现存）
2. 清舒山馆（不存）
3. 文园狮子林（包括16景）（原不存，现已恢复）
4. 静寄山房（包括月色江声、静寄山房、莹心房、湖山掩画、峡琴轩、冷香亭等）（现存）
5. 戒德堂（不存）
6. 汇万总春之庙（花神庙）（不存）
7. 采菱渡（包括芝径云堤）（现存）

8. 如意洲（包括无暑清凉、延薰山馆、水芳岩秀、西岭晨霞、金莲映日、沧浪屿、云帆月舫、澄波叠翠、观莲所等）（现存）

9. 烟雨楼（位于青莲岛之上，包括青杨书屋、对山斋、翼亭）（现存）

10. 天宇咸畅（金山，包括镜水云岑）（现存）

11. 热河泉坞①

（四）平原区

避暑山庄的平原区主要分布在山峦以东，湖泊以北，一直到东北的山脚下，西北面再延西山脚下直达前宫。这片开阔地的景苑建筑所存不多，根据《钦定热河志》记载，参以《避暑山庄图》可以看出占面积最大的是万树园和试马埭。在万树园中广植各种树木，以榆、柳为最，千株并立，匀实密布，地下芳草如茵，园中麋鹿成群，很富有塞北犷野趣味。在万树园和试马埭南自西而东沿湖岸布立方亭，曰水流云在，曰莺啭乔木，曰濠濮间想，曰甫田丛樾，此四亭划入湖区。在热河泉东北过桥有香远益清（划入湖区）、春好轩、嘉树轩、乐成阁，在万树园东北平原上有最大的建筑组群永佑寺，寺内六和塔高耸云霄，金顶闪烁发光，与湖光山影相辉映。在万树园北自西而东有远近泉声、千尺雪、曲水荷香、玉琴轩、宁静斋、澄观斋、宿云檐、翠云岩、泉源石壁、暖溜暄波。在试马埭以西有溪水东南流，溪水源于西面山麓之下，泉源喷涌。此处有文津阁、云容水态、石矶观鱼、芳园居、芳渚临流（已划湖区）、长虹饮练、双湖夹镜，桥北有临芳墅、知鱼矶、青雀舫（已划湖区）等。再东与湖区相连。

（五）山岳区

山岳区在山庄的西北部，约占山庄面积的五分之四。山势自北而南，背列如屏，其中北枕双峰，南山积雪距平原、湖沼较远，巍然屹立，挺拔峻峭，高出云际，在西面稍远又有栴檀林北峰突起，而重九赏秋的四面云山则为众峰之骨，群山如揖如棋，如众星捧月。同时，它是离宫的制高点，立此可以俯瞰山庄和承德市区全貌，确有居高临下，一览尽收之感。总之避暑山庄的山岳区给人的感觉是，众峰罗列，如倚如屏，层峦翠叠，起伏如画。《钦定热河志》中关于离宫内山势的记载说："山势自北而西曰梨树峪、曰松林峪、曰榛子峪、曰西峪。回抱如环，湿翠晴岚，朝夕并状。"确非夸张。而今各峪名称一仍其旧。山间的苑景，主要是随山势变化，利用山坳和山巅以及幽邃峡谷的地形加以修饰，或依山面溪修建了大量的苑景、庵观庙院、亭阁台轩，散点错落于丛蔚的林木之间，极度清雅宜人。各景间以曲径小路相通，路面铺以石阶，上下磴道，迂回曲折，隐现于幽邃深谷之间，溪间断流处叠石为桥，连环贯通。这些山峦间的景苑建筑，不加修饰、不敷丹青，茅茨草阶极富山庄风趣。山岳间的四个制高点皆建以方亭，南面的两个曰四面云山、曰锤峰落照，北面的山峦乃金山、黑山，东面错列南山积雪和北枕双峰二亭。

山庄西北面的松云峡，溪谷自西北而东南，在峡谷两侧的山峦峰顶，借景极多，如凌太虚、罨画窗、青枫绿屿、山近轩、敞晴斋、含青斋、宜照斋、碧静堂、玉岑精舍，在这一带还分布着一些寺院，

① 以上部分引自：卢绳：《承德避暑山庄》，《文物》1956年9期；《中国名胜辞典》精编本；承德市：《避暑山庄和外八庙风景名胜》，118~128页，上海辞书出版社，2001年；国家文物局：《中国文物地图集（河北分册）》，261~266页，文物出版社，2013年。

有斗姥阁、元君庙、水月庵、栴檀林等。

梨树峪是松云峡以南的另一条峡谷，主要苑景在峡谷中部有梨花伴月、澄泉绕石、素尚斋、永恬居、创德斋等。

松林峪在梨树峪的南端，峡谷幽邃，以松林挺拔耸翠，万树浓翳而著名。在松林峪南侧的山岗上有珠源寺、涌翠岩、绿云楼、食蔗居、观瀑亭，在南面山脊前端有锤峰落照亭等。

西峪是山庄最南面的一个峡谷，榛子峪在西峪之后。在这两个峡谷中的主要苑景有四面云山、秀起堂，有真意轩、鹫云寺、静含太古山房、碧峰寺、松鹤清越、风泉清听等。

此外，在丽正门西面的岗阜之上有绮望楼坦坦荡荡一区。

以上山庄各景，除了供皇帝、后妃、内侍太监居住休息，接见宴赏蒙古王公、外国来使和处理政务等用途之外，有的是专供皇家珍藏珠玉珍玩的文物之所，如珍藏四库全书的文津阁、天籁书屋、振藻楼、径畚书屋、青杨书屋等多是贮存图书、字画之所。各苑景中都珍藏了大量的瓷器、钟表、金玉挂屏、螺钿木器家具、雕刻、盆景等。乾隆时期还为避暑山庄以及山庄中重要斋堂烧制了一些专用瓷器。有的是属于供管理系统使用，如供给缮饮、生活所需的仓房、大库，像储存粮食的热河仓，供给后妃生活日用杂品的芳园居等，可谓无所不括。

（六）山庄各景的设计要求

关于山庄各苑景的设计要求，康、乾两帝在自己吟咏的诗赋中有许多记载，各景物之名都是随着当时当地的山石树林、风云水态的四时变化综合各景的安排特点而加以命名的。如松、云、莲荷、水、泉、月等大自然为景源。在康熙三十六景中以松命名的有万壑松风、松鹤清越、松鹤斋；以云命名的有水流云在、云山胜地、镜水云岑、四面云山、云容水态、云帆月舫、绿云楼、一片云、宿云檐、翠云岩；以莲荷命名的有金莲映日、曲水荷香；以树命名的梨花伴月、青枫绿屿、万树园、嘉树轩等。一些重要的景苑，特别是关于和全盘有密切关系的苑景，康熙皇帝还要亲手择地设置。康熙在《御制三十六景诗》中有《芝径云堤》诗一首，道出了避暑山庄在修建时的苑景设计过程和要求。这是一首白话俗体诗，很能反映当时康熙选择承德这个地方肇建山庄的指导思想，现摘录如下：

芝径云堤

万几少暇出丹阙，乐山乐水好难歇。避暑漠北土脉肥，访问村老寻石碣。众云蒙古牧马场，并乏人家无枯骨。草木茂，绝蚊蝎，泉水佳，人少疾。因而乘骑阅河隈，弯弯曲曲满林樾。测量荒野阅水平，庄田勿动树勿发。自然天成地就势，不待人力假虚设。君不见，磬锤峰，独峙山麓立其东。又不见，万壑松，偃盖重林造化同。煦妪光临承露照，青葱色转频岁丰。游豫常思伤民力，又恐偏劳土木工。命匠先开芝径堤，随山依水揉辐齐。司农莫动帑金费，宁拙舍巧洽群黎。

这首诗的基本意思是，山庄未建以前，康熙皇帝曾于此亲自作了一番调查，访问村老和碑碣记载情况，了解这塞北的风土人情，大家都说，这里原来是一处蒙古牧马场，没有人家居住，也没有坟丘。此地草木繁茂，没有蚊蝎之毒咬，泉水清澈，人吃少得疾病。打听到了这些情况以后，决心自己亲自去勘查一番。于是乘马隈着河边，沿着弯弯曲曲的小河走下去，观看选中了林木繁茂的景色佳处，用水平（仪器）度量（测量）这荒野之地，既不用动这里的庄田，也无须采伐树木，就依这天造地设之自然气势来造就，更不用人工虚构。于是他对侍从人员说："你没看到吗？那山麓之东独峙于众峰之上磬锤峰吗？又没有见到那台偃高处茂密的万壑松吗？"煦丽的晨光迎着露珠照映，青葱郁郁。于是他又联想到要尽量利用这自然景物，不要伤民力，也别偏劳土木之工。于是他亲自下令命匠师浚治湖泊，开芝径云堤，随依山势规划这完整一体的像辐齐一般的即复杂又划一的山庄造园工程。造就避暑山庄的景色，疏浚芝径云堤一景是一个关键，所以仁宗（嘉庆）《芝径云堤歌》谓："芝径云堤诚鼻祖，开辟灵沼内外湖。"明确指出，开辟芝径云堤，疏浚湖道和武烈河水是直接关乎山庄苑景设计之成败。所以，康熙在修建山庄时首先从治理疏导湖泊和武烈河水开始，修长堤使武烈河东靠，修进水闸挖掘湖泊，在平原区造就一些起伏的小山，使湖泊更富于变化，然后散点置景。

山庄内的各景，是千百年来劳动人民造园艺术的结晶，综合了南北园林之秀，各景既有所本，也因地制宜，颇所独创之见。康熙、乾隆两个皇帝，皆数巡江南，得知南方山林之秀丽，特别是对"上有天堂，下有苏杭"的著名园林极为赞赏。于是在修建避暑山庄时取南方园林的玲珑透体、构图别致、小型多样而富于变幻的布置特点，又结合我国北方特别是塞外一年四季大自然景色富于多变的特点。一般采用小式建筑多具的雅调之长，匠心独具，和谐运用融而为一，特别是塞外游牧民族的强悍粗犷的性格通过万树园内宽阔草原，在山庄设计的精神面貌上再现了出来。山庄内模仿南方园林形式的有：

芝径云堤，仿浙江杭州西湖苏堤。

金山（天宇咸畅），仿江苏镇江金山寺。

烟雨楼，仿浙江嘉兴南湖中的烟雨楼。

永佑寺，塔仿江苏南京报恩寺塔和杭州武陵寺六和塔形式。

万壑松风，具有江南园林前后错落布置的特点。

文园（狮子林），仿江南吴中狮子林，内纳十六景。

离宫内的一些小式建筑、寺院的设计多是分布在一个中轴线上，具有北方建筑特点的四合院形制。所以，避暑山庄将我国南北园林之特点融为一体，也可以说创我国古往今来园林艺术之大成。

（七）避暑山庄的管理系统

避暑山庄在管理系统分为十处，包括：

1. 前宫

2. 东宫

3. 月色江声

4. 如意洲

5. 芳园居

6. 珠源寺

7. 永佑寺

8. 旷观

9. 含晴斋

10. 西峪

于每处下又分辖若干小处，皆由热河避暑山庄总管衙门管辖，隶属于清廷内务府。[①]

第二节　避暑山庄苑景分区解说

一　宫殿区

避暑山庄宫殿部分是由正宫、松鹤斋和东宫这三部分组成的，是皇帝处理朝政、接见外藩、举行各种庆典和帝后居住之所。行宫的正门就是丽正门，在丽正门的左侧顺山势陂陀而下连接城垣到达平原区有德汇门。德汇门是东宫的正门。

（一）正宫

丽正门北为正宫门，是山庄内主要宫殿建筑，分前朝和后寝两部分。由南而北有正宫午门、澹泊敬诚殿、四知书屋、十九间房（万岁照房）、后寝门殿、烟波致爽殿、云山胜地楼、岫云门等。中轴线各两侧均有东西对称朝房配殿或跨院，围廊相绕。

1. 丽正门

丽正门为乾隆十九年（公元 1754 年）扩建东部景区时所建，是乾隆三十六景之一（图版 20）。《钦定热河志》说："丽正门为三十六景之冠，门制崇宏，高明广大，门左右有朝房，内则重门五楹，恭悬圣祖（康熙）御书'避暑山庄'题额，每秋巡驻跸，蒙古诸蕃于此述职。"又"朝臣启事，外藩入觐皆由此。"丽正门是行宫的正门，是按照紫禁之制而进行安排的，门内即为正门，都是安排在一个中轴线上，呈左右对称，层层引深之形式。丽正门，坐北朝南，门前石阶铺地，正面有朱色照壁一通，左右为御路展开，有下马碑二，两侧原有卫士房，今毁。另石狮一对。门三洞，面阔三间进深一间，单檐歇山卷棚顶。中门上部嵌镌乾隆御题额"丽正门"三字，以满、汉、蒙、藏、维五种文字刻勒而成，行宫的石垣即由丽正门左右展开，长达近 10 千米。丽正门系仿元大都南门额"丽正"二字名称，取《易经·离卦》"日月丽乎天，百谷草木丽乎土，重明以丽乎正，乃化成天下"，丽有附着之意，谓清帝国像日月，附于宇宙百谷、草木，附于大地，清帝的重明之德丽附于正道（规律）之行，而实现天下融合，海内一字。在丽正门的里面有清乾隆甲戌夏御题诗一首，实为"丽正"二字作注解。诗曰："岩城埤堄固金汤，詄荡门开向午阳。两字新题标丽正，车书恒此会遐方。"文中把清帝国江山比拟为山庄，埤堄岩城一样，固若金汤。明德丽正，车书同途，万国来朝，大一统天下。

2. 正宫午门

在丽正门以北，左右有东西配房各五间（今存西部）达外午门，为卷棚硬山顶，门外有方形台基，左右有东西便门（图版 22）。进入外午门以后，左右是东西外朝房各五间，卷棚硬山顶。中轴线以北为内午门，门外左右有方形雕刻纹样之台座一个，上置乾隆四十三年（公元 1778 年）添设用1540 两白银做成的铜狮子一对，狮昂首蹲踞，姿态生动。

内午门是避暑山庄正门，面阔五间，进深一间，卷棚硬山顶，门上悬玄烨题"避暑山庄"雕龙金字匾额（图版 23、24）。清于此阅射或觐见王公大臣、外国来使。内午门又称为"阅射门"，康、乾两

帝和帝后曾于此检阅近卫弓射。习武阅射，在清朝是一种制度，包括步射和马射两种。在内午门的东西壁上，有乾隆御制诗四首，包括乾隆甲午（公元1774年）夏御题《阅射六韵》；乾隆甲午（公元1774年）《策马》一首；乾隆庚辰（公元1760年）《射一首》；乾隆己卯（公元1759年）《射一首》。"阅射"是清帝赴木兰围场之前，于门前较射，清朝官员随驾木兰按品级不同于此较射、请帝、后阅视较射同时，出缺者要补选，称为"月选"，一般文职知县，武职守备以上的重要官员，要由皇帝亲自检验，是否达到要求，检验的方法就是于此较射，遴选优者。皇帝除阅射外，有时也亲自较射以表示范。[①] 进入内午门以后为正庭也就是正宫的主要部分。自此而后包括前朝、后寝等多层院落。门内左右有卷棚歇山顶的东西方亭各一，左右为面阔五间进深一间的内朝房，卷棚硬山顶。院子的中轴线上甬路直达澹泊敬诚殿。院内有古松42株，笔直参天、庄严恬静。

3. 澹泊敬诚殿

澹泊敬诚殿是避暑山庄正殿，创建于康熙五十年（公元1711年），乾隆十九年（公元1754年）用楠木改建，因此又称楠木殿，保存完好。《承德府志》："避暑山庄正殿，凡七楹，圣祖（康熙）御题曰'澹泊敬诚'，恭悬墨宝。每高宗万寿节，祝嘏胪欢，远臣肆觐，则御兹殿。左右配殿各五楹，后殿亦五楹，曰依清旷，亦圣祖（康熙）御题墨宝。"澹泊敬诚殿是一座面阔七间进深三间单檐卷棚歇山灰布瓦顶式的殿堂，不施粉绘，保存木质本色。因以楠木构成，所以又称为楠木殿，面积583平方米。整个殿堂的窗扉、隔扇、平綦天花，全部都是用楠木精雕细镂而成。特别是天花上的平綦每间有105块，七间共735块。平綦、门扉皆精雕蝙蝠、"万"字、"寿"字和各种草叶纹图案，很是别具匠心，巧夺天工，工艺水平极高。每当夏秋之际，殿内楠木发出浓郁的馥香沁人肺腑，令人心旷神怡。楠木殿地面全部用大理石铺砌，给人以朴素、庄重之感。殿内正中，悬康熙御题"澹泊敬诚"匾额，黑字，雕龙金框。意取《周易·正义序》："不烦不扰，澹泊不失。"诸葛亮《诫子书》云："非澹泊无以明智，非宁静无以致远。"澹泊敬诚、宁静致远是寓意的真髓。匾额下为紫檀黄杨木制地坪、御座，北为紫檀屏风，雕《耕织图》。在御座和地坪东西两面北墙，列16条楠木隔，内贮《古今图书集成》一部。两边几案上，陈《皇舆全图》二套，另各种香炉、瓶、鼎、编钟等豪华陈设（图版25、26；彩版8）。

澹泊敬诚殿平时不用，只有在皇帝万寿节和举行盛大庆典，接见外国来宾、满蒙王公、政教领袖等仪式才于此举行。乾隆十六年以后，历年的万寿节（即皇帝生日）在澹泊敬诚殿接受各属国使臣、扈从王公、文武大臣、官员的庆贺礼。乾隆四十五年，六世班禅额尔德尼自后藏来热河，乾隆皇帝在澹泊敬诚殿接见了他，并赐茶于依清旷殿。乾隆五十八年英国的第一个来华使团特使马戈尔尼和副使斯当东来热河时，正置乾隆皇帝的万寿节。乾隆皇帝于澹泊敬诚殿接见了马戈尔尼和斯当东，并在东宫的卷阿胜境殿举行了宴请仪式。

觐见仪式非常隆重，先由司钟人在钟楼（图版21、22）鸣钟9下，后山庄内外各庙宇齐应和，其击81响，殿前乐亭，乐师们开始奏乐，在钟、鼓、萧、瑟齐鸣中皇帝临朝、百官就位。乾隆五十八年（公元1793年）英国特使马戈尔尼和副特使斯当东参加乾隆的万寿盛典时记述说："参加典礼的各王公大臣藩王和外国使节都先集中在一个大厅里听候召唤，然后被引到一个庙宇形状的大殿里面。殿内

---

① 李月辉：《避暑山庄外八庙》17页，中国旅游出版社，1993年。

布置了许多乐器，有一套能挂在雕刻木架上的圆柱体编钟，一连串由小到大个个不同；另有三角形叫编磬的金属乐器，大小的差别同编钟一样。在奏乐的同时，一排太监用缓慢严肃的声调，朗诵赞美皇帝盛德的诗歌……整个音乐节奏由一种尖锐而响亮的铙钹声音来指挥……大家同朝一个方向叩拜，而皇帝本人则如天神一样，自始至终没有露面。"① 在澹泊敬诚殿后有游廊环绕相通，北面正中就是依清旷殿了。

4. 依清旷殿

依清旷殿建于康熙四十二年（公元 1703 年），因殿内有乾隆皇帝所书的"四知书屋"题额，所以又称四知书屋（图版 27）。面阔五间，进深一间，卷棚硬山顶，左右还有东西配殿各五间。四知取儒家"知微、知彰、知柔、知刚"典故，四知书屋是皇帝处理政务、觐见王公大臣、洽谈机宜之所。在依清旷殿之后，为十九间房，面阔十九间，进深一间，是宫女、近侍、太监等扈从来热河避暑时的居住之所（图版 28、29）。在十九间房照房以后，即为寝宫部分亦即内廷。内寝宫有宫门面阔三间，进深一间，卷棚硬山顶，中心御道相连，北面就是烟波致爽殿了。

5. 烟波致爽殿

烟波致爽殿是康熙三十六景之首，面阔七间，进深一间，卷棚歇山布瓦顶。它是后寝宫的正殿。《钦定热河志》说："为殿七楹，圣祖（康熙）御题额曰'烟波致爽'为（康熙）三十六景之冠，殿宏敞高明，旁把云岚，后带湖渚……皇上御书联二，一曰'鸟语花香转清淑，云容水态向暄妍'，一曰'雨润平皋桑麻千顷绿，晴开远峤草树一川明'。"咸丰时，匾下又书一大"福"字，两边挂楹联"三秀草呈云彩焕，万年枝茂露香凝"。东次间门楣为御题，咸丰丹书"戒急用忍"四字。西次间为佛堂，稍间为西暖阁。这座殿堂的特点是，地势较高，背湖千顷，所以说宏敞高明，每当夏秋之季特别是雨后初晴，于此消暑，使人有心旷神怡之感。烟波致爽说是皇帝的寝宫，实际上也是处理政务的地方。殿中珍藏着各种奇珍异宝，十分富丽，有康、乾两帝的珍玩字画、文房四宝、玉石盆景和紫檀螺钿等硬木雕刻等达千余件。1860 年，英法联军侵入北京，咸丰皇帝带着慈安、慈禧两太后从北京逃到热河避暑山庄避难，并于此签署了丧权辱国的《北京条约》，不久，即 1861 年 8 月，咸丰皇帝驾崩于此殿，他的儿子载淳继位，这就是同治，慈禧被尊为"圣母皇太后"，俗称"西太后"。清廷内部的权势之争在这里达到了高潮。同治皇帝生母叶赫那拉氏——慈禧太后，和嫡母钮祜禄氏（慈安太后）和恭亲王奕䜣等密谋策划的辛酉政变，近半个世纪的"垂帘听政"也就是在这里确立的。烟波致爽殿的大量珍贵文物也于光绪年间由慈禧太后下令运往北京（图版 30；彩版 9）。

在烟波致爽殿的两侧，有东西跨院各两栋。在烟波致爽殿的后面是云山胜地楼。

6. 云山胜地楼

云山胜地楼是康熙三十六景第八景（图版 31）。楼二层，面阔五间，进深二间，卷棚歇山布瓦顶，不设木梯，以假山蹬道攀缘而上。《承德府志》说它是："高楼北向，俯瞰群峰，云气秀蔚。"《钦定热河志》："八牖洞达，俯瞰群峰，夕霭朝岚，顷刻变化，不可名状，圣祖御题额曰'云山胜地'。"现登楼远眺，仍有同感，山庄内烟雨楼台、山林水色，大自然的千姿百态尽入眼帘。在二层楼的西楹为"莲花室"，有乾隆皇帝御题匾额。门楣皆雕成莲花状，内奉青玉观音大士像一躯，内藏《妙法莲花

---

① 《承德府志·巡典》；斯当东：《英使谒见乾隆纪实》，357 页，上海书店出版社，2005 年。

经》一部，即乾隆诗中提到的"香楠木榥刻莲花，大士无言转法华"。每年中秋佳节，后妃们于此祭月，焚香祈福。东楹是帝后休息观赏山庄风景之所。

在云山胜地楼的两侧，各有面阔七间，进深一间的随眷房。

在云山胜地楼北是岫云门，岫云门为一面阔一间，进深一间面北的垂花门式样，出门口北去即石阶御路玉麟坡，顺坡北去可直达湖区（图版32）。正宫一组建筑都是康熙时所建，现已全部修葺一新。

7. 驯鹿坡

驯鹿坡是乾隆三十六景第七景。在岫云门西北约百步左右的陂陀处，名之为驯鹿坡。塞外产鹿，木兰围场为历岁哨鹿之所。康、乾两帝为了强调山庄内塞野风趣，因于庄内孳畜繁衍，于山庄逶迤之处，麋鹿成群。无拘无束的徘徊于旷野和林木之间，无异家畜。乾隆皇帝手书"驯鹿坡"三字勒于石，并于此建八角敞亭一座，名之曰望鹿亭（图版33）。《热河志》乾隆诗有："驯鹿亲人似海鸥，丰茸丰草恣呦呦。灵台曾被文王顾，例是宁同塞上麀。"帝、后每于夏秋之际，于亭中观赏麋鹿，引以为乐。现刻石已无，而八角敞亭尚存。

8. 阿哥所、西山仓房

在正宫西南角，有两组建筑，其一为皇子住所之处，曰阿哥所；再就是近南垣的仓房，即热河仓。20世纪50年代，阿哥所还存有外午门、西堆房、前后殿、配殿；热河仓还存有仓门、仓房、西跨院等，皆已改观。

（二）松鹤斋

松鹤斋是与正宫平行的一组建筑群，它位于正宫东路，是乾隆十四年为圣母太后所建，是皇太后（弘历母亲）和嫔妃们的居住之所。松鹤斋属于乾隆三十六景之三（图版34）。《承德府志》说："澹泊敬诚殿之东，构大殿七楹。是地为昔年高宗恭奉孝圣宪皇后颐养之所，岫列乔松，庭翔雪羽，循圣祖'松鹤清越'之义，高宗御题额曰松鹤斋。"现在，松鹤斋一组建筑，除正殿以外，大部保存着。其平面布局是：自南而北，其正门相当于正宫午门的位置。门前有钟亭一、门五间（名为三宫门），东跨院三间，其内为二道门殿三间，过二道门后，为松鹤斋前殿含辉堂。

1. 含辉堂

面阔七间，进深一间，卷棚硬山顶。在含辉堂两端各有耳房三间，其前有东西配殿五间。在含辉堂以后，东西原有走廊相通，北达松鹤斋。

2. 松鹤斋

是这一组建筑的正殿，现正殿已毁，仅存基址。原这面阔七间的大殿，是孝圣宪皇后养心之处。庭前苍松榕桧，白鹤成群，乾隆御制三十六景诗："常见青松蟠户外，更欣白鹤午前庭。西池自在山庄内，慈豫长承亿万年。"诗中的松、鹤皆有益寿延年之意。在松鹤斋后面为十七间房，今存基址，其位置约与正宫之依清旷相齐。十七间殿以后，乃是松鹤斋的"后寝"部分。后寝宫前面，有前门三间及左右配房。后面为继德堂。

3. 继德堂

为后寝宫的正殿，相当于正宫的烟波致爽。《承德府志》："继德堂，在松鹤斋后，乾隆五十五年奉命葺治。如烟波致爽之制，高宗御题曰继德堂。"嘉庆为皇子时，多于此居住。民国年间继德堂毁于火中。现在基址上改为花坛。在继德堂之后，就是畅远楼了。

4. 畅远楼

为一面阔五间，进深一间的两层楼阁，卷棚歇山顶。形制和云山胜地楼基本相同，再北为垂花门，形制与岫云门同。

（三）东宫

东宫因为于正宫松鹤斋之东而名，始建于乾隆十九年（公元1754年）。从松鹤斋南门东行为一陂陀下达东宫平原地区，整个建筑组群的地势较为低下。东宫的正南面为德汇门，面临热溪，背靠湖堤，西接岗偃，东近宫垣。

1. 德汇门

德汇门是东宫的正门，其形制和丽正门同，为一方形门洞三通，重檐卷棚歇山顶（图版35）。面阔三间，进深一间。入德汇门后，东西各有配殿三间，东西井亭各一，正面为一面阔七间进深三间的门殿。门后为一面阔十一间，进深五间的前殿，其前后东西各有五间和三间的配房，殿后有三间的通道与面阔五间进深三间的三层楼，再北与清音阁连接。

2. 清音阁

清音阁是东宫的主要建筑之一（图版36）。平面方三间，具三层楼，歇山顶，是乾隆皇帝用150万两银子修建而成。清音阁戏楼坐南朝北，上下三层，一层台高1.65、宽约17、进深约14米，中层与下层同，上层微收。清音阁又称为"大戏楼"，结构宏伟，内设天井地井，演戏时可使演员从天而降，使水从台下喷出，所谓真山真水，场面奇异壮观。阁的各层均有乾隆题额，自上而下曰"响叶钧天"，曰"云山韶护"，曰"清音阁"。戏楼南有扮戏房。皇帝每年于此举行盛大庆典，赏赉和宴飨全国各少数民族、蒙古王公、政教领袖和外国来使，观看戏剧等多于此举行。乾隆五十八年（公元1793年）九月，英国第一个来华的使节团正使马戈尔尼和副使斯当东，在热河参加了乾隆皇帝的83岁生日万寿节，曾被皇帝邀请在东宫的清音阁、福寿园观看戏剧，并得到乾隆皇帝的赏赐。[①] 在清音阁北面有面阔五间上下两层之楼阁，名之为福寿园。

3. 福寿园

福寿园又称福寿阁，为一五间楼阁形式，左右有重层长廊相连，皇帝和后妃看戏。赉、赏多起坐于此，在福寿园的北面即为勤政殿了。

4. 勤政殿

勤政殿是乾隆三十六景中第二景。建于乾隆十九年（公元1754年），也是东宫的主要建筑，皇帝于此处理政务。勤政殿面阔五间，殿内悬"正大光明""高明博厚"二匾额。东西有配殿五间，殿后一部分凸出，为卷阿胜境殿。《承德府志》："勤政殿，丽正门之左，南向，殿两重，前五楹为视事之所。高宗（弘历）敬天法祖，式勤民隐，巡行所至，别殿临朝，循行圆明园之例，题以勤政殿，内面南额曰正大光明，面北额曰高明博厚，后殿前檐额曰卷阿胜境，后檐面北额曰云牖松扉。殿前楼五楹，长廊周匝。凡庆赉燕飨之典于斯。"勤政殿是高宗依圆明园之制而修建的，所谓殿前楼即指是福寿园而言，是乾隆视事之所。勤政殿是这座建筑的前殿，而卷阿胜境则为后殿。

---

① 《承德府志·巡典》；斯当东：《英使谒见乾隆纪实》，357页，上海书店出版社，2005年。

5. 卷阿胜境殿

卷阿胜境殿，面阔五间，面湖凸出抱厦三间（图版37）。"卷阿"取自《诗·大雅·卷阿》中，所谓"有卷者阿"，寓意于屈曲的山峦起伏之状，是为胜境。卷阿胜境殿，五福五代堂，殿内有乾隆四十九年（公元1784年）乾隆帝得玄孙后手书"五福五代堂"匾额。所以勤政殿又名五福五代堂。皇帝处理政务，宴请各附属国和满、蒙、汉王公、大臣的盛典多于此举行。

从卷阿胜境殿再北已达湖滨。整个东宫建筑，皆有虎皮石垣缭绕，而布局也采用了传统的在一个中轴线上，前后左右对称布局形式。可惜这座规模巨大、建筑宏伟的宫殿建筑组群，前后遭受了两次大火。1933年日本帝国主义侵占承德时勤政殿和卷阿胜境殿被焚毁，以后续有破坏；而1945年冬季又遭受一场大火，使东宫建筑群全部荡尽。今仅存建筑平面布局和基址。

（四）万壑松风

1. 万壑松风

万壑松风是康熙三十六景第六景。始建于康熙四十七年（公元1708年），位于松鹤斋一组建筑群的北面垂花门外（图版38~41）。

万壑松风一组建筑群又名纪恩堂。《热河志》："万壑松风联曰'云卷千松色，泉和万籁吟'，皆圣祖（康熙）御书"。前有门殿，正殿北向面阔五间，进深二间，单檐卷棚歇山顶，且具围廊。殿后有硬山顶式建筑四座，包括静佳室、鉴始斋等。前后错落，间以回廊相通，布局灵活，手法巧妙，具有南方园林布局的特点，而与北方四合院的形制布局迥异，有些类似北京颐和园中谐趣园的手法。关于这组苑景的特点，《承德府志》说："万壑松风，前殿，据岗背湖，渐近湖为陂陀，殿五楹，北向，长松数百，掩映周回，笙镛递奏。"与正宫之庄严肃穆之布局迥异，形成鲜明对比。高宗御题额曰纪恩堂有《御制避暑山庄纪恩堂记》。现今万壑松风殿四周的自然气势仍如此。四周苍松挺拔，陂陀临湖，有石阶盘缘而下可达湖滨。据此远望，千林万壑，尽入眼帘，确是观赏湖景的佳处。康熙时期批览奏折、处理政务多于此进行。乾隆自幼来热河于此读书。为了纪念他祖父康熙的培育之恩，题其额曰纪恩堂，表示他不忘祖训之意。

2. 鉴始斋

鉴始斋在万壑松风殿后，面阔三间进深一间，殿堂名之曰鉴始斋，是弘历少年读书之所，在鉴始斋坡下原有一亭，名曰晴碧。今已不存。

二　湖区

（一）水心榭

1. 水心榭

水心榭是乾隆三十六景第八景（图版42~45）。始建于康熙四十八年（公元1709年），乾隆十九年（公元1754年）题名。其位于卷阿胜境殿北的湖滨上，介于下湖和银湖之间，中架石为桥，桥分三段，作为从东宫通往湖区的要冲。关于这座水心榭的特点，《承德府志》说："石梁跨水，南北坊各一，中为榭三楹，飞檐高骞，虚檐洞朗，上下天光，影落空际，逾石为梁。"《钦定热河志》里的"圣祖御题曰'水心榭'御制诗有'一缕堤分内外湖，上头轩榭水中图。因心秋意萧而淡，入目烟光有若无'"，道出了这组景苑的特点。现水心榭南北所树的宝坊已恢复，依原来树坊的石础推断，可以看出坊的形制是四柱式的牌楼，南北各一。在两坊中间跨湖的石桥上建小榭三楹，南北榭亭为方形重檐四角攒尖顶，中部为进深三间的长方形重檐卷棚歇山顶，榭亭间以楣子栏杆相连。水心榭亭西对长虹饮练、双湖夹镜，北凭月色江声，西南宫殿一区，朱梁碧阶，千松万壑，与湖面荷花红绿交相辉映于浩渺的碧波之中，湖光澄澈，怡入画境。

在水心榭下有水闸八孔，称为八孔闸，可以通过闸孔调整下湖和银湖之间的水平高程，一般下湖水面比银湖高 1~1.5 米。

2. 牣鱼亭

在水心榭亭东北有方亭一座，1953 年修复，顶为四角攒尖式。掩映于青松绿柳中，情趣别致（图版 46）。

（二）文园狮子林（十六景）

文园狮子林在水心榭东北，可东经牣鱼亭而至，北隔湖水与清舒山馆相望，东临界墙，西南为镜湖（图版 47；彩版 10、11）。原是热河行宫中模仿南方园林最为别致的一处，也是乾隆皇帝所游赏的苑景中最喜欢的一处。现在，原有建筑在 20 世纪民国初年已经倒塌，唯存假山遗迹。根据《承德府志》："文园狮子林，清舒山馆之前，度地为园，模山范水，蕴淑怀奇，因倪瓒《狮子林图》之式，备十有六景之胜。"乾隆在御制诗中有《题文园狮子林十六景有序》，记载具详。弘历向爱元倪瓒《狮子林图》。数巡江南，见到吴中狮子林景色优美，颇爱之，遂摹迹题诗。首于长春园东北隙地，规仿建造，仍狮子林名之归，但与吴中狮子林并不尽同。乾隆三十九年（公元 1774 年）在避暑山庄清舒山馆之前，复规仿建造落成，题曰文园狮子林，得景十六。文园狮子林既参照元倪瓒《狮子林图》，又依吴中狮子林实体之制，而经营建造，这是因为吴中狮子林传为按照倪瓒《狮子林图》之形制而来。吴中、长春园、塞苑（即山庄）三园借景各有千秋。而山庄文园又具以塞外天然山水的自然气势，非御园所能比拟。乾隆甲午《题文园狮子林十六景》诗纪事："倪氏狮子林存茂苑，传真小筑御湖滨，既成一矣因成二，万是合兮不是分，爱此原看鸥命侣，胜地还有鹿游群，水称武烈山雄塞，宜著溪园济以文。"从历史源起到筑园于山川雄胜之地作了概括。

现将文园建筑包括门殿共十六景列下：

1. 狮子林
2. 虹桥
3. 假山
4. 纳景堂
5. 清閟阁
6. 藤架
7. 磴道
8. 占峰亭
9. 清淑斋
10. 小香幢
11. 探真书屋

12. 延景楼

13. 画舫

14. 云林石室

15. 横碧轩

16. 水门

文园面积不大，但各景布置多具特点。文园的前面是门殿、虹桥，次为纳景堂，堂西有清淑斋，东南探真书屋，中间是清阅阁，阁后为延景楼，楼东是横碧轩，楼北是云林石室，其余都散点于各景之间。乾隆有《文园狮子林歌》，对于文园各景艺术的特点作了高度的概括，如"藤架石桥上，石侧占峰亭。砌石为蹬道，狮林近湖滨。溪头实画舫，石墙跨水门"，皆各具特点。20世纪末，据文园的假山蹬道、亭台基础保存情况，进行全面修复。江南园林所具有的富于变化的特点，如结构精巧、布局灵活等在这里都体现出来，是塞苑仿造江南园林的优秀代表作。

（三）清舒山馆

1. 清舒山馆

在水心榭东北，南隔水与文园相对下湖与镜湖之间，东旁近湖，西隔小丘与月色江声相临。现在，这组建筑群仅存基址。清舒山馆建于康熙四十二年以后，其建筑情况《承德府志》："清舒山馆……凡五楹，恭悬圣祖（康熙）御题额。内曰承庆堂。"承庆堂是康熙帝曾赐当时立为太子允礽的住所。"高宗御题额曰烟霞澄鲜。东楹奉圣祖宸翰，榜曰冰奁，内曰含德斋。后檐额曰聚云复岫，山房西南隅别殿曰萝月松风。"可见，清舒山馆这一组建筑，除了正殿以外还包括有东配殿和别殿。康熙皇帝每岁来热河避暑，多于此读书。含德堂主要是收藏圣祖所用文房四宝和书籍，伺候乾、嘉两帝于此读书，并有诗文行于世。乾隆帝以吟咏清舒山馆诗为最，中有"山馆人来最畅情，开轩况值九秋清。多于前度为何事，飒沓空庭落叶声"。仁宗（嘉庆）御制清舒山馆诗："秋光满山馆，灏气益清舒。澹雅林开幄，行回水到渠。"每于山馆阅读，倍觉秋气清舒。绿草云窗，听秋虫唧唧，心情清畅，觉落叶有声，形容其静。

2. 静好堂

静好堂在清舒山馆之后，建于康熙时期。题额曰静好堂。乾隆时期命为三十六景第十一景，现建筑已不存。《承德府志》中"静好堂外有飞楼曰澄霁楼，楼下堂室区分曰风泉满听，曰山合清晖，曰高山流水，曰岫幌"，都是康熙的题额。

3. 颐志堂

在清舒山馆之西，建于康熙时期，是乾隆三十六景第九景。此组建筑已不存。《承德府志》："颐志堂，清舒山馆之西，数楹南向，恭悬圣祖（康熙）御题额曰颐志堂。又曰光风霁月，其西有殿东向，曰学古堂，均为几余典学之所。"

4. 畅远台

畅远台在清舒山馆之左，是乾隆三十六景第十景。是因周垣（旧城垣之东垣）旧基址之上，修起绵亘的长廊，下依绿水，有台巍然屹立。台上可登临远眺，极目纵览，绿柳遥堤，红荷近渚，墙外群山罗嶂，湖光山影，一入眼帘。

（四）戒德堂

位于清舒山馆之东，即东湖（镜湖）湖面的一个小岛上。岛四周层峦起伏，曲径幽深，迂回慢折，径旁嘉树成荫，树林繁茂，景色极为秀丽。

戒德堂一组建筑，已早年毁坏，初曾于基址上建动物园一区，后恢复主体建筑名戒德堂，坐北朝南，面阔五间，单檐卷棚歇山布瓦顶，堂后有水池，池北有镜香亭，西侧建筑一院，自北向南有面水斋、佳荫室、来薰书屋等，后院有含古轩、群玉亭、问月楼等。按《承德府志》"戒德堂，清舒山馆之东，堂五楹，南向，高宗（乾隆）御题额曰戒德堂。有御制戒德堂记、戒德堂后记。堂之后庑曰镜香亭，堂北层楼特起曰问月楼。楼之东为群玉亭。其南有轩曰含古自轩，而南为来薰书屋，又南为佳荫室，室外有斋三楹，俯临流水曰面水斋。"《钦定热河志》记载谓"得趣室"。可以看出戒德堂一组建筑是颇具规模的，向为乾、嘉两帝读书之所，戒德堂起建于乾隆庚子夏，即乾隆四十五年（公元1780年），时弘历七十万寿节，为了怀念和铭记其祖父康熙的垂训恩悔，表示世当永尊，永不忘怀，彰显康熙朝以来平伊犁定回部靖金川之武功。特建戒德堂以为纪念。乾隆、嘉庆两个皇帝都有御制诗以志其事。

（五）汇万总春之庙（花神庙）

汇万总春之庙，又称花神庙。在静寄山房东面，南面隔湖与戒德堂相对。是庙建于乾隆四十七年壬寅（公元1782年）。花神庙一区建筑于1913年被军阀折毁，今仅存基址。关于这组苑景的布局《钦定热河志》："汇万总春之庙，在山庄内建庙一区，以妥花神。榜曰汇万总春之庙。面南向，正殿五楹，左右配殿各三楹。庙旁为书舍曰'华敷坞'，其东为'峻秀楼'，庙基在烟波致爽东北戒德堂之后。"花神庙一区建筑，颇具规模，包括门殿、正殿、东西配殿、华敷坞和峻秀楼等。华敷坞是皇帝读书之所。由于避暑山庄遍植花木，每值春至，芬芳盎然。塞外承德一带乃古兴州之地，并无新祠之建，虽于塞苑之内建之。在题华敷坞诗中说："塞外花信固云迟，桃李亦必春暮吐。"在题峻秀楼诗说："楼对东山称俊秀，朝阳辉映满园芳。芳隣华也秀隣实，酌剂植言此合当。"花神庙附近当时一定是群芳争艳，香袭益人的一个绝妙佳境。

（六）静寄山房（月色江声）

1. 月色江声

月色江声是静寄山房一组建筑门殿。静寄山房一区苑景是避暑山庄中目前保存最为完整的一处（图版48～54）。新中国成立后已经全部恢复。从水心榭北行不到清舒山馆折而西北过桥即是。整个建筑组群坐落在一个面积较大的岛屿上，西、北、南三面环抱水面，长堤蜿蜒，堤岸上遍植垂柳、奇花，曲径约隐于天水连绵之中，通往湖区各处。《承德府志》："静寄山房，环澄湖，踞平阜，邃宇穆然渊静，宛在水中。又内为莹心堂，额曰閒止。又内为湖山罨湖。门南向，榜曰月色江声。"月色江声和静寄山房一区建筑，始建于康熙四十二年（公元1703年），整个建筑前后错落，分布在一个中轴线上。自南而北濒临湖滨的是门殿。康熙御题额曰月色江声。面阔五间，进深一间，卷棚歇山顶。"月色江声"一般认为取于苏轼的前后《赤壁赋》。前赋："少焉，月出于东山之上，徘徊于斗牛之间，白露横江，水光接天。纵一苇之所如，凌万顷之茫然。"后赋："复游于赤壁之下，江流有声，断岸千尺，山高月小，水落石出。"月色江声之句寓意于此，在月色江声门殿前，碧波荡漾，垂柳成荫，景致极佳。门殿两侧周匝而北，中为静寄山房正殿，面阔七间，进深二间。在静寄山房之北有夹琴轩，面阔三间，进深一间，卷棚歇山顶，东侧有面阔三间，进深一间卷棚歇山顶侧亭一。又北，正中为面阔五间进深一间卷棚歇山顶的湖山罨画，两侧各有东西配殿五间。皆康熙题额。在各建筑之间以长廊相通，庭院之内假山叠砌，花卉芳香，松、槐、杨、柳参差其间。在静寄山房之后门外有积翠亭，已不存。原有鱼矶，乃宫中后妃们垂钓嬉戏之所。这些景物的配置皆采取南方园林艺术布局的特点。

静寄山房是康熙、乾隆、嘉庆几个皇帝读书的地方。高宗（乾隆）、仁宗（嘉庆）都有御制诗。高宗用"碧草白沙步野塘，槐荫还有读书堂。人生而静天之性，山古以深日亦长"来形容这里的景物特征，突出一个"静"字，又可证当时山房附近堤岸之侧遍植槐树，浓荫翁翳。

2. 冷香亭

在静寄山房之西南一带，有方亭一座，卷棚歇山顶，乾隆题额曰冷香亭（图版55）。

冷香亭是乾隆三十六景第十二景。此亭于静寄山房之侧，临水东向，曰冷香亭。取山庄内荷花深秋未落与晚菊寒梅同韵，意热河山庄荷花较内地晚凋，已进深秋仍莲蕊怒放。因山庄荷取耐寒晚谢之故，可与晚菊寒梅相比拟。在冷香亭的北面有面阔三间进深一间的夹琴轩一栋。冷香亭、夹琴轩和月色江声之间皆以长廊相连。冷香亭的特点，在乾隆《御题再题三十六景诗》中有"四柱池亭绕绿荷，冷香雨后袭人多。七襄可试天孙锦，弥望盈盈接绛河。"到了深秋以后，亭前湖面的荷花还在迎日妍放，荷枝满湖，芳香宜人，确实体现了"亭枕莲塘玩水芳，十分花草五分凉"的诣境。

在月色江声沿湖堤岸，极目四望，北面金山，西对如意湖和芝径云堤，西南仰望万壑松风，东临水心榭，朱梁彩栋掩映于湖面之中，既可于此亭中闻到湖中袭人的莲荷浮萍之香，又可于夹琴轩听到松涛水波之声，真是天光水影一览尽收，堪为庄内胜境。

3. 新所

位于静寄山房之东北，隔湖溪有桥可通。现只存殿一楹，南向。原面阔进深皆不详。曾为少年宫所利用。

（七）芝径云堤

1. 芝径云堤

芝径云堤是康熙三十六景第二景，始创于康熙四十二年（公元1703年）。由万壑松风之前北行，直达如意湖滨，过木桥（即今万壑松风桥）即是（彩版12）。芝径云堤是湖区包括如意湖，上、下湖各主要风景点的观赏线，是康熙时期，玄烨开辟避暑山庄，开凿和疏导湖区的最初着眼点。也是康熙皇帝亲自动手设计的。它似是一把钥匙，由于设计得当，整个湖区的各个借景、对景就全盘灵活起来，富有生气。康熙诗中的"命匠先开芝径堤，随山依水揉辐齐"可见开凿芝径云堤，对于修建和安排避暑山庄的山山水水各苑景是颇为重要的。《承德府志》："由万壑松风之前北行，长堤蜿蜒，径分三洲，若芝英、云朵、如意。堤左右皆湖中，架木为桥，南北树宝坊，湖波镜影，胜趣天成。"这座堤是仿杭州西湖苏堤的形制，夹水为堤，曲如芝径，逶迤曲折，径分三支；东北一支通月色江声，形似云朵，亦曰云朵洲；中径即芝径云堤主干，通形同如意的如意洲；偏西一支为芝英洲，即采菱渡，形成造园规制的所谓"一池三山"。三洲大小不一，地势凹凸不平，也不是在一个水平线上，因此各有不同的富于起伏变化的借景。所以各洲之名皆以形近灵芝而取其名，如意洲者形似如意，云朵洲者形如彩云之朵，芝英洲若灵芝之叶。芝径云堤全长约一里左右，宽可丈余，宽窄因地形之变化而异，上铺石阶。

在芝径云堤通往如意洲的两湖相交处架木为桥，桥两端树宝坊，北坊已恢复。堤侧湖水微波荡漾，堤岸垂柳成荫，平沙如席，芳草似锦。东山的磬锤峰，南面的万壑松，山影湖光，尽入眼腹。芝径云堤是康熙、乾隆皇帝最喜欢的苑景之一，也是目前游人向往的胜境。

2. 采菱渡

采菱渡是乾隆三十六景第十三景（图版56、57）。位于芝英洲这个面积不大的小岛上。岛身凸入如意湖中，且有岗丘起伏，富于变化。这里平茵幔地，奇花斗妍，风景绝佳。在洲上构有园亭和殿堂各一。《承德府志》："湖（如意湖）之南有小洲，构亭，其溜如一笠，新菱出水，带露紫烟，亭后殿三楹，曰环碧。"即亭子之形制如一圆形竹笠之侧影。恢复后整体建筑布局是：亭之西有南向门殿三楹，其后东面殿五楹，为"澄光室"西侧跨院石券拱门，门楣，南镌"用翠"，北镌"袭芳"，入券门为硬山式殿堂三间。康熙御题额的"环碧"门券刻石皆原作。采菱渡亭前，每当夏季新菱出水，也正是荷花满园之际，菱角、浮萍，横溢湖面，极富赏玩情趣。高宗《御制再题三十六景》有："菱花菱实满池塘，谷口风来拂棹香。何必江南罗绮月，请看塞北水云乡。"采菱渡是当年乾隆皇帝和后妃们观景的佳处，也是泛舟荡湖的重要风景点之一。

（八）如意洲

如意洲以其形似如意而得名，是避暑山庄中最大的一处苑景，其中包括康、乾各景中的最多建筑组群。其位置在如意洲之东北面，从云朵洲的静寄山房（月色江声）西北行穿过双湖夹处的木桥即可到达；另一路是从芝径云堤桥北行可直抵其处。如意洲是避暑山庄的主要风景点之一，地势变化复杂，其比云朵洲和北面青莲岛地势高亢，洲岛之上岗峦起伏，径曲迂回，苍松翠柏，高接上穹，挺拔峻峭，景间叠石为山，花木丛生，芳草如茵。各景和建筑之间皆以长廊相连，间隔短小界墙，区分苑景，全部是采取南方园林手法，变幻莫测。

如意洲岛是在开凿如意湖、澄湖（青莲岛北）和上湖（芝径云堤东湖）时所挖取泥沙，用以优秀匠师精心安排，堆成许多丘陵，丘陵上广植苍松翠柏，垂柳槐榆。而各苑景建筑却安排在各丘陵之间的平坦之处，或依山面水，构木为屋，或宛在湖中，架木为桥，或半抱水面巩亭观赏莲荷、微波，或叠石为山，勾栏玉栋，屏蔽相间，使苑景增加层次的变化。但是，这些畜于变化的建筑，由于颇具匠心的巧妙安排，从岛外是不能窥其全貌的，只是在远隔水面的万绿丛中披露山间峭起的朱色檐牙而已。

如意洲的景苑，主要包括有无暑清凉、延薰山馆、水芳岩秀（乐寿堂）、观莲所、金莲映日、云帆月舫、西岭晨霞、沧浪屿（法林寺）、般若相、一片云、清晖亭、澄波叠翠、如意湖、芳渚临流等。如意洲是目前避暑山庄中保存最为完整、苑景最多的一处。

1. 无暑清凉

无暑清凉是康熙三十六景第三景（图版58）。它是如意洲的主要景区，基本位于如意洲的中轴线上，也是如意洲的门殿。《钦定热河志》："芝径云堤东北，洲曰如意，建殿三重，第一重面南，为门五楹，圣祖题额曰'无暑清凉'四面背水，门当其前，广厦洞辟，不施屏蔽……人天胜境。"无暑清凉是一处面阔五间进深一间，卷棚硬山顶的殿堂。"广厦洞辟，不施屏蔽。"门前临湖，水面芙蓉朵朵，堤岸垂柳成荫，门前曲径幽深。行迹莫测。康熙皇帝晚年最喜于此避暑，额曰"无暑清凉"。在圣祖《御制三十六景》诗中有："畏景先愁永昼长，晚年好静益彷徨。三更退暑清风至，九夏迎凉称物芳。"盛夏七月温度可达22～24℃，确是山庄避暑消烦的佳处。

2. 延薰山馆

在无暑清凉门殿之后第二重,南向,康熙御题额曰"延薰山馆"(图版59、60)。属康熙三十六景第四景,始建于康熙四十二年(公元1703年)至康熙四十七年(公元1708年)。延薰山馆为如意洲的正殿,康熙早期御座。面阔七间,进深三间,卷棚单檐歇山布瓦顶,前包厦后出廊。不施彩绘,不设丹青,以敦朴风雅为特。康熙御制诗中有"夏木阴阴益溽暑,炎风款款守峰衔。山中无物能解暑,独有清凉免脱衫"之句。"延薰"二字各家取意注解不同,《吕氏春秋·有始》解释:"东北曰炎风,东方曰滔风,东南曰薰风。"诗中的款款附和风不断吹来之意,即薰风延绵不绝。康熙和乾隆两帝,每于盛夏酷暑之时,于此谒见蒙古王公大臣,是苑内的别殿之一。在延薰山馆之东西两侧,各有配殿五楹,皆卷棚歇山顶。

3. 水芳岩秀(乐寿堂)

在延薰山馆之后的中轴线上,即水芳岩秀,它是如意洲第三重殿(图版62;彩版13)。水芳岩秀又名乐寿堂。水芳岩秀是康熙三十六景第五景,建于康熙四十二年(公元1703年)至康熙四十七年(公元1708年)。这是一座面阔七间,进深三间,前后带有抱厦的平面布局为十五间的大殿,卷棚歇山布瓦顶。《钦定热河志》说它是"位如意洲深处,镜波绕岸,瑶石依栏"。康熙皇帝常闲暇读书其中,额曰"水芳岩秀"。殿中有乾隆题额,曰"奉三无私"。殿之东阁额曰"随安室"。乾隆时期为了给皇太后祈祷长寿,仿北京紫禁之制改为乐寿堂。但皇太后不久病逝(皇太后于乾隆四十二年病逝),乐寿堂也就成了乾隆皇帝的一场虚望,徒有其名而已。

康熙皇帝御制水芳岩秀诗中有:"水性杂苦甜,水芳即体厚。名泉亦多览,未若此为首。"山庄内湖水甘甜,人饮少疾,位列塞外诸泉之首,可做饮馔。这是康、乾以来,诸帝嗜欲求生和延年益寿的妙道之一。水芳岩秀是以赞美山庄之水而得名的。

无暑清凉、延薰山馆和水芳岩秀(乐寿堂),是康、乾、嘉几个皇帝在塞外避暑时的主要活动场所,除了在这所别殿里接见蒙古王公、大臣、少数民族政教领袖外,有清一代的一些儒臣词伶也多入宫和皇帝一起一和地吟诗作赋,现庭内古松参天,花似锦簇,岩芳水香,情趣宜人。

围绕着如意洲延薰山馆左右展开的苑景是西面以金莲映日为主的五处小景区,东西以般若相为主的四个景区,在东西两侧前后交错的分布着。现分别叙述。

延薰山馆以西各组苑景:

4. 观莲所

观莲所是乾隆三十六景第十四景(图版61)。在延薰山馆西南近水堤旁筑一面阔进深各三间的崇亭一座,卷棚式歇山顶。亭南向,有石踏直达水面,中悬圣祖(康熙)御题额曰"观莲所",联曰"能解三庚暑,还生六月秋",乾隆乙丑观莲所诗"亭亭写照镜池宽,微露承晖意未阑。应是范仙具神解,每留颜色待人看"。亭前湖面上芙蓉万柄,鸥游上下,秋风过处,异香迎面。乾隆最喜此景,每于此处,多所吟咏。

5. 金莲映日

金莲映日是康熙三十六景第二十四景(图版63)。有殿五楹,建于康熙四十二年(公元1703年)至康熙四十七年(公元1708年)。位于延薰山馆之右(西),观莲所之北,是取景于旱金莲花。西向,前具抱厦,卷棚式歇山顶,康熙手书额曰"金莲映日"。谓旱金莲花花出五台,多生于华北地区的高寒地带，康熙皇帝命将其移至山庄之内，拓庭数亩，植金莲花数万株，每当夏日，金莲盛开，如意洲上如黄金铺地，金彩鲜明，艳映夺目。康熙五言律诗有："正色山川秀，金莲出五台。塞北无梅竹，炎天映日开。"是处为欣赏金莲花之所。

在金莲映日之北侧，构筑面阔三间进深一间的配殿一楹。乾隆题额曰"川岩明秀"。南侧还有配殿五楹。

在金莲映日和延薰山馆之间皆有很长的游廊相通。

6. 云帆月舫

云帆月舫是康熙三十六景第二十六景。位于如意洲、延薰山馆和金莲映日之西，圣祖康熙额曰"云帆月舫"，"前挹湖波，后衔沙渚，波平风软，宛然水际，虚舟也"，三面抱湖于水面之上。这组建筑，据记载，依仿舟形，以石作室，室上为楼，面北。在舫的周围砌以白石栏杆。舱楼结构。玲珑别致，牕牖豁达，可以登楼远眺。现在，这座石舫早已不存。推其形制应和颐和园之清晏舫相似。云帆月舫和如意湖北岸的青雀舫相对，是避暑山庄中园林艺术"对景"配置的又一实例。

7. 西岭晨霞

西岭晨霞是康熙三十六景第十一景。原建筑早已不存。据《钦定热河志》："自云帆月舫右行，杰阁岧然，临波面岫，紫霞晨映。"

锦草绣错，十色五光，难以名状。可以看出西岭晨霞的位置，大体是在延薰山馆的西侧，具体位置，由于云帆月舫是面北，所谓"右行"即是在舫北的右前侧，与即金莲映日之北。这是一所由面西五楹，开间前出重檐抱厦，以巍峨巨阁为主组成的一组建筑群，回廊相通。康熙有《御制三十六景诗》："雨歇更栏斗柄东，成霞聚散四方风。时光岂在凌云句，寡过清淡宜守中。"西岭晨霞，确实体现了乾隆壬申御制诗"窗户含西岭，晨霞与可称"描述的这组苑景的原来特点。今存基址。

8. 沧浪屿

沧浪屿在西岭晨霞之北，即延薰山馆西北面的池屿之上。据《钦定热河志》："屿不满十弓，而峭壁直下，有千仞之势，中为小池，石发冒池，如绿云浮空。由西岭晨霞阁后沿绿阶而下，有室三楹，窗外临池，四周石壁，空嵌，含谷豁间。后檐北向，恭悬圣祖（康熙）御书额曰沧浪屿。"现在，沧浪屿这组小巧别致的苑景已经部分恢复。其布列情况，包括前庭和屿池两部分。南面为垂花门，进入前庭，曲径幽深，直达正殿，殿三楹，面北有长廊殿堂坐落在水面之上，前有幔水石阶，屿池在正殿之北。深下现地面1.5～2米即达水面，池作半圆形，西、北、东三面叠石为山，犬牙交错，如笋如林。石间老藤攀缘，阶下苔痕紫绿，确有绿云浮空的感觉。溥水亦石隙中如帘壁垂珠，喷入水池之中。正殿左右和南面搭以石阶蹬道，并以纵屿的假山为借景，远观之隐而不露。屿内池水，清澈透底，荷萍浮于水面，极富情趣（彩版14）。

沧浪屿原为康熙所建，乾隆十九年把它列入乾隆三十六景中的第十七景，多乾隆手书文。

9. 如意湖

在如意洲之西的广大水域为如意湖。在如意湖的南端，即从观莲所到芝径云堤曲径之西，即如意湖西岸丘陵之侧，半抱湖面形似芝英之半的小岛上作小亭一幢，曰如意。《钦定热河志》："如意湖，作亭于湖隈，东向，前临如意洲，左则芳渚临流。圣祖（康熙）御题额曰'如意湖'，亭始建于康熙四十二年（公元1703年），芷岸荫林，苔阶漱水……，逶迤作芝英之半，由亭而西为芳园居。"现在，这座作为如意湖代表的如意湖亭已经完全恢复，方形，面阔一间的小亭子单檐四角攒尖歇山顶，四出抱厦的平面十字形敞亭。面东向。如意湖亭和对面的芳渚临流亭相对，形成如意湖中东西对称相呼应的一组"对景"，是泛洲荡湖凭赏湖上风光的佳处（图版64、65；彩版15）。

10. 芳渚临流

芳渚临流是康熙三十六景第二十七景，建于康熙四十二年（公元1703年）至康熙四十七年（公元1708年）。位于如意湖之西岸，由万壑松风西行稍折而北，旁湖一区有四角形方亭一座，南向。康熙御题额曰"芳渚临流"。亭左偎湖，旁叠巨石假山，夹岸灌木丛翁，湖面清流侧影，地面芳草如织。此亭之特点是，坐此可以观赏山庄内湖面之大半，远处的湖光山影，遥遥在目。康熙诗有："堤柳汀沙翡翠因，清流芳渚跃凡鳞。数丛夹岸山花放，独坐临流惜谷神。"乾隆壬申恭和诗有："孤亭踞悬岸，座俯水晶宫。曦影错金碧，春流泛紫红。塞情闲入古，川气冷随风。来者为谁氏，维诗咏不穷。"反映了这一苑景的特点。在这一岸堤之侧，除隔湖东与如意湖亭相对之处，它确是一座孤亭，但因地尽西山，地势高亢，可依此俯瞰湖区之全貌（彩版16）。

延薰山馆以东各组苑景：

11. 法林寺（般若相）

法林寺又名般若相，是乾隆三十六景第十六景，始建于康熙四十二年（公元1703年）至康熙四十七年（公元1708年），是避暑山庄内时间较早的一座皇家寺院（图版66）。已于近年恢复。寺在延薰山馆以东岗丘起伏、曲径幽深之后，筑有四合院式的精舍一区，名之曰法林寺，由于正殿题额为般若相，故名。般若，梵语。《钦定热河志》："清晖亭西，精舍一区，南向，中奉佛像，额曰法林寺，内殿三楹，额曰般若相，皆圣祖御题。左右殿各三楹，后殿七楹。"按此组建筑，现坐北向南，前具垂花门，康熙御题额曰法林寺，中甬路直达正殿。正殿面阔三间进深一间，卷棚硬山顶，中奉佛像，康熙题额曰般若相。左右为东西配殿，东配殿下供龙王，西配殿供雷神。在般若相大殿的后面还有面阔五间，进深一间的后殿一层，左右也有东西配殿，内奉佛像不清。乾隆御制诗有："雁堂小筑竺招提，狮子林如画出倪。无相相中真实相，梵称般若岂无稽。"

般若相一处典型的汉式佛寺形制，但表面确是一处苑景。布局玲珑小巧，结构别致。后妃们多于此瞻仰、祈福。

12. 清晖亭

清晖亭是乾隆三十六景第十五景。亭子早年被毁，存基址。《钦定热河志》："如意洲东临水一亭，垂杨彼岸，亭角出柳荫中。圣祖题额曰清晖亭，寓意谢灵运诗，所谓清晖憺娱人也。"在如意洲东南角，临水建亭，堤岸上绿柳成荫，亭翼出柳荫中，有清旷绝尘之趣。是观赏上湖风景的佳处。

13. 澄波叠翠

澄波叠翠是康熙三十六景第三十景。《钦定热河志》："亭三楹，北向，在如意洲之阴，圣祖（康熙）御题额曰澄波叠翠。"和清晖亭南北相对。从亭内远眺，东面奇峰叠起（指磬锤峰），千松壁立，湖光一瞥，远极天边。近景金山，掩映水面，情意盎然。圣祖（康熙）《御制三十六景诗》："叠翠纵千仞，澄波属紫文。鉴开倒影列，反照其氤氲。"又有："峰翠落湖心，悠然意与深。游鱼欣觅树，飞鸟迟为林。"特别是前两句诗，基本概括了澄波叠翠这一苑景的特点。

14. 一片云

一片云是乾隆三十六景第十八景。《钦定热河志》："一片云，山庄在五云中，人间尘土不到。"由延薰山馆再折而东一组建筑，圣祖御题额曰"一片云"即是，前面是南向的面阔五间进深一间的前殿（前堂）。过前殿后即为一片云楼，楼两层，分东、北两面。东楼面阔七间，进深一间。正面（北）为一片云主楼，面阔五间，进深一间，南廊北厦，卷棚硬山顶。在一片云楼的院中有重檐卷棚歇山顶戏楼一座，名"浮片玉"，是帝、后、王公、大臣们的赏戏之所。夏秋之际，山庄内云气变幻莫测，每阴云乍起，纷郁轮囷，极尽恬静幽深之趣。乾隆皇帝《再题三十六景诗·一片云》："白云一片才生岫，瞥眼岫云一片成。变幻千般归静寄，无心妙致想象明。"说明了一片云这组苑景是以观赏山庄内云气变化为特征的苑景的自然特点（图版67、68）。

15. 双湖夹镜

双湖夹镜，属康熙三十六景第三十三景。在如意洲西北一桥，即澄湖和如意湖相接处。澄湖自东北而西南，汇山泉总为一大湖，夹水为堤，架木为桥。堤桥左右分一湖为二，北为澄湖，南曰如意。现已恢复，桥为石砌。跨桥树宝坊二。其北面宝坊上有康熙御题额曰"双湖夹镜"。康熙《御题三十六景诗》中的"长桥界平渚，双镜怡连波"，从湖的角度形容双湖如镜相夹，水波连荡的景色奇观（彩版17）。

16. 长虹饮练

长虹饮练是康熙三十六景第三十四景。在长桥之南与双湖夹镜对峙之宝坊，康熙御题额曰"长虹饮练"。谓"湖光澄碧，一桥卧波，桥南种敖汉荷花万枝，间以内地白莲，锦错霞变，清芬袭人"，形容宝坊之四境景观。又《承德府志》："每当雨霁蜺横，芙叶万柄，随风摇漾，两岸烟澜渺弥，弥望如一。"此意在于描写双湖之上的一桥飞架，有如雨后垂虹天际，鸥波浮游水面，幻若神境（彩版18）。

（九）烟雨楼

1. 青莲岛

在如意洲之北，有一个小岛，周以青莲环绕，面积不大，直径可达150米左右，名之曰青莲岛。青莲岛和如意洲之间一水相隔。岛的地势较如意洲为低下，环绕在澄湖水面之中。澄湖是山庄湖泊中最北的一处，佳景颇多，而以青莲岛之烟雨楼为最。

岛四周古松参天、青杨翁蔚，古建筑廊庑漫回，檐牙高起，朱梁绿宇，巧夺天工。配以玲珑叠翠的山、石、台、榭，可以称得是山庄内之胜地。

2. 烟雨楼

青莲岛上的主要建筑是以烟雨楼为主的一组建筑群。它是一处保存极为完整的景苑。《承德府志》："烟雨楼，如意洲北，旧名青莲岛，建楼五楹，四面临水，一碧无际，高宗御题额曰'烟雨楼'，楼外构屋三楹，曰青杨书屋，溪旁构斋曰'对山斋'，山顶有亭曰'翼亭'。"在青莲岛和如意洲相接处，木桥屈曲，长可数十步。过桥石阶铺砌，即为烟雨楼之门殿，门南向，卷棚式歇山顶，面阔三间，进深一间，甬路直达烟雨楼。楼面阔五间，进深二间，两层，卷棚歇山顶，周有回廊。在二层楼的正面，悬乾隆御题"烟雨楼"匾额，金碧辉煌（图版69~73；彩版19）。

3. 青杨书屋、对山斋

在烟雨楼的东西两侧，各有面阔三间，进深一间，东西配殿一，东面名之为"青杨书屋"，西向。

西面近湖旁为"对山斋",南向,烟雨楼周临水面,构筑白玉栏杆。

4. 翼亭

在烟雨楼的东北角有顶作八角攒尖式敞亭一座,相对的东南角有四角方亭一座。八角亭和四角亭原皆有名,今佚。在烟雨楼的西南,以巨石叠成假山,洞府迂回。东南石蹬盘道,直达山巅。山顶筑一六角敞亭,名曰"翼亭"。

烟雨楼是澄湖的制高点,牖牗四达,是眺望北面试马埭、万树园、六和塔,东面的热河泉和金山绝佳之处。每于夏秋之季,阴雨连绵,烟雨楼台、云容水态,交互变幻,隐而复现,极富诗情画意。在烟雨楼的东南,青莲万顷,芙蓉含苞,婷袅水面;楼东北浮萍点点,再远则蒲苇丛生。站立在西南翼亭之上,极目四望,十数里外,湖光山影一入眼帘。

烟雨楼是清乾隆皇帝数次南巡,见到浙江嘉兴县鸳鸯湖中五代吴越王钱元璙修的烟雨楼,设计精巧、别致,遂摹绘之,一贮内府,一存浙江。并于山庄内肖图兴建。乾隆四十五年(公元1780年)兴建,乾隆四十六年(公元1781年)完成。山庄内之烟雨楼较之嘉兴烟雨楼景观更富于变化,可谓胜似前谟。乾隆、嘉庆皆有御制诗《题烟雨楼》或《登烟雨楼》作。今摘乾隆《题烟雨楼诗》一首:"携图去岁兴工始,断手今年藏事勒。数典不知自元璙。赓诗更以忆陈群。最宜雨态烟容处,无疑天高地广文。欲胜南巡冯赏者,平湖风递芰荷芬。"这里,乾隆用以诗纪事的形式把山庄中的烟雨楼的兴建缘起,风景特点都要惟妙惟肖的描绘了出来。烟雨楼之规模不亚于文园狮子林,两地都耗费了大量地人民血汗,据乾隆四十三年、四十七年清内务府《奏销档》的不完全统计,烟雨楼和文园狮子林(当时只是始建)就耗费白银十一万三千零十八两。

(十)金山

金山在澄湖东南侧的一个孤岛之上,西对如意洲,南望月色江声,北瞰热河泉,四面环水,是人工以巨石叠砌的山峰。东面山阜下、南北皆架石为桥,今存南桥,曲径北通热河泉,南达静寄山房。澄湖水自金山脚下东抵银湖。

金山是在澄湖之侧,以巨石叠砌成一巨阜,巍峨壮观,山石陡峭、俊秀,如壁如林,山间蹬道盘转,曲而复直,变化莫测。金山顶上的建筑包括天宇咸畅和镜水云岑两组,是康熙皇帝南巡时,见到江苏镇江金山妙高峰,景色秀丽,建筑奇伟,因择良工命于山庄之内仿建。这组景苑布局灵活,亭台楼阁点缀于奇岩怪石之间或山间平坦之处,四周湖波荡漾,完全是一派江南秀丽景色。在峡流溪谷之间,泉水淙淙,古松桧柏,一片荫翳。每当盛夏,于此避暑,轻风拂面,凉爽宜人(图版74~78)。

1. 天宇咸畅

天宇咸畅是康熙三十六景第十八景,始建于康熙四十二年(公元1703年)至康熙四十七年(公元1708年)。在巨阜顶端平台的南部,构大殿三楹,殿南向,面三进二,围廊周匝,卷棚歇山顶。康熙御题额曰天宇咸畅。天宇咸畅是这一座建筑的主殿。在天宇咸畅北面又隆起一高台,上筑巨阁一座,曰上帝阁。一般称此为"金山亭"。实际"金山"题额不在此,而在镜水云岑一组建筑群中。阁分三层,六角攒尖顶,面南。第一层匾额曰"皇穹永佑";第二层匾额"元(玄)武威灵",内祀武真大帝;第三层匾额"天高听俾"内奉玉皇。额皆康熙御书。此阁是避暑山庄湖区的制高点。特别是立于三层阁之上,凭栏远眺,如身置层霄紫汉,湖光山影,玉宇朱栏,千松万壑,积翠中天,塞苑胜境,皆归一览。康、乾、嘉为了赞赏金山上的优美风景,皆有《天宇咸畅》诗行于世。中以仁宗(嘉庆)

《御制天宇咸畅》诗为最：

> 制仿金山纵翠螺，三层杰阁建巍峨。
> 秋雨乍卷千峰雨，霁景半开万顷波。
> 映日陆离洺锦浪，披襟高爽立崇阿。
> 援时日又欣符愿，咸畅西成富采禾。

该诗大体反映了金山这组苑景制仿镇江妙高峰的一些特点。

在金山亭和天宇咸畅之间，长廊幔回。自天宇咸畅石蹬如阶梯而下，爬山廊也沿势斜下直抵沿湖布置的一组苑景建筑镜水云岑。

2. 镜水云岑

镜水云岑是康熙三十六景第三十二景。近年已经恢复。《钦定热河志》："镜水云岑，殿五楹，在天宇咸畅阁下，西向，圣祖（康熙）御题额曰'镜水云岑'。"此殿依山面湖，长廊周匝，殿前近水，石堤宛如环玉，水周三面曲廊外布，回环合抱如半月形，远望如紫金浮玉，混耀水面，曲廊正面是与正殿平行的门廊，起前殿的作用。飐膧豁达，壮丽无比。康熙题额曰"金山"，在镜水云岑南侧有爬山廊达山顶之天宇咸畅，北侧有四角方亭一，名曰"芳洲"。此二景匾额皆乾隆手书。在弧形的长堤之上，汉白玉石栏杆，环列如屏，长堤之下有船坞一所，石阶直步水面，可于此登舟泛游湖面。

在金山四周皆有叠石蹬道，攀缘曲折，亭台小桥点缀其间。东北面两岩相抱，夹流溪谷之间古松桧柏一片荫翳，泉水凛冽直泻，淙淙有声。每当炎夏，于此避暑，轻风拂面，倍加清爽。

（十一）热河泉

1. 热河泉

热河泉在避暑山庄湖区的东北一角，是热河的发源地，也是"热河"这一地名的来源。即以水得其名，其历史较承德为久。其地是在碧波万顷的澄湖北侧，向东凸出如一港湾形，水下清泉涌出，清澈透底，深可丈余，严冬季节，鼎热沸腾，经年不结、不涸。堤岸垂柳丛碧，浓郁密布。在泉水喷发盛处的东南一角近堤岸处，山石翠叠，前一巨石矗立，上刻"热河"二字（原可能为康熙手书，传此系后人补刻）。在热河泉的背面方石叠筑成长25、宽5、深6米左右的船坞一处，名之曰东船坞，是泛舟游湖的码头。在横跨热河泉的南北曾架木桥，南通香远益清、苹香沜，北通万树园（图版79；彩版20）。

2. 香远益清

香远益清属康熙三十六景第二十三景，位于热河泉之西南丘陵和树之深处。南依金山，面向澄湖，西北隔水直对万树园。现在这组建筑早年已毁，现基址已被清出，露于地面。根据《钦定热河志》："香远益清，在万树园东南，金山之阴，构殿数重，曲沼涟漪，凉轩明净，绿房紫菂，芳菲袭人。前五楹，圣祖（康熙）御题额曰'香远益清'……后殿三楹额曰'紫浮'，稍西置八楹额曰'依绿斋'皆圣祖御题。斋左有亭，高宗（乾隆）御书额曰'含澄景'。"从承德府志及热河志中记载可以看出香远益清一组苑景的安排，按一般规律是南向的，基本包括南向门殿五楹，曰香远益清，后殿三楹曰紫浮，稍西又有八楹联殿曰依绿斋，皆康熙手书题额。在依绿斋之左（东面）有亭子一座，乾隆手书额曰含澄景。在斋、殿、亭、阁之间连一长廊。康熙三十六景诗《调寄柳梢青》：

> 出水涟漪，香清益远，不染偏奇。沙漠龙堆，青湖芳草，疑是谁知。移根各地参差，归何处，那分公私。楼起千层，荷占数顷，炎景相宜。

可以看出香远益清这组建筑苑景，主要是观赏这里碧波万顷水面的出水涟漪和万柄莲花。另乾隆《御制三十六景诗》有："春光六月天，照影濯清莲。逸韵风前别，生香雨后鲜。扬猗明塞日，标倩暗溪烟。松岛莲花寺，空闻十景传。"概括了香远益清一组苑景的基本特点。

3. 蘋香沜

在东船坞西南堤侧，是乾隆三十六景第十九景。建于康熙四十二年（公元1703年）至康熙四十七年（公元1708年），隔热河泉（澄湖弯处）南与香远益清相对，现建筑已恢复，其自然形胜仍存。《钦定热河志》："万树园之东南，湖水分流，出依绿斋后，一鉴澄澈，中多青苹丰茸浅蔚，每微乍起，清香袭人，水滨殿三楹，南向。圣祖御题额曰'蘋香沜'。"可以看出蘋香沜是一所滨湖的三楹门殿，是观赏湖中蘋香之所。新恢复后的蘋香沜，门殿为三间悬山步瓦顶，殿后为一单檐四角攒尖式方亭，是为主体建筑，北为垂花门。高宗乾隆《御制三十六景诗·蘋香沜》："香气摇荡绿波涵，花正芳时伏数三。词客关山月休怨，来看塞北有江南。"每夏三伏酷暑之际，湖面绿波荡漾，苹花正芳，清风徐来，香气袭人（彩版21）。

4. 灵泽龙王庙

灵泽龙王庙，在澄湖之北。《承德府志》："在山庄内湖北岸，东向，恭祀龙神，上悬圣祖御书曰'灵泽'。高宗御书额曰'润沃濡源'。湖水（应为武烈河水）从东北入宫墙，汇为太液，澄流衍泽，润被塞堰，盖龙之为昭昭云。"灵泽庙的具体位置和建筑情况，已不得而知。现一般人推其位置应在文津阁和梨树峪口之间。另一说法在千尺雪之北，似以前说为确。

（十二）澄湖以北各景

澄湖是山庄湖泊中最大的一处，平面旋湾，东起月色江声，中经如意洲，西达长虹饮练、双湖夹镜以北一线。金山、如意洲、热河皆属澄湖范围。此处所要叙述的是澄湖之北的四亭及其以西各景。湖北各景，接近万树园、试马埭等平原区域，苑景风趣且多变化。

1. 甫田丛樾

甫田丛樾是澄湖北岸最东一亭，东近蘋香沜，傍近瓜圃（御瓜园）、万树园，是康熙三十六景第三十五景。建于康熙四十二年（公元1703年）至康熙四十七年（公元1708年），已经恢复。这是一座四角攒尖式单檐方形敞亭，因其地近平原，茂木旷如，麋鹿、狍、獐充斥其间，是一处天然佳圃。康熙御题额曰"甫田丛樾"。康、乾、嘉三帝皆赋诗篇于此。康熙《御制三十六景诗·甫田丛樾》："留憩田间乐，旷观恤间闾。丛林欣赏处，遍地豫丰占。"寓意于田园之乐，到处是丰占意境。"甫田"典故出《诗经·齐风·甫田》"无田甫田，维莠骄骄"，留杯亭之北，瓜圃之西，平原如掌平草茂木。嘉庆诗有："绿毯绣平原，佳名万树园。枝柯真茂密，雨露久滋蕃。渐觉松阴满，又看枫叶翻。本根仍畅达，生气四时存。"可以看出甫田丛樾主要是借景以树木，观赏绿草如茵，枝柯繁茂的万树园。但亭在澄湖之侧，湖水恬静碧澈，托琼楼玉阁，侧影于水中的静寂气息和亭北万树园粗犷气氛形成鲜明对比（图版80）。

2. 濠濮间想

濠濮间想是康熙三十六景第十七景，建于康熙四十二年（公元 1703 年）至康熙四十七年（公元 1708 年）。早年恢复。位于澄湖之北，莺啭乔木之西面，南面直对如意洲。在堤岸构一封闭式小亭，其形制为六角攒尖式。康熙御题额曰"濠濮间想"。亭前水木明瑟，鱼鸟因依于濠梁之间，亭周古木参天，是各种奇禽异鸟栖息戏鱼啄食之僻静所在。康熙《御制三十六景诗》有："茂林临止水，间想托身安。飞跃禽鱼静，神情欲状难。"可以看出这组苑景的特点，主要是围绕禽鸟这个主题而设置的（图版 82）。

3. 莺啭乔木

莺啭乔木属康熙三十六景第二十二景，建于康熙四十二年（公元 1703 年）至康熙四十七年（公元 1708 年）。位于澄湖北，濠濮间想亭的西面，已经恢复，是一座八角形卷棚顶敞亭。《钦定热河志》："亭当万树园之阳，翠干凌云，浓阴密布，圣祖御题额曰'莺啭乔木'……近俯清波，远连丛樾，和风澹沱，载好其音，响时之鸟，荫托上林。"该处是围绕着这里的莺声鸟语所设置的一处苑景。亭西北灌木丛蔚，禽鸟窃窃私语，湖波荡空，情趣别致。乾隆《御制三十六景诗》："山深悦鸟性，乔木早迁莺。最爱清和节，频闻睍睆声。双柑思旧韵，一部锡新名。奇案观宵雅，嘤嘤倍有情。"勾画出这所景苑的一些特点（图版 81）。

4. 水流云在

水流云在，在澄湖北岸，东近莺啭乔木，是澄湖北岸四座亭子的最西一亭。圣祖御题额曰"水流云在"，属康熙三十六景第三十六景。建于康熙四十二年（公元 1703 年）至康熙四十七年（公元 1708 年）。此亭已恢复，是一座重檐四角形，四面出有抱厦的敞亭。根据《钦定热河志》《承德府志》的《避暑山庄图》，亭子的形制为八角形有回廊的敞亭。近年恢复的八角亭则无回廊。于以观赏澄湖风光，远处云峰高举，碧雾千重，亭榭绰窕，天水一线，湖水、流云的千姿百态情景。《钦定热河志》："水流云在取于杜甫诗'水流心不竞，云在意俱迟'句。"康熙《御制三十六景诗》："雨后云峰澄，水流远日凝。岸花摧短鬓，高年寸寸增。"观看这里流逝的云容水态，流露出他高年寸增，年华流逝，伤感之情（图版 83）。

5. 临芳墅

临芳墅、知鱼矶和青雀舫三景相连构成的一处独立苑景。临芳墅属乾隆三十六景第三十二景。在水流云在之西，长虹饮练、双湖夹镜之左。关于这组景苑的构成，《钦定热河志》："临芳墅，水流云在亭之隔岸西折而南，临芳墅在焉，为殿五楹，其西楹联曰'岸花霭露满，湖漾月波宽'，为圣祖御笔，左右则曲渚回汀，药栏荷诏，咸吐秀于晨风夕露间，乾隆题额曰'临芳墅'。"辛巳七言诗："别墅萧间碧水涯，中秋依旧有荷花。临芳设问为谁宅，应对濂溪周子家。"

6. 知鱼矶

知鱼矶，属乾隆三十六景第三十三景。《承德府志》："在临芳墅前，殿五楹，面南。踞湖之北，与采凌渡相对，群英出水，为潜为跃，并是天趣。"乾隆御题额曰"知鱼矶"。这是一组以渔乐为主题的苑景。

临芳墅和知鱼矶两组建筑已不存在。从《承德府志》的《避暑山庄图》可以看出是一组四合院的形制，背山面湖，临水有船坞一处。

7. 青雀舫

青雀舫，属乾隆三十六景之五。在临芳墅之西侧有船坞一处，即西坞，东与热河泉相对，坞前石阶近水，御舟一支泊于湖面。《钦定热河志》载乾隆御舟题曰"青雀舫"。联曰："虚栏月移松桂影，仙源风送菱荷香。"青雀舫为一支舫船，是乾隆皇帝及帝后泛舟赏景乘用的一支华丽舫船，内部设置绮丽无比。1793 年，英国第一个来华使团正使马戈尔尼、副使斯当东一行，曾应乾隆皇帝之邀于此乘舫泛游戏于北部湖区。伺后，马戈尔尼、斯当东在他们的著作中都有较为详细的记载，对于乘游船泛湖和所见到离宫中豪华的设施感到惊奇无比。①

三　平原区

（一）万树园、试马埭及以东各景

1. 万树园

万树园是乾隆三十六景中第二十景。位于热河泉西北。《钦定热河志》："万树园北倚山，南临湖，其中平原数千亩。御书碣曰'万树园'，不樊不垣，嘉木罗植成荫。"中以榆、柳为最，散点有序。园中浓荫密布，地上芳草如茵。万树园卧碑在园南濒临湖岸，并赋《绿毯八韵》于其上。《御制三十六景诗·万树园》甲戌诗序说："北枕双峰之南，平原经数千余亩，灌树成帷幄，绿草铺茵毯，虽以园名，不施土木，今年都尔伯特部长入觐，即园中张穹幕，集名藩锡燕烧灯，陈马技火戏燕乐之，为时盛事。"诗云："原由每每曾闻传，麀鹿麋麇载咏诗。秀木佳荫尘不到，乘凉点笔合于斯。"园内设置完全是模仿蒙古帐幕形式，内无琼楼玉宇之设，完全是一种以游牧为背景犷野草原气氛，园中置一个大的御幄，内设皇帝宝座，在严肃庄重的大幄四周驾着金漆的支柱、幄顶圆形，幄内面积很大，门口宽敞，是皇帝起坐的地方。在大幄之后有方幄相连是专供皇帝休息的地方。在大幄的前面还有几个小的圆形帐篷，外面陈列着各式兵器。大幄之前按满、汉、蒙古王公大臣、贝子、贝勒等的秩位、品阶设置席位。清代的许多盛大庆典多于此举行。特别是自平定准部叛乱以后，许多庆祝活动，如观灯火、马技、摔跤以及赏赐和宴赍各少数民族政教领袖等仪式多在万树园举行。乾隆四十五年（公元 1780 年）六世班禅额尔德尼自后藏来热河为乾隆皇帝祝嘏典礼，和乾隆五十八年（公元 1793 年），英国第一个使团马戈尔尼来华，乾隆皇帝都曾于万树园接见了他们。特别是接见英国特使马戈尔尼一事，对于在万树园接见的细节，副使斯当东有过较为详细的记述。可见万树园是清廷进行政治活动的重要场所（图版 84、85；彩版 24）。

2. 试马埭

试马埭在万树园之西南，是乾隆三十六景第二十一景。《钦定热河志》："试马埭，万树园之西南，草柔地旷，驰道如弦，大驾巡幸于此考牧焉。御书题碣曰'试马埭'。"试马埭是一处和万树园南北平行的平坦之地，南近水流云在和濠濮间想亭。地面平草如织，中有笔直的驰道。康、乾、嘉诸帝巡幸木兰之前于此举行考牧仪式，就是骑马射箭，满、汉、蒙古王公、大臣，经射阅后，择其优者予以赏赐，是习武木兰的前奏。万树园有浓厚的草原气息，而试马埭更甚之。

3. 春好轩

春好轩东近宫墙，《钦定热河志》："春好轩，万树园东南。滨湖轩五楹，御题额曰'春好轩'

---

①　《承德府志·巡典》；斯当东：《英使谒见乾隆纪实》，357 页，上海书店出版社，2005 年。

……南楹额曰'花际霞峰'……轩后一亭曰'巢翠亭'。"北为永佑寺。春好轩这组苑景，建于乾隆时期，有高宗（乾隆）和仁宗（嘉庆）御制诗。乾隆《御制春好轩诗》："年年清跸傍秋巡，那值东风入座新。忽笑拘墟宁谓是，阶前粲者岂非春。"《承德府志》载嘉庆诗有："山庄每岁夏秋驻，三春好景曾未迁……"现在春好轩尚存有面阔五间，进深一间的正殿，卷棚硬山顶，一楹和面阔三间进深一间的东西配殿，卷棚硬山顶。院庭内的古松多已不见。此组建筑1957年修疗养院时，曾拆了九间。现全组建筑和巢翠亭均已恢复原貌（彩版22、23）。

4. 嘉树轩

嘉树轩是乾隆三十六景第二十二景。东近宫墙。今存基址。据《钦定热河志》："嘉树轩园东，老树轮囷，垂阴数十亩，皆百年前物，因树为轩，凡三楹，南向，御题曰'嘉树轩'，秀木清荫，长荣永闷，颜以嘉树取左氏传中语也。"嘉树轩景致的特点就是老树蓊翳、丛蔚，和殿阁相映，古色古香。乾隆《御制三十六景诗·嘉树轩》："构轩就嘉树，树已百余年。蔚然轩亦古，秀荫笼庭除。既因悟所托，宁云怀厥居。窗户碧纱园，常延月入虚。"道出了这组苑景的某些特点。

5. 乐成阁

乐城阁是乾隆三十六景第二十三景。它和嘉树轩本为一组苑景。根据《避暑山庄图》，乐城阁位于春好轩北面的高亢之地的一幢高阁，东迎宫垣，形容其高出天际。皇帝每年秋巡回驻山庄，可以眺望垣外的金黄谷禾。《承德府志》："乐城阁，嘉树轩之上，重阁五楹，一重额曰'开襟霄汉'，再重额曰'乐城阁'，阁距城墙，垅亩参差，岁稼秋登，千滕霈积，童叟庆午，通观厥成。"可见阁是指上层而言。乾隆皇帝为了标榜自己如何关心稼穑艰难情况，特在《御制三十六景诗》中作《乐城阁诗》一首，曰："近远山田一望弥，秋巡恒值东城时。璇题宝篆垂明训，稼穑艰难尚可知。"

（二）万树园、试马埭以北各景

1. 永佑寺

在避暑山庄内一共有11座寺院，而在《钦定热河志》和《承德府志》中正式列入《寺观》的只有9座。在这11座寺院中，永佑寺是其中最为壮观的一座（图版85；彩版25）。

永佑寺位于山庄内万树园东北侧，建于清乾隆十六年（公元1751年）。永佑寺内的大部建筑为军阀统治时期姜桂题、汤玉麟所拆毁，现在永佑寺基址完整保存。基址上还树立着碑碣数通，和一座高达9层的金光闪烁的琉璃宝塔。在宝塔和碑碣附近，千松挺立，无风自响，风景绝佳，是山庄内游览胜境。根据《钦定热河志》《承德府志》和早年调查材料，可以了解永佑寺建筑布局的大体情况。《承德府志》："永佑寺在山庄内万树园旁，乾隆十六年建。南向，联额皆高宗御书。门外树坊三，中曰'仁寿世界'，曰'慈悲法门'，东曰'法瞻龙泉'，曰'锡振雷音'，西曰'仇昙耀彩'，曰'檐葡霏香'。门三楹，额曰永佑寺。入门前殿五楹，供弥勒佛，额曰'佳世慈缘'，丹墀列碑二，恭镌高宗御制碑文，左一通前清文，后蒙古文；右一通前汉文，后西番文。后为宝轮殿五楹，供三世佛，八大菩萨，额曰'法云真际'。配殿东曰'妙觉'，西曰'慧照'，又后殿五楹，供无量寿佛，额曰'身心平等'。各有配殿。东曰'普惠'，西曰'广仁'。其东为能仁殿，额曰'无畏清凉'。后殿之北为舍利塔，额曰'妙莲涌座'，凡九层各有额，曰'初禅精进'，曰'二缔超宗'，曰'三乘臻上'，曰'四花宝积'，曰'五智会因'，曰'六通普觉'，曰'七果园成'，曰'八部护持'，曰'九天香界'。第一层东北壁恭镌高宗御制诗。塔后丰碑屹立，面南，镌'高宗御制永佑寺舍利塔记'，面北镌高宗御制《避暑山庄百韵诗并序》。面塔殿三楹，上有楼，敬奉圣祖（康熙）仁皇帝、世宗（雍正）宪皇帝、高宗（乾隆）纯皇帝三朝神御。仁宗（嘉庆）每至山庄必躬亲展拜，用申依恋。楼西精蓝三楹，曰'写心精舍'。寺基在甫田丛樾之左傍，宫墙后环武列水，乐城阁峙其东北，春好轩敞其东南，松牖云局，诚龙众之福区也。"

上引，可以看出永佑寺之布局大体是最前面有坊三，次为永佑寺门殿五楹，内奉弥勒，丹墀树乾隆十七年御制永佑寺碑两通，左右各一，为满、蒙、汉、藏四体文字，门殿后为宝轮殿五楹，奉三世佛八大菩萨，左右东西配殿，中庭有乾隆四十七年避暑山庄后序碑一通，之后为后殿五楹，供无量寿佛，东西各有配殿，在东侧另有能仁殿一区。在后殿之北为舍利塔。塔后有乾隆二十九年碑一通，南面镌《高宗御制永佑寺舍利塔记》，北面镌《高宗御制避暑山庄百韵诗并序》。正北有面塔殿三楹，上有楼阁，供康、雍、乾三帝神御。在楼的西面有精蓝三楹，名之曰写心精舍。

目前，永佑寺除了殿堂的基址以外，主要有乾隆十七年建永佑寺碑两通（满、蒙、汉、藏四体文字）；乾隆四十七年建《避暑山庄后序》碑和乾隆二十九年建正面刻《永佑寺舍利塔记》、北面刻《避暑山庄百韵诗并序》碑。在永佑寺的北中部为八角九层密檐琉璃造玲珑舍利宝塔，塔高 67 米，建于高台之上。第一层正面辟门，可入塔直达塔顶。侧面作半浮雕式密宗佛像。在白玉栏杆平座之上为塔身九层，八面皆辟园拱门，各层檐斗拱梁枋皆为黄琉璃造。塔身为白黄色。塔顶用为鎏金铜铸造，为了保持稳固起见，各面均以鎏金铜链相牵。从正面塔门可以进入塔心室。塔内转梯十层，全部木构，今可登到第三层。塔内原供有佛像，今佚。塔内四壁皆绘有密宗佛像。

永佑寺一组建筑，虽然殿堂多已不存，但现存的琉璃宝塔，即六和塔，玲珑透体，高耸入云，巍峨庄重的塔身，金色的塔顶，和各层彩幻多变的琉璃瓦件，迎着璀璨的阳光，闪烁夺目[1]。六和塔是山庄的制高点，也是山庄内重要的风景点之一。永佑寺的形制和平面布局，基本仿汉式寺院形制进行安排的。其和承德河东溥善寺的形制有些接近，在佛像供养方面，均供养三世佛和弥勒像，但塔内供奉的佛像有明显的密宗内涵。

永佑寺内现存的几座碑碣，是研究避暑山庄创建之经过以及永佑寺兴建缘起的重要文献。

关于兴建永佑寺之缘起，乾隆二十九年（公元 1764 年）《御制永佑寺舍利塔记》："自辛未奉慈辇南巡，于夫招提兰若，转轮祝厘无不虔披，金银随喜，檀界乃识。所谓金陵之报恩，武陵之六合，归而欲肖之。以延鸿算，无何，而一不戒于火，其中将成而圮，龟玉毁于椟，有司者不能辞其责也……。然同时之建于热河之永佑寺，不可中止，恐其蹈辙，乃命拆其弗坚及筑不如式者，而概易之石，越十岁，甲申，窣堵乃成，巍然峙于避暑山庄，较京师尤为壮观……。是塔经营之初，实为四卫拉特来归，西师筹划之始，至自今大功告成，伊犁耕牧，日以开辟……故详志其事。"又《高宗御制登永佑寺舍利塔作歌》："玲珑九层塔，江南影，江北无，我因南巡，勿欲肖结构，曾仿六和报恩之塔于京都，一圮、一毁。……同时建于此者乃无恙。鉴前辙，命收筑以为徐阅。十年斯，巍然成窣堵。"[2]

---

① 《承德府志·巡典》；斯当东：《英使谒见乾隆纪实》，357 页，上海书店出版社，2005 年。
② 《承德府志》卷十九《寺观》。

以上记载可以看出，永佑寺之兴建缘起是，乾隆十六年奉皇太后南巡，见到南京报恩寺之琉璃塔和杭州六和塔形制优美，造型秀丽，为报其母恩，命于京师仿建两座，承德避暑山庄仿建一座，京师之两塔一不戒毁于火，一将成而倾圮。乾隆一面究其责于有司，一面以此为戒，将在山庄永佑寺内修建的琉璃宝塔，也称六和塔。"折其勿坚及筑及不如式者，而概易之以石，越十载甲申，窣堵乃成。"即从乾隆十六年开始筹措，十七年建永佑寺碑，至乾隆二十九年建成，先后用了近十余年的时间才得以完成，即同时在京师建的二塔已不存，只存山庄一座。永佑寺包括六和塔兴建的政治原因还在于为了准噶尔部四卫拉特的来归，"乾隆二十年夏五月平定准噶尔，冬十月大宴赉四卫拉特部落旧附新归之众于避暑山庄"（见《高宗御制普宁寺碑文》）。这时正值永佑寺初步建成，但建塔工程则只是开始。当时四卫拉特之绰罗斯特、都尔伯特、辉特、和硕特四族台吉各封以汗王、贝勒、贝子、公若干人。为了纪念这一在清朝多民族国家统一有着重大政治意义和影响的事件，特于永佑寺中建塔以志其事。

在永佑寺中还保存着另一块研究避暑山庄兴建历史的重要实物文献，这就是在同一块碑阴所刻的乾隆《避暑山庄百韵诗并序》中提到的"我皇祖建此山庄于塞外，非为一己之豫游，盖贻万世之缔构也……往来沙塞，风尘有所不避，饮食或致不时，以是为乐，固未见其乐也。……凛天戒，鉴前车，察民瘼，合内外之心，成筑固之业。"即通过避暑山庄之建立，进行一系列之政治活动，达到团结蒙古、新疆等少数民族诸部落，达到维护巩固清王朝封建统治之目的，但在客观上也起到了巩固和完成当时多民族国家统一，防御外来侵略这样一种效果。

永佑寺建成以后，钟鱼不断，梵呗不绝。这块塞外灵山宝地、鹫峰鹿苑之上建立的庄严伽兰，成为帝、后及各王公大臣瞻仰、祈福和膜拜之所。

现在，永佑寺的殿堂虽早已倾圮，但基址上的碑碣和挺拔刺天的古松、巍峨壮丽的六和塔，仍是旅游者必去的游览胜地。

2. 远近泉声

远近泉声，属康熙三十六景第二十五景。位于试马埭之西，长虹饮练、双湖夹镜桥之西北，长堤之侧，西近涌翠岩。这组建筑如今已不存在。从《避暑山庄图》分析，是位于形如小岛的环水之侧，由斋、殿、亭、榭组成。如今这里地貌，也几经沧桑变异。《钦定热河志》："远近泉声，缘长堤而北，石路半里许，渐闻水声，鸣湍响涧，江音桥畔，徙金夏玉，水乐琅然。殿三楹，南向，圣祖题额曰'远近泉声'，其东二楹曰'聚香斋'……，殿后为亭，额曰'听瀑'……外三楹，面南高敞……，高宗御书额曰'招凉榭'。"由于远近泉声西近涌翠岩，而松云峡溪水又从殿后而过，可以听到远近垂瀑滴泉的淙淙之声。

3. 千尺雪

千尺雪是乾隆三十六景第二十九景，今存基址。《承德府志》："千尺雪，玉琴轩之东，有瀑宗悬流，喷薄。构殿五楹。"乾隆御题额曰'千尺雪'。从《避暑山庄图》分析，其位置在梨树峪之东。乾隆三十六景诗中有《千尺雪》："引流叠石落飞泉，千尺窗前雪色悬。漫拟春明称转蕲，所欣结构借天然。"乾隆颇喜此景，每到必赋，仅热河志收其诗就有34首之多，且多长诗，可谓诗性不绝。这里是专为观赏瀑布而设的一组苑景，瀑布自绝顶飞流而下，如雪落千尺，如白玉飞花，如银珠垂帘，天造地设，巧夺天工，完全出以自然安排而无人工造作之愚。乾隆因"吴中寒山千尺雪"之景，而肖其名于山庄，且具图卷中（注：西苑盘山、热河泉各一图，既以千尺雪名之，而一处各收四图，以便展阅）。现非但殿堂无，而瀑布也早已不存在了。

4. 宁静斋

宁静斋，属乾隆三十六景第三十景，今存基址。《承德府志》："宁静斋，千尺雪之后，依山构斋，高宗御题额曰'宁静'，后楼恭悬圣祖（康熙）御书曰'清敞'。"这里"效诸葛孔明澹泊宁静二语千古名言"即景。乾隆御制诗有序："右倚崇山，左带溪，山宁溪静示端倪，设因题额言五志，速定朱波莫远黎。"由于环境幽雅、宁静，康、乾两帝多于此书斋中读书和观赏山泉瀑布的自然变化景象。在传世的官窑瓷器中有"宁静斋"款瓷器行于世。

5. 玉琴轩

玉琴轩，属乾隆三十六景第三十一景，今存基址。《钦定热河志》："玉琴轩与宁静斋并峙，有殿，面南，皇上御书额曰'图史自娱'。"乾隆御制玉琴轩诗注云："千尺雪之南，曲间湍流潺潺，众玉中韵，合宫征正，不必抚弦动操，已令子期神往。"形容击淙淙有声，如琴声悦耳，令人神往。

6. 曲水荷香

由水荷香，属康熙三十六景第十五景。位于千尺雪之后，是一座敞亭。《承德府志》："曲水荷香，亭在北山麓，南向。下临曲沼，藕花无数，荷植亭亭，翠盖红葩，悠然香远。"康熙御题额曰"曲水荷香"。这组建筑早已不存。

7. 澄观斋

澄观斋，属乾隆三十六景第二十五景。《钦定热河志》："澄观斋，宫东北，殿五楹。西南曰'惠迪吉'，圣祖御书其前檐额曰'澄观斋'。其位当今惠迪吉门之西北侧，背倚山。"站在此处可以观看山庄诸山和武烈、汤泉余波交汇情景。皇祖（康熙）昔驻山庄时，常集儒臣通习算法典型示范于此，编辑《数理精蕴》一书，亲为指授厘定，镂板颁行天下，现这组建筑已无。

8. 宿云檐

宿云檐，属乾隆三十六景第二十四景，在澄观斋之后，近黑山的崖壁之下。《钦定热河志》："宿云檐，宫城东北隅山尽处，当惠迪吉门，因势高敞，构平台以览胜，曰宿云檐，云气往来，若宿岩际，萦纡缭绕，时出层檐。"

9. 翠云檐

翠云檐，属乾隆三十六景第二十六景，位宫城东北高处。《钦定热河志》："澄观斋之后，敞亭一，皇祖御题额曰'翠云檐'，晨霞暮霭，绚紫绯青，岩峦交复，云气特多。后摩崖勒圣祖御书大字曰'云岩'。"乾隆诗："绝壁崖巍实壮哉，清秋又此索音来，若无云气为浮荡安识刚柔万变赅。"此景以敞亭，岩宇构成，由于地势高起，云气薄浅，变化顷刻，是专供观赏云气变化的地方。"云岩"摩崖大字西存山侧壁立之处，而今未发现。

10. 泉源石壁

泉源石壁，是康熙三十六景第二十景。位于山庄东北石壁处，《钦定热河志》："北山之麓，危崖直下数仞，旁无路蹊，古树根盘，进出石罅，苍苔紫藓，沿蔓绣涩，壁间悬流百丈飞注，所谓泉源者也。摩崖恭勒圣祖（康熙）御书'泉源石壁'四字，大径二尺。西为'半月湖'，更西有亭名'瞩朝霞'。"此组苑景以观赏水源为主，包括康熙摩崖和亭子。现摩崖仍未查出具体地点。康熙三十六景诗道出了这组苑景的一些特点：

水源依石壁，杂沓至河隈。

清镜分霄汉，层波溅碧苔。

日长定九数，鬓白考三才。

天贶名犹鄙，居心思道该。

11. 暖溜暄波

暖溜暄波，属康熙三十六景第十九景。是引武烈河进入避暑山庄的一个闸楼，地当澄观斋之南，惠迪吉门之北，近宫墙处。《钦定热河志》："暖溜暄波，热河以水得名，近东北门之隅有牐焉，水自宫墙折入，盖汤泉余润也，建阁其上，圣祖（康熙）御题额曰'暖溜暄波'。"康熙三十六景诗有：

水源暖溜辄蠲疴，涌出阴阳涤荡多。

怀保分流无近远，穷檐尽颂自然歌。

汤泉乃热河（武烈河）东源，今承德头沟有汤泉行宫，水到宫东北，自武烈河大堤外有空引流入宫墙内"暖溜暄波"得名于此，云可疗疴。

（三）万树园、试马埭、如意湖以西各景

1. 文津阁

文津阁位于避暑山庄西北山脚下。《钦定热河志》："千尺雪后卜高明爽垲之地，以藏四库全书题曰'文津阁'。"其地形山势俊峭，树木蓊蔚，古松桧柏，苍劲挺拔，假山、内潭、阁榭掩映于荫深浓郁的树丛之中，各种飞禽异鸟，叽喳于枝头之上悦人耳目。文津阁这一组苑景和建筑群恢复最早，也是避暑山庄中保存最为完整的一区（图版86、87）。

根据《钦定热河志·文津阁记》记载，避暑山庄内文津阁是仿浙江宁波范氏天一阁的形制而建成的。是阁始建于乾隆甲午即乾隆三十九年（公元1774年）秋月，越次年乙未即乾隆四十年（公元1775年）竣工，所谓"建由甲午成乙未"。范氏天一阁置于明嘉靖年间，取《易经》中"天一生水地六成之"之意，所以文津阁之名称，设计皆有精义所据。文津阁阁本身坐北朝南，本身外观为两层，而内部实为三层，面阔六间，进深一间，上悬乾隆手书"文津阁"匾额，卷棚式硬山顶。文津阁的配置，即平面布局，完全是采取了南方园林的手法，东面左前侧为门殿五间，进入门殿以后另有东西错落的东配殿三间，西配殿十三间（配殿经近世修改过）。阁前石阶下潭水澄澈，直径30米左右。潭南太湖石叠砌成错列的假山，峻峭秀丽，左右蹬道可攀缘而上，又可沿石阶下达湖面。在山石翠叠的顶部筑敞亭一间，名曰趣亭（今毁），亭东为月台，今存假门和石碣，乾隆对趣亭和月台二景多所吟咏。阁东有乾隆手书《文津阁碑记》一通，记载文津阁营建的意义、经过。整个巨阁坐落于西山屏列的环抱之中，风景秀丽无比。

关于文津阁之建，主要是为了贮藏四库全书。与热河避暑山庄文津阁同时建立的还有北京紫禁城（故宫）之文渊阁，御园（圆明园）之文源阁，盛京（沈阳）之文溯阁，所谓"四阁并峙，琅函琼册，辉烛霄汉"。文津阁初建后，阁中空旷，仿四库书函烛装订《古今图书集成》全部庋架排列。《四库全书》是乾隆三十七年（公元1772年）开始编纂，乾隆四十七年完成，用了将近十年的时间。当时征集天下图书，集中名录，立四库全书馆进行编辑，分经、史、子、集四部，凡3503种，计79337

卷，分装 36304 册（注：各家记载不一，此据杨天在碑文释译）。当时的一些儒臣词官，随同乾隆皇帝巡幸热河、木兰围场，还进行书籍的校订工作。《高宗御制文津阁碑记》："辑四库全书分为三类，一刊刻、一抄录、一衹存书目"。其刊刻者以便行于世，用武英殿聚珍版刷印，但篇幅颇小。爰依永乐大典之例，概行抄录正本，备天禄之储，都为四部，一以贮紫禁之文渊阁，一以贮兴王之地，一以贮御园之文源阁，一以贮避暑山庄，此则文津阁之所作也。"是名之为《四库全书》。为了保存《四库全书》正本，后又续抄三部，分贮于扬州文汇阁、镇江文宗阁、杭州文澜阁。1840 年鸦片战争开始以后，英法联军进入北京，烧毁圆明园文渊阁藏书。文津阁的《四库全书》，据记载于民国四年文物南迁时运往北京，今存中国国家图书馆。

2. 云容水态（旷观）

云容水态是康熙三十六景第二十八景。《承德府志》："云容水态，梨树峪之东，山麓砥平，殿五楹，东向。横峰侧岭献秀争奇，缭白萦青，水云相际，其西向，楼三楹，曰'旷观'。"皆圣祖（康熙）御题额。今存基址。

3. 石矶观鱼

石矶观鱼，属康熙三十六景第三十一景。今存基址。《钦定热河志》："石矶观鱼，由远近泉声而下，略约斜通，清溪一曲，有石矶焉……石平如砥，可以坐钓，作亭其上，东向，额曰'石矶观鱼'。"圣祖（康熙）御制诗曰："唱晚渔歌傍石矶，空中任鸟带云飞。羡鱼结网何须计，每有长竿坠钓肥。"

4. 芳园居

芳园居，在如意湖亭隔湖御路之西侧，这所建筑目前包括南门房三楹，东厢及拐角房十一楹，东厢中段三楹，东厢三楹。原来芳园居建筑可能包括的单元还多一些。芳园居据传说是宫内后、妃生活的供应处。据斯当东《英使谒见乾隆纪实》第十四章记载，在避暑山庄中曾专有供后、妃生活用品的假的市肆，"在热河御花园中属于女眷那部分内，有一模仿首都的小模型城"。可能就是指此而言，但需要有更多的文献记载才能证实。

5. 知鱼矶

知鱼矶，属乾隆三十六景第三十三景，《钦定热河志》："临芳墅前，殿五楹，面南，皇上御书额曰'知鱼矶'，踞湖之北，与采菱渡相对，鳞族（鱼）出游，时跃时潜，并呈天趣。"为观鱼之所。乾隆诗："莫道鱼无知，亦有在沼时。莫道鱼无乐，亦有浮而跃。鱼自乐鱼自知耳，知乐否乎辨可已。月在天心风在水，不言之中存至理。"为观鱼时之遐想。

四　山岳区

避暑山庄的山岳区都分布在山庄的西北面。其中各组苑景大都破坏，有的在民国初年还保存，如广元宫、碧峰寺、珠源寺、梨花伴月、秀起堂、锤峰落照等，后也为军阀、日伪所拆毁。近年在山岳区恢复的苑景有青枫绿屿、绮望楼、四面云山、锤峰落照、南山积雪、北枕双峰、古俱亭等几处苑景亭子。但山丘区景苑的基址则大多数都保存着。为了解山区景苑的全貌，我们自北而南分松云峡、梨树峪、榛子峪、西峪等几组作一介绍。已经恢复或有基址可寻者作重点介绍，一般多已不存的苑景只引《钦定热河志》或《承德府志》有关记载，摘引下面以供参考。

（四）松云峡内外各景

1. 南山积雪

南山积雪属康熙三十六景第十三景，近年恢复（彩版26）。其位于避暑山庄正北面的高山之巅，是山庄内制高点之一。《钦定热河志》："亭在山庄正北，高据山巅，南望诸峰，环揖拱向，塞地高寒，杪秋雪下，环视楼阁轩榭，皎然寒玉。"这是一方形敞亭，每当秋末冬初，天开雪霁，登亭远眺，山庄内外，寒松桧柏，山峦湖影，南望诸峰，蛟如洁玉。康熙三十六景诗：

> 图画难成邱壑容，浓妆淡抹耐寒松。
> 水心山骨依然在，不改冰霜积雪冬。

南山积雪是以观赏山庄初冬雪景为命题的一组苑景。

2. 北枕双峰

北枕双峰为康熙三十六景第十景。位于黑山和金山之间，和南山积雪亭南北呈东西错列对峙。《承德府志》："北枕双峰，山庄内直北山顶有亭翼然。西北金山、东北黑山，排空屹向，如天门双阙，对拱檐楹。亭前两石笱，秀削青瑶，镌圣祖（康熙）诗，高宗（乾隆）和章于其上。"北枕双峰是以康乾两帝的刻石为主的一组反映大自然变化的苑景。康熙三十六景诗有：

> 嵌奇冈岫紫宸关，乾地金峰坎黑山。
> 苦热云生双岭腹，盆倾瞬自落溪湾。

因北枕双峰地势高敞，是欣赏彩云变幻之所。

3. 凌太虚

凌太虚属乾隆三十六景第二十八景，是由一座敞亭和一部分阁斋组成。《承德府志》："凌太虚，北山之巅置亭，拔地倚天，灏气清英，飘飘有凌云之致。下为殿五楹，额曰'清溪流远'，东三楹，为含粹斋。"因其地居高临下，位冠诸峰之上，所以登此亭有浩瀚太虚，凌云驾空之感。

4. 罨画窗

罨画窗属乾隆三十六景第二十七景，今已恢复（彩版28）。《承德府志》："罨画窗，自青枫绿屿折而东西，曲室窈深，疏棂洞启，峰巅林泉，咸在几席，俨如罨画。"罨画窗一景的轩堂，居于北山之巅，如巨阁凌空，幻若云际。秋日于此观山庄诸景和东处锤峰，山水一线，美如画境。

自轩堂小窗远眺，洞明眼开。这座建筑虽已恢复，但详细结构并不十分清楚。但一定是取景别致。高宗御制再题三十六景诗有：

> 下临天地一窗虚，带水屏山揽结余。
> 最爱锤峰刚对坐，曦皇前物起吟予。

5. 青枫绿屿

青枫绿屿属康熙三十六景第二十一景（彩版27）。其位于北山之麓，是观赏枫叶的佳处（图版91、92）。近年恢复，在南山积雪和北枕双峰之间山凹处。《承德府志》："青枫绿屿，越泉源石壁而北，跨山巅，面南（门殿）三楹，锦树分丛，丹霞竞彩，其中殿五楹曰'风泉满听'。门外（殿）三楹，面西曰'霞标'，皆圣祖御书匾额。东向四楹，高宗御书额曰'吟红榭'。"关于青枫绿屿这组建筑苑景的特点，康熙三十六景诗有：

> 石蹬高盘处，青枫引物华。
>
> 闻声知树密，见景绝纷华。
>
> 绿屿临窗牖，晴云趁绮霞。
>
> 忘言清静志，频望群生嘉。

6. 敞晴斋

敞晴斋，位于松云峡谷西北，建于乾隆二十六年，从西北门进宫，御路北侧，今存基址。《承德府志》："敞晴斋，山庄西北隅，缘冈冠岭，构堂其上，秋高气朗，苍碧千里。门外有桥，奇石森列，古松童童如青盖。左曰'青绮书屋'，右曰'绘韵楼'。"从记载和现存基址可以看出，敞晴斋的布局大抵是门外石桥，入门后石蹬直达正殿为敞晴斋，左有青绮书屋，右为绘韵楼。近旁古松苍翠，是观赏秋景的佳处。乾隆、嘉庆两帝都有御制诗。高宗（乾隆）御制诗：

> 一壑自综妙，三间正敞晴。
>
> 适来欣霁景，便与勒新名。
>
> 云散若无力，山迎最有情。
>
> 吾心嘉犹别，多稼返西成。

7. 山近轩

山近轩，位于松云峡北中段，有石阶，御路分支北去，东侧即山近轩。建于乾隆丙申。（乾隆）四十一年，迄于己亥（乾隆）四十四年，今存基址。《钦定热河志》："山近轩，轩在山庄西北，峰峦窈窕环抱，檐楹，当万山深处，命名山近，纪实也。宫门三楹，南向。正殿五楹。殿西三楹，额曰'清娱室'，东五楹，额曰'养粹堂'，堂之南为'延山楼'，层阁凌云……，西向敞亭三楹，亭外奇石嵌空，回廊曲柱，额曰'簇奇廊'。踞东峰之顶草亭一区，有松苍然，额曰'古松书屋'。"可以看出山近轩这组苑景，布局复杂，于四面依山窈窕环抱之处构轩。各景设置安排玲珑乖巧，由于地处峡谷深处，十分幽邃僻静，庭中山石翠叠，亭斋映然，是乾隆皇帝谈书的佳处。高宗（乾隆）御制诗：

> 古日入山恐不深，无端我亦有斯心。
>
> 丙申初构己亥得，仲夏新来清晓寻。
>
> 适兴都因契以近，摘词那敢忘乎钦。
>
> 究予非彼幽居者，偶讬聊为此畅襟。

乾隆诗中的"丙申初构己亥得"说明山近轩起于乾隆四十一年而完成于乾隆四十四年，将近四年时间才得以完成。乾隆己亥仲夏来热河避暑，值山近轩工程完竣，特题诗以志其事。山近轩虽然不属于三十六景之中，然非一般景可比，规模较大，工程艰巨。

8. 含青斋

含青斋在松云峡石阶御路之间，与敞晴斋隔溪南北相对，建于乾隆时期。《承德府志》："含青斋，架岩为屋，叠石成阶，与敞晴斋隔溪相望，额曰'含青斋'，内面北额曰'清晖娱人'。左曰'挹秀书屋'，右曰'松霞室'。"此处建筑只存基址。

9. 宜照斋

宜照斋，位于山庄西北门北侧宫墙南侧的平坦处，今存基址，可恢复（彩版29、30）。有残垣、假山、古松。地当松云峡最西端，地势高敞，背山面对群峰，每当夕阳西下，千峰耸翠，金叶满山，景色宜人。此景建于乾隆时期。《承德府志》："宜照斋，山庄西北门内，倚石城构斋五楹，临风致爽，晴照宜人。右为'属霄楼'，左为'却炎榭'，由榭而东为'就松堂'，其后为'积嘉亭'。"乾隆《题宜照斋》诗：

> 择向尤宜随地势，筑斋窗户正开西。
> 千峰夕照呈当面，一室虚明雅入题。
> 翻叶林间闪金碧，过云阶下幻高低。
> 此情此景本太古，静者于斯自取携。

这分明是描写这里的一片秋色，夕照千峰入户的古雅幽静情趣。

10. 斗姥阁

斗姥阁，在山庄西北面的北山之阳，建于康熙时期。《承德府志》："斗姥阁，在山庄之内青枫绿屿之上，南向，殿三楹，前檐额曰'慈阴天枢'，殿内额曰'巨光普润'，殿额恭悬圣祖御笔。西配殿恭悬高宗御书，题额曰'蓬山飞秀'，殿冠崖巅，云霄尺五，万象皆呈，如依斗极而拱北辰也。"斗姥阁内奉斗姆像，属于道教寺院之一。

11. 广元宫（元君庙）

广元宫地近北围墙，西近敞晴斋，东为斗姥阁，是仿山东泰山碧霞元君庙的形制，所以又称为元君庙（图版88；彩版31）。此组建筑依山为殿，巧妙利用地势，前面叠石为阶，蹬迈迂回攀缘，布局极富变化。《承德府志》："广元宫，在山庄内，乾隆四十三年敕建。庙制仿自岱宗。门南向，东西山门各三楹，内为'仁育门'，更南为香亭，额曰'馨德亭'，又曰'灵照长养'，东西配殿各三楹，东曰'邀山堂'，西曰'蕴奇斋'。正殿五楹，额曰'仁育殿'，又曰'普佑资生'，门外有亭一，曰'古俱亭'。"广元宫一组建筑布局比较复杂，但仍近似一般汉式寺院的配列，内奉道家塑像。这组苑景在民国初年尚存，根据实测平面，其布局是：南面左右为幢竿，前山门，东西山门，左钟楼，右鼓楼，仁育门，左右有腰墙把寺院分为前后两部，左右便门。仁育门后中庭为馨德亭，东为邀山斋，西为蕴奇斋，庭中假山数处，正北为仁育殿，殿后界墙，北门。

12. 水月庵

水月庵，属于佛教寺院，其位置在山庄西北，松云峡谷南陂山坳处，存基址。据《承德府志》："水月庵，在山庄内西北隅，东向，联额皆高宗御书。门外石坊一，额曰'光涵上下'，后额曰'圆彻中边'，门外刻石为'水月庵'。内殿三楹，供水月大士相，额曰'普陀善现'，庵当西岭深处，山之半曰'山心精舍'，由精舍后，达西岭山巅一亭，如竺，登陟愈高，为放鹤亭云。"乾、嘉两帝皆有诗词吟咏，高宗《水月庵诗》：

> 一岭迥隔西东，竺庵石径曲通。
>
> 如是花宫林下，何殊宝月水中。
>
> 真机不藉僧梵，清华亦有松风。
>
> 空翠庭阴忽落，问谁习寂义公。

此外还有高宗御制《山心精舍诗》《放鹤亭诗》、仁宗御制《水月庵诗》等。

13. 栴檀林

栴檀林亦佛教寺院，在水月庵之西北。存基址。建于乾隆时期。《承德府志》："栴檀林在山庄内水月庵之后，殿三楹，南向……。联额皆高宗御书，额曰'众香胜处'，其旁室曰'天籁书屋'，岩顶天池，淳函湛澈。有轩曰'澹轩'，堂坳一池，有亭曰'沧洲趣'，一楼在蟠云蔚间，曰'松云楼'，其东为'澄霁楼'，更东为超然，宇境路幽，复上有楼，额曰'云润'。"高宗御制《栴檀林诗》：

> 竺庵过水月，香林入旃檀。
>
> 飒然来天风，鼻根清净官。
>
> 静室坐调御，相好青莲端。
>
> 缀景则不无，而非心所安。

栴檀林中的"天籁书屋"是乾隆读书和鉴赏书画的地方。

14. 碧静堂

碧静堂在松云峡西北门南山谷深处。建乾隆时期。《承德府志》："碧静堂，倚山为堂，绝巘浮青，在烟岚缥缈间，额曰'碧静堂'……跨涧为楼，曰'净练溪楼'。"高宗、仁宗皆有御制碧静堂诗。

15. 玉岑精舍

玉岑精舍于山庄西北，碧静堂之西。乾隆时期所建。《承德府志》："玉岑精舍，山庄西北，溯涧流而上，至山麓攒峰疏岫，如县圃积玉，精舍三楹，额曰'玉岑室'，右偏曰'贮云檐'，穿云陟径，有亭二，曰'涌玉'，曰'积翠'，依山梁构室曰'小沧浪'。"高宗、仁宗皆有玉岑精舍诗。乾隆诗有："精舍构幽深，面檐耸玉岑。林空那有色，山静似无心。土润鹿留迹，霜清鹤隋音。坐斯仍问政，未可祇耽吟。"

（五）梨树谷内外各景

1. 涌翠岩

涌翠岩于梨树谷外西山陡峭石崖处，南临珠源寺，有瀑布自山而下。属乾隆三十六景第三十四景。今存基址。《钦定热河志》："涌翠岩，瀑自岩而下，岩间殿三楹，东向，圣祖（康熙）御题曰'涌翠岩'，殿后为佛卢，有楼三楹，额曰'自在天'。"

2. 绿云楼

绿云楼属于涌翠岩苑景的一部分，南临珠源寺，建于乾隆二十五年。《承德府志》："绿云楼，越涌翠岩，有楼耸峙，地当西峪，为瀑源所自出。叠嶂层云，瀚然四合，额曰'绿云楼'，旁三楹，曰'木映花承'，又前三楹，曰'水月精舍'。"高宗乾隆有御制《绿云楼》诗："就岩构精舍，出树得高楼。骋望天无际，憩身云上头。拂檐乌影瞥，隔谷鹿声呦。自是常如此，我来兴偶投。"

3. 梨花伴月

梨花伴月是康熙三十六景第十四景，建于康熙四十二年，位于梨树峪之内，口之北侧（图版89）。此处建筑民国初年尚存，今存基址，是康熙、乾隆、嘉庆皇帝赏梨花之所。原来在梨树峪内，每当春时，梨花满山盛开，花白似雪，再加以月中的皎洁明亮相衬托景色扣人心弦。《钦定热河志》："梨花伴月，山庄西北曰梨树峪，以所产得名，入峪平冈逶迤，不觉近远，惟闻幽涧潺鸣，迸落石罅，行里许，静深缭曲，渐入复邃……，圣祖（康熙）御题额曰'梨花伴月'。"康熙三十六景诗注："入梨树峪过三岔口，循涧西行，可里许，依岩架屋，曲廊上下，层阁参差，翠岭作屏，梨花万树，微云淡月时清景尤绝。"按照《钦定热河志》中《梨花伴月图》恢复这组苑景的布局，庭院坐落梨花丛中，坐北向南，最南面溪涧为垂花门，后门殿三楹，平廊左右展开，门殿后院落三进，中正殿五楹，后又殿七楹。庭院东西各一院，形成三院并列，与中间院落有腰墙相连，东西院平面设中、后殿。院东西设配殿，南北行，卷棚歇山顶，爬山廊，层层递进、升高。又据民国时期留下来的梨花伴月照片，则似为门殿、正殿、后殿左右各五座，三楹，配殿卷棚歇山顶，呈爬山廊式，层层升高，五进。据云管理部门已有复原图。由于照片的局限，东西建筑的详情不详。

总之这组建筑以吟咏梨花为主题。

当春时梨花万树，艳抱清晖，为壶天胜境，内为永恬居，更内为素尚斋。康熙、乾隆三十六景诗每皆吟咏。康熙《梨花伴月》诗："云窗倚石壁，月宇伴梨花。四季风光丽，千岩土气嘉。莹情如白日，托志结丹霞。夜静无人语，朝来对客夸。"梨花伴月是山庄梨树峪最佳景。目前，一些建筑虽已不存，但其自然之形仍不失为游赏者向往的佳胜之处。

4. 素尚斋

素尚斋属乾隆三十六景第三十五景。建于乾隆时期。至梨花伴月西面幽静峡谷深邃之处，它和永恬居本为一组苑景，由于殿名的不同命名而分。《钦定热河志》："素尚斋，山庄邃境曰梨花伴月，最上一重（西侧），殿五楹、面南，御题额曰'素尚斋'，地在山巅，因高得势，轩宇旷然，阶下梯级百重，长廊翼覆仰视如天中楼阁，而结构浑朴、不施雕绩。"根据有关记载，素尚斋是皇家储藏瓷器的地方，素尚古朴，不设丹青。乾隆御制三十六景诗《题素尚斋》："山庄山水佳，天然去雕饰。是斋颜素尚，古风犹可识。开窗见千峰，对之有所得。挥毫戒繁华，圣人示我则。"

5. 永恬居

永恬居是素尚斋的一部分。属乾隆三十六景第三十六景。《钦定热河志》："永恬居，素尚斋之前殿，五楹、面南，圣祖（康熙）御书额曰'永恬居'。"水木澄明，烟峦静妙，静物恬和，如游琼岛。

（六）松林峪各景

1. 珠源寺

珠源寺在松林峪峡口的南侧，东近如意湖的西山岗阜之上，地势高敞，寺基坐西面东（图版90~93）。珠源寺因其地近瀑源而得名。建于乾隆二十六年。这座寺院在民国初年尚存。《承德府志》："珠源寺，在山庄内水月精舍西南，东向，联额皆高宗（乾隆）御书。门外石桥跨坊二，前曰'恒河普渡'，曰'德水通津'，后曰'彼岸同登'，曰'法流喻筏'；门前石坊面北，额曰'披云演梵'，面南额曰'听雪超尘'。寺门额曰'珠源寺'。门内三楹，额曰'定慧'。前为天王殿，中为佛阁，上额曰

'宗镜阁'，下额曰'海藏持轮'。后殿为'大须弥山'，供一切诸佛。最后飞楼十三楹，曰'众香楼'。寺据瀑源来处，故曰珠源。"珠源寺坐西向东，山门不在一个中轴线上而偏东南。门前石路盘曲下达湖区，目前这座寺院尚存有御路、山门、建筑基地和残垣断壁、铜钟一口（存乐寿堂）。但寺内古松参天，山石叠翠，草木浓蔚，风景清舒雅静，同时也是赏观湖区风光的佳处。根据调查材料，这座寺院的布局排列情况是，最前面有定慧门、东钟楼、西鼓楼各三楹，再西石阶升高，中部为天王殿三楹，中央的白玉石檀基上为乾隆御书额"宗镜阁"。宗镜阁又称铜殿，是珠源寺内的主要建筑，垂檐歇山顶，三间，四方形斗拱，上下檐都用五踩重昂、全部梁架、斗拱构件，门窗的极小部件皆以青铜铸造，各部件卯榫可装可卸，上面全部雕以精美的花纹。根据清乾隆二十六年九月清内务府《奏销档》，宗镜阁用铜四十一万四千斤，用银六万五千六百六十两。这座举世无双、造型优美、巍峨壮观被誉为世界瑰宝的宗镜阁，在日本帝国主义军阀侵入热河时期，被一件一件砸毁运走，甚为可惜。在宗镜阁之后，地面再度增高，后面为大须弥山，殿方七楹，结构宏伟，最后为二层的飞楼十三楹，即众香楼。大须弥山和众香楼是珠源寺中规模最大的两座建筑，现在尚存础石。

2. 食蔗居

食蔗居，位瀑源以西，建于乾隆时期。《钦定热河志》："食蔗居，听瀑而穷其源，缘山取径，缭绕数折，乃至食蔗居，凡三楹，松林峪之深境也。……径既幽迥，地复高敞奥如旷，如转深转妙，题曰'食蔗'，取其渐入佳境云尔，左二楹，额曰'小许庵'，右有亭曰'倚翠'，东北山亭曰'松岩'。"食蔗居这组建筑是以山间岩景为特点，苑景随山势变化奥妙变幻，使人捉摸不定。乾隆诗有："食蔗末益甘，是居有若是。石溪几转遥，岩径百盘里。十步不见屋，见屋到尺咫……"今存基址。

3. 观瀑亭

观瀑亭在珠源寺西，地近食蔗居。乾隆时期建。今存基址。《钦定热河志》："观瀑亭，山庄崖馆，云阿深林穹谷，咸以瀑流增胜……，乳窦穿空，云根吐溜，琼帘悬注，泉立峰飞，构亭山麓，圣祖御题额曰'观瀑'……山半有亭，（高宗）御书'瀑源'二字，由是再陟则'竺云亭'。"可见观瀑这一苑景是主要由"观瀑""瀑源"和"竺云"三亭组成的，以瀑布之源而得名。乾隆有《瀑源》诗，嘉庆有《瀑源歌》。这里是山庄瀑布溪水的源头之一。

4. 锤峰落照

锤峰落照属康熙三十六景第十二景。建于康熙四十二年。位于正宫西北平冈之上，构一方形卷棚式敞亭一间（彩版32）。此亭北近珠源寺，东南近芳园居，地势高敞，是山庄内山岳、平原、湖泊间的制高点之一。据此可俯瞰如意湖，亭、台、阁、榭一瞥尽收。又可望山庄东北面翠蔚诸峰，特别是以锤峰为对景，蔚为奇观。《承德府志》："锤峰落照，山庄东五里许为磬锤峰，就山庄西岭构亭，与四面云山亭相望。"每红轮西下返照在东众山，蓦然暮色，而是峰迥出孤高，扬挥天际，烟岚变幻，金碧陆离。题额锤峰落照。锤峰落照亭和西面的四面云山、北面的北枕双峰、南山积雪相呼应，形成山庄内山峦区域四足鼎立之势，使各景苑之间构成有机联系，是园林艺术中采取"对景"手法的典模。康熙诗："纵目湖山千载留，白云枕涧报深秋。巉岩自有争佳处，未若此峰景最幽。"

（七）西峪、榛子峪各景

1. 创得斋

创得斋位于西峪最深处。但从西峪和梨树峪皆有路可达。建于乾隆时期，是乾隆皇帝读书作画之处，今存基址。《钦定热河志》："创得斋，西峪最深处，踞山为屋，三楹，曰创得斋，其后右偏为楼三楹，额曰夕佳……，前小楼二楹，曰'枕碧室'，内榜曰'一尘不到'。"乾隆御制诗《创得斋得句》："去年即鹿至山阴，诡石苍松悦可心。小筑书斋称创得，欣蓬秋日此经临。轩楹虽早胸中写，图画真从物外寻。记取拈毫最初句，从今有暇便来吟。"又嘉庆《创得斋》诗有"西入梨树峪，山势如旋螺"句，可见从梨树峪入创得斋也是必经之路。

2. 秀起堂

秀起堂在西峪中部顶峰之巅，乾隆时期建。是观赏山庄西半部山庄区诸苑景的制高点之一。《钦定热河志》："秀起堂，西峪中峰特起，列岫层峦，奔趋拱极，据峰为堂，备揽诸胜，其始循崖而上者，曰'经畬书屋'……东北楼曰'振藻'，拾级再上乃陟堂阶……御题额曰'秀起堂'，堂外石桥横渡……堂后山如屏障，云际一亭，额曰'眺远'。"高宗御制《题秀起堂》："去年西峪此探寻，山趣悠然称我心……"

3. 四面云山

四面云山属康熙三十六景第九景。是避暑山庄中西南部山岳区的最高处，位于西峪和梨树峪两谷深处的一个山脊之巅，构筑方形敞亭一座，康熙御题额曰"四面云山"。《钦定热河志》："四面云山，山庄西北隅最高处一峰拔地，构亭其上，圣祖（康熙）御题额曰'四面云山'，联曰'山高先得月，岭峻自来风'。"是峰"凌霄切汉，群山拱揖，各开生面"，可望数百里外群峰，行如列屏。如今这座亭子已经恢复，确有切汉凌霄，高入云际的感觉。于以亭内极目四望，千山万壑，背列嶂叠。乾隆诗注中形容可望"数百里外"未免夸张失实，而数十里内高峰皆可望见则系事实。至于市区全貌则尽收于眼底，是游览山庄必往之处。

4. 有真意轩

有真意轩，在西峪秀起堂南，建于乾隆时期。《承德府志》："有真意轩，自西峪至秀起堂，山径萦迂，架屋数楹，高宗御题曰'有真意轩'，外林峦高下，一草一木，曲呈真趣……。轩左曰'空翠书楼'，右曰'小有佳处'，后有亭，额曰'对画亭'。"有真意轩和秀起堂构成时间相近的。高宗御制诗《有真意轩》："秀起昨年初构堂，入从西峪路微长。山凹一曲宜憩步，松下数楹恰受凉。小许底须较大许，机忘亦自并言忘。云容峰态标真意，总在惬中委宛藏。"后仁宗嘉庆亦有诗于此。

5. 鹫云寺

鹫云寺为佛教寺院，至西峪深处，建于乾隆时期。民国初年尚存，今存基址。《承德府志》："鹫云寺在山庄西峪秀起堂之左侧，东向，高宗御书额曰'鹫云寺'。内为正殿三楹，前檐额曰'福因殿'，殿中额曰'法镜同圆'，殿后崇楼三层，前檐额曰'香界阁'，最上额曰'须弥春满'，次曰'莲峰甘露'，下曰'普门妙现'，雕甍插汉，宝铎韵风，俯视群山，若莲台层涌也。"

6. 静含太古山房

静含太古山房又名不遮山楼。在西峪幽邃峡谷的深处。《承德府志》："静含太古山房，鹫云寺之侧，万嶂环之，筑山房一区，额曰'静含太古'，邃谷穹林，纤尘不到，由西廊可出曰'不遮山楼'，向南得小亭，额曰'趣亭'。"高宗御制诗《题静含太古山房》："秀起占高朗，山房别一区。称佳以幽僻，契妙更清殊。松不烦新种，石皆入古图。子西善忖度，心得乃先吾。"

7. 碧峰寺

碧峰寺位于西峪前端中部左侧，是山庄内佛教寺院之一。建于乾隆二十九年（公元 1764 年）。寺南有溪流东去，今存基址、古松和假山等。《承德府志》："碧峰寺，在山庄内碧峰门之左，东向，高宗御书额曰'碧峰寺'。前为天王殿，内为正殿，前楹额曰'法华宝殿'，中榜曰'云鹫香台'。配殿左曰'松风'，右曰'水月'。更内为经楼，额曰'宗乘阁'，阁上额曰'法轮最上'，寺后有书屋，南向，疏泉引流，瀹茗为宜，额曰'味甘'，其右偏为'丛碧楼'，前为池，作亭临之，曰'迥溪亭'。"现在，碧峰寺基址尚存，其布局据府志所载，并不完全。根据民国初年的调查资料，可以看出这是一座由于地势条件的限制，坐西向东的寺院。最前面为石桥，山门三间，东南向，门内左右钟鼓楼各三楹，次为天王殿三楹，殿后中央为法华宝殿七楹，重檐。殿前配殿北为松风，南为水月，各三楹。在法华殿后为宗乘阁，为藏经之所。宗乘阁前东西配殿各三楹。阁后为腰墙，有小门通向后方。这里又是一组苑景，西北有"味甘书屋"、"丛碧楼"、"迥溪亭"。当时的池、亭、阁、殿已毁，但庭内古松翁翳，山石翠叠，仍不失为赏景佳处。

8. 松鹤清越

松鹤清越，属康熙三十六景第七景。位于山庄南榛子峪，建于康熙四十二年。今仅存基址。据《钦定热河志》："松鹤清越，山庄内西偏为榛子峪，殿门五楹，南向，圣祖御题额曰'松鹤清越'……青盖垂阴，九皋振响……后殿皇上（高宗）御题额曰'静馀轩'。"松鹤清越是以松、鹤为主题的一组苑景，其距正宫北门——岫云门较近。松、鹤都是长寿的象征，和松鹤斋之意相近，都有长生不老之意。康熙三十六景诗："寿比青松愿，千令叶不凋。铜龙鹤发健，喜动四时调。"另乾隆也有《松鹤清越》题诗。

9. 绮望楼

绮望楼，在丽正门西山的冈阜之上，属乾隆三十六景第六景（彩版 33）。建于康熙时期。《钦定热河志》："绮望楼，碧峰门之左，倚城为楼，凡九楹，北向，御题额曰'绮望楼'……登临极望水木云峦，组分绣错。后楼三楹，南向……恭悬圣祖额曰'坦坦荡荡'。"绮望楼因依宫城南垣，居高临下，登楼可望市区之大半。高宗御制诗《绮望楼》："坤垠岑楼耸翠林，每因眺远一登临。万家烟火随民便，圣度原如天地心。"于此楼上，可倚栏远眺市区的万家灯火。

五　狮子园行宫

狮子园行宫位于避暑山庄北麓，在狮子沟里殊像寺之西，以傍倚狮子岭而得名。是世宗宪皇帝雍正为皇子时，随康熙来热河秋狝时赐居之所，是雍正登基以前的行宫，规模也相当壮观。其和热河行宫相比，一般呼其为小宫。

现在，狮子园行宫早已夷为平地，另建有近代建筑。根据《钦定热河志》和《承德府志》的记载，可略窥其一二。

《钦定热河志》："狮子园，园以傍狮子岭得名。我世宗宪皇帝（雍正）在藩邸扈从，赐居于此。中多世宗题额。园额乃圣祖（康熙）赐书也。东西宫门五楹，其南碧水回环。北岸亭三楹，额曰'翠柏苍松'，逾桥而南，恭悬圣祖仁皇帝御赐额。前五楹，额曰'芳兰砌'，曰'乐山书院'，院东环以回廊，中峙方亭，又东南殿三楹，额曰'水情月意'，后殿三楹。东有亭，圣祖御书，额曰'环翠桥'，（桥）之北为正殿。有'待月亭'，在殿东南前殿五楹……，后殿三楹，东五楹，额曰'片云舒卷'。又东北三楹，为护云庄，我皇上（高宗）御书额，西北七楹，额曰'群山环翠'。东北为'草房'。又东北曲径窈深，殿五楹，额曰'澄怀'，更内五楹，庭前植松柏各一，额曰'松柏室'，后三楹为'忘言馆'。其西跨涧为小堂三楹，曰'秋水涧'……西南为'妙高堂'，恭悬圣祖题额。堂五楹，踞山峰最高处……，其南为'法林寺'……，额曰'普门随现'。"

　　狮子园行宫内安排基本也是按南方园林手法布局，规模大占地面积广，在口外行宫中是仅次于避暑山庄的。但由于雍正执政的 13 年中未曾来过热河，狮子园"小宫"的作用就显得微小了，而且到了乾隆时期，注意力多放到避暑山庄和外八庙的建设上，狮子园的小宫也就没有什么发展。但就其规模而言还是相当可观的。

第七章　承德外八庙

一　外八庙概况

承德外八庙位于避暑山庄的东北面，占据了承德市的武烈河以东、狮子沟河以北的黄土台地和河岸平川之地，围绕着大半个市区和避暑山庄错落分布着。各座寺院都安排在依山面河的高亢之地，有的是错落掩映于浓荫密布的苍松翠柏之中，有的是层层叠起，殿、堂、台、阁散点于山峦起伏之处，给人以雄伟、高大、肃穆、庄严之感。各座寺院的安排，因不同的政治背景和要求，在建筑艺术风格、主体造型、供养内容以及所反映的精神因素各有许多不同的特点，是有清一代各种寺院建筑艺术之集大成者，也是我国古代劳动人民的智慧和艺术结晶。

外八庙又称外八处，它和避暑山庄内八处相对而言，是从过去管理体制上沿袭而来的（注：山庄管理上习称内八处，实为十处）。外八庙不只是八处，而是包括了规模不同的寺院十二处。最早寺院始建于康熙五十二年（公元1713年），最晚完成的时间是乾隆四十五年（公元1780年），先后用了67年才得以完成这世界上被称为"神秘胜境"的、举世无双的宏伟喇嘛教寺院建筑群。

这十二座寺院的名称和分布情况是：在市区东北方即避暑山庄正东的武烈河东岸，自南而北分布排列着溥仁寺、溥善寺、普乐寺、安远庙。在避暑山庄的北麓狮子沟河自西而东到狮子沟街东注入武烈河，狮子沟河天旱干涸。在狮子沟北面自东而西分布着外八庙中最大的几座建筑群，其中包括普佑寺（新罗汉堂）、广缘寺、普宁寺（又称大佛寺）、须弥福寿之庙（扎什伦布）、普陀宗乘之庙（布达拉宫）、广安寺、殊像寺、罗汉堂等几座建筑群。上述十二座寺院中溥善寺、广安寺、罗汉堂三座寺院已不存在，目前所称的外八庙，即指现存此九座而言。其中广缘寺为僧房，未对外开放。

在十二座寺院中，面积最大的是普陀宗乘之庙，占地面积为22万平方米，面积最小的溥善寺占地面积1.18万平方米。各寺建筑形制不一，在布局方面，有的属于纯汉式寺院建筑风格，有的属于藏式佛寺即所谓喇嘛庙的形制。现在按各建筑名称的年代、范围、建筑特点例下：

1. 溥仁寺（前寺），清康熙五十二年（公元1713年），占地3.76万平方米，纯汉民族寺院，微有西藏手法，今存。

2. 溥善寺（后寺），清康熙五十二年（公元1713年），占地1.18万平方米，纯汉民族寺院，微有西藏手法，今不存。

3. 普宁寺（大佛寺），清乾隆二十年（公元1755年），占地3.3万平方米，仿西藏三摩耶庙式，今存。

4. 普佑寺，清乾隆二十五年（公元 1760 年），属于普宁寺范围内，汉民族寺院，西藏手法，今存。

5. 广缘寺，清乾隆四十五年（公元 1780 年），汉式寺院，今存。

6. 安远庙（伊犁庙），清乾隆二十九年（公元 1764 年），占地 2.6 万平方米，仿新疆伊犁固尔札庙，今存。

7. 普乐寺（园亭子），清乾隆三十一年（公元 1766 年），占地 2.4 万平方米，汉民族寺院，微有西藏手法，今存。

8. 普陀宗乘之庙（布达拉），清乾隆三十二年（公元 1767 年），占地 22 万平方米，仿前藏拉萨布达拉宫，今存。

9. 广安寺（戒台），清乾隆三十七年（公元 1772 年），面积不详，仿藏式寺院，内有戒台，今不存。

10. 殊像寺，清乾隆三十九年（公元 1774 年），占地 2.3 万平方米，仿五台山殊像寺和北京香山某寺，今存。

11. 罗汉堂，清乾隆三十九年（公元 1774 年），占地 1.2 万平方米，仿浙江宁海安国寺，今不存。

12. 须弥福寿之庙（扎什伦布），清乾隆四十五年（公元 1780 年），占地 3.79 万平方米，仿后藏日喀则扎什伦布寺，今存[①]。

上例各寺之概况，可以看出外八庙是以藏式寺院建筑形制为主，内中所奉佛像也多是以藏式为主的。根据近人考查，外八庙中所奉的密宗佛像和西藏寺院中所奉的密宗佛像，可能还有一些不同特点，即有其一定的地方特点，这些明显的特点是和北方流传于蒙古、新疆地区喇嘛教有着密切的关系。除了藏式佛寺以外，汉式寺院即典型伽蓝七堂式建筑形制，在承德也占有一定的比例，但其寺内所奉的佛像也仍然是以藏式为主或接近于藏式手法。

康、乾两帝为什么要花费那么多的金钱，在承德修筑如此多的喇嘛庙呢？承德的喇嘛庙和避暑山庄以及木兰围场三者又是什么关系？喇嘛教在北方的发展和承德又是什么关系？清廷对喇嘛教的政策和管理等都是需要在文中进行说明的问题。

二　外八庙兴建前的历史背景

外八庙兴建的政治背景和避暑山庄、木兰围场的创建和开辟，总的宗旨是一致的，都是为了团结国内各少数民族，即"绥服远方"达到敌御外侮这样一个目的。特别是和解决清朝初年的蒙古问题密切相关。但是外八庙是通过迎合蒙古族对宗教，特别是喇嘛教中的黄教的崇奉所体现出来的。

清朝初年的国际国内形势，摆在清廷面前的重要议事日程之一，就是先统一北方，进而入主中原，而统一北方的主要环节就是占据中国北部大半土地的蒙古民族。满清入关以前，首先解决了内蒙古（漠南蒙古）六盟，灭林丹汗后统一了内蒙古各部，并组成了满蒙联军进入华北，建立了清朝政权进

① 卢绳：《承德外八庙建筑》，《文物》1956 年 10 期，59 页。

而南下统一中国。但北方的问题并未完全解决，内忧外患接踵而来。从十六世纪末，野心勃勃的沙俄越过乌拉尔山向东扩张；十七世纪侵略我国神圣领土黑龙江、蒙古、新疆地区，挑拨和收买蒙古、新疆地区少数民族上层分子进行分裂颠覆活动，中俄边界的中段和东段都受到沙俄的威胁。同时沙俄亲自出兵侵入我黑龙江以北雅克萨地区，迫使清廷在 1685 年和 1686 年进行两次雅克萨反击战，收复了部分被沙俄侵占的我国领土。康熙二十八年（公元 1689 年），经过双方平等协商，并由中国作了让步，双方签订了《尼布楚条约》，从法律上确定了中俄两国东段的边界。

在国内方面，由于沙俄的挑拨，有康熙二十年（公元 1681 年）开始的我国蒙古族厄鲁特四部之一的准噶尔部上层反动头目噶尔丹的叛乱；康熙五十四年（公元 1715 年）策妄阿拉布坦之叛；雍正七年（公元 1729 年）噶尔丹策凌之判；乾隆十年（公元 1745 年）达瓦齐之叛；乾隆二十年（公元 1755 年）阿睦阿撒纳之叛等，都是在围绕着蒙古问题而展开的。这使清廷知道，特别是具有深谋远虑的康熙皇帝深刻认识到，解决北方问题，首先要解决蒙古问题，而解决蒙古各部团结统一在清廷封建中央政府之下的目的，在于防御沙俄，所以在平定南方以吴三桂为首的三藩之乱的同时，清廷的视野转向北方。正如康熙三十年（公元 1691 年）在解决蒙古问题关键的多伦会盟途次，玄烨所说："我朝施恩于喀尔喀，使之防备朔方（指沙俄），较长城更为巩固。"防备溯方是清廷的中心指导思想。喇嘛教在蒙古各部有着悠久的历史渊源，是通过团结蒙古各部的重要途径之一，利用蒙古民族皈依黄教的羁縻思想是清廷当时解决蒙古问题在政策方面不可忽视的一环。所以，清朝在起事于白山黑水之初就注意了这一问题。从康熙五十二年开始兴建承德外八庙，到乾隆四十五年外八庙工程的完成，在这 67 年间特别是从康熙初年开始的清朝前半叶，也正是解决国内民族矛盾的高潮时期，如解决漠南内蒙古、漠北喀尔喀蒙古、平定准部、平定新疆大小和卓、勘定三藩之乱、平定大小金川、统一西藏和收复台湾等，所谓十全武功[1]，使清朝国势达到前所未有的地位。康、乾两帝对于提倡蒙、藏民族崇奉的喇嘛教，都有极为精湛的论述，这可以从外八庙的各庙碑碣文字中反映出来。

在蒙古民族中推行和保护喇嘛教，借以解决多民族国家的统一，是清朝的既定国策。外八庙中最早的一座寺院溥仁寺，创建于康熙五十二年，比木兰围场开辟晚 32 年，而比山庄创建晚 10 年，但它是承德最早的一座清代寺院。在康熙五十二年圣祖《御制溥仁寺碑》中说："蒙古部落……自百年以来敬奉释教，并无二法……朕驻跸清暑，岁以为常。而诸藩来觐，瞻礼亦便……诸藩于此建寺介福，率先恐后，无小无大，罔不来同。"以达到"远服要荒"之目的。清廷对于蒙古民族信仰喇嘛教的实质和所采取的政策以乾隆皇帝认识最为精辟，代表了清廷的主导思想。弘历在《普乐寺碑记》中说："因其教不易其俗……俾满所欲，无二心焉。"弘历在《喇嘛说》中说："兴黄教，即所以安众蒙古，所系非小，故不可不保护之。"[2] 反映了清廷的中心指导思想——推行黄教是当时清廷解决蒙古四部，即漠南内蒙古、漠北喀尔喀、漠西厄鲁特和青海蒙古的既定国策。到了乾隆时期，更把喇嘛教颁为国教，自上而下提倡、保护。这一指导思想目的就是为了迎合和满足蒙古上下阶层崇信喇嘛教中的黄教信仰，笼络蒙古各族上层统治阶级中的政教领袖。在热河这块所谓"中外之交"即汉、蒙各族接触频繁融会之地，大肆兴建喇嘛教寺院，以满足蒙、藏各族，特别是蒙古各部精神上崇奉和皈依黄教的需

---

① 魏源：《圣武记》，弘历《十全记》（碑藏承德文庙）。
② 弘历：《喇嘛说》（碑藏北京雍和宫）。

要，借以达到"绥服远荒"即团结国内蒙、藏等各族人民。这在主观上虽然为了达到巩固清王朝的封建统治，而在客观上则起到促进我国统一多民族国家的形成这样一个目的。

外八庙、避暑山庄和木兰围场之开辟，与满清王朝力图将蒙古、新疆、西藏等各少数民族团结统一在清朝政府这个旗帜之下的目的是分不开的，是清廷团结国内各族上层分子和人民，抵御外侮所采取的一个重要步骤，也是清廷这一总的指导思想的具体体现。有清一代前期一百几十年的兴旺史，几乎每一件重大事件都与这三者紧密相连在一起的。当时清廷抓住了团结蒙古各部，就是通过尊重和迎合蒙古民族的风俗、习惯和宗教信仰。康、乾两帝在承德修建大规模的喇嘛寺院，开展对蒙古民族的团结工作，这也是清廷当时的主要宗旨，就是从精神因素上，俾其所好，满足其蒙古民族自元朝以来一直奉行的根深蒂固的喇嘛教，即"敬奉释教，并无二法"，这指的释教就是喇嘛教，兴建大规模的喇嘛庙，以满足当时蒙古各部上下层人民在精神信仰方面的需求。通过在热河对蒙、藏、新疆各部少数民族特别是蒙、藏各族政教领袖和上层人士的朝觐、会见、瞻礼，在各寺院举行蒙古民族喇嘛教信仰的一些传统仪式，和避暑山庄中的一些活动配合起来，达到笼络和团结蒙、藏上层领袖的目的。宗教是为一定的政治活动而服务的，承德喇嘛庙正是当时清廷蒙、藏各族上层分子来热河觐见清朝皇帝进行重要的宗教仪式，如参加法会、膜拜等的场所。宗教仪式成为清廷通过宗教在塞外进行政治活动的一部分。

木兰围场则是清廷通过"习武木兰勿忘家法"借以达到"诘戎绥远"这一目的。这也正迎合蒙古等少数民族风俗习惯中骑与射猎这一喜爱的活动和要求，通过木兰秋狝进行各种政治活动，密切同各少数民族的联系。

避暑山庄则是清廷团结各族上层分子进行重要政治活动和处理政务的地方，在这里觐见外国使臣和国内各族政教领袖，宴赉、赏赐、联姻以及各种游幸活动，一些重要的政治活动包括清廷制定的一系列重大政策都在这里确定。

所以说，木兰围场、避暑山庄和外八庙三位一体的关系缺一不可，是清廷在塞外进行各种政治活动的集中表现。除了政治上的原因以外，承德这个地理环境有利于解决上述诸问题，其南近京师、北控沙漠，西北连蒙古大草原可进入新疆和西藏，东北近清朝祖祥之地，当地气候凉爽，夏无酷暑之感，这些优越条件创造了联系北方各少数民族进行政治活动的各种方便。在交通上无大的山险之隔，且距天然刍牧之场甚近，水草丰美，可以安其部众，又可以直接取得封建中央政府的关怀和支持，这些客观上的方便条件为清廷所利用，并达到预期的目的。

外八庙中每一座寺院都是在一定的政治条件下建立起来的。溥仁寺是康熙五十二年各部蒙古王公贵族来热河为庆祝玄烨（康熙）六十寿辰而建立的；普宁寺是乾隆二十年在平定准噶尔部达瓦齐叛乱以后，厄鲁特四部（准噶尔、都尔伯特、辉特、和硕特）上层贵族、政教领袖来热河，分别授以汗王、贝子、贝勒之封而建立的；安远庙是乾隆二十九年，准噶尔部的达什达瓦部约六千人迁居热河，仿伊犁河北岸在阿睦尔撒纳叛乱中被烧毁的固尔札都纲法式庙而建立的；普乐寺是乾隆三十一年为哈萨克、布鲁特等少数民族首领来热河朝觐观瞻创建的；普陀宗乘之庙是乾隆三十二年至三十六年，国内蒙古各部（漠西、漠北、漠南、青海蒙古等）、新疆维吾尔、西藏等地各族政教领袖来热河朝见乾隆皇帝，表现了祖国空前的统一，在清廷决策之下而建立的规模最大的一座寺院，乾隆三十六年，正值土尔扈特部首领渥巴锡率众返回祖国，为了纪念这一有历史意义的事件，乾隆于寺内立碑以志其事；

殊像寺是乾隆三十九年仿山西五台山殊像寺而建立的，寺内藏有喇嘛译成的三部满文大藏经；须弥福寿之庙是乾隆四十五年后藏政教领袖班禅六世，为庆祝乾隆皇帝七十岁诞辰，长途跋涉来到热河祝厘，这在当时国内各民族特别是蒙古各部族上层人物中产生巨大影响，为了纪念这一有意义的事件，在热河仿后藏扎什伦布之工程建立须弥福寿之庙的兹安禅。关于各寺详细创建之经过，本文不作过多叙述，可详见下节各庙篇。

三 清廷和喇嘛教之关系

喇嘛教是佛教的一支，其源于西藏。西藏自古以来就属于我国领土不可分割的一部分，很早以来就隶入中国版图。自从唐朝唐太宗以文成公主下嫁吐蕃王松赞干布以来，就和内地发生了政治、经济和文化往来。唐王朝和西藏地区的吐蕃建立了"合同为一家"的亲密关系。伺后，历届封建中央政府一直在西藏地方设置机构，任免人选，进行有效的行政管辖，西藏成为中国的一部分。元世祖时封西番高僧八思巴为帝师大宝法王以领西地。后嗣世袭其号，而西藏始为释教宗主。明洪武初，因其故俗，许其世袭，从属于明朝管辖。明成祖时，封西藏高僧哈立麻为大宝法王、西天大善自在王佛，其徒三人皆封国师。之后，朝贡不绝。法王等死，自相承袭，所以终明之世，无西番之患。明以前流行于西藏的喇嘛教主要是红教，明代皇帝给诸法王赐红绮禅衣。明永乐十五年黄教鼻祖宗喀巴降生，创立黄教，自黄其衣冠，遗嘱一大弟子世世以呼毕勒罕（汉译"化身"）转生，演大乘教。其二弟子，一曰达赖喇嘛，一曰班禅喇嘛。喇嘛，汉译"无上"之意。死后自知其往生，其弟子辄迎而立之，常在轮回，本性不昧。清朝在入关以前，当时流行于东北地区黑龙江流域和内蒙古地区的宗教，主要有萨满教和喇嘛教。东西伯利亚的亚古特人及呼伦贝尔地方的索伦、达呼尔、瓦尔喀和满族主要信奉比较原始的宗教萨满教，而在蒙古四部主要信仰喇嘛教。元朝把喇嘛教尊为国教，朝野上下提倡崇奉，在蒙古各部立胡土克图以掌教化（胡土克图即活佛）。到了清朝初年，喀尔喀蒙古自奉宗喀巴第三弟子哲卜尊丹巴之后身为大胡土克图，位与班禅喇嘛相亚，掌政数十年。清廷入关以前就注意到了从宗教方面入手解决蒙古和西藏问题，通过和政教领袖接触，密切蒙藏关系。

太宗崇德二年，喀尔喀三汗请使迎达赖喇嘛，崇德四年达赖、班禅、藏巴汗及青海固始汗各遣使绕塞外数万里于崇德七年至盛京，奉书及贡方物。崇德八年清廷遣使封达赖、班禅为金刚大士。顺治初，清朝统一全国，达赖、班禅遣使献金佛、念珠。顺治九年，达赖至京师，世祖宾之于太和殿，建西番（黄）寺以居之，受金册、印，领天下释教，命和硕亲王硕塞以八旗兵送之。康熙二十一年第五世达赖卒，西藏内部纷乱，第巴（前藏掌兵、刑、赋政务官，职位仅次于达赖）欲专藏事，密不发丧，凡事伪传达赖之旨行之。勾结准噶尔部上层分子反动头目噶尔丹，残喀尔喀，构策妄残扰西藏，当喀尔喀三部内讧之际，圣祖（康熙）遣使约达赖喇嘛和解之。因达赖已死，第巴又使达赖喇嘛之大弟子西勒图往蒙古坐床，与奉诏坐床之哲卜尊丹巴胡土克图并坐，争掌教权。土谢图汗怨之，杀西勒图随人，第巴又阴使济隆胡土克图唆之，终于在康熙二十七年挑起了噶尔丹率兵入侵喀尔喀三汗事件。在这紧要关头，哲卜尊丹巴胡土克图作为政教领袖率喀尔喀三部内款，请求清廷保护，圣祖优礼之。康熙二十九年噶尔丹兵败于乌兰布通之地。康熙三十年在多伦诺尔举行了内札萨克四十九旗，外蒙喀尔喀三部数十万众的会阅礼——多伦会盟。建立了汇宗寺，命百二十旗各一僧居之，设官员领之。以大喇嘛章嘉胡土克图居其处。康熙三十五年，遣使责第巴挟达赖之言，阻挠班禅进京，勾结噶尔丹破坏蒙、藏民族和清朝中央政府关系的罪行，令执济隆胡土克图。第巴恐，乃奏五世达赖已死，簉尸盐拌，并伪立新达赖，于是发生了青海固始汗和第巴藏议立六世达赖之争。康熙四十四年第巴谋毒拉藏汗不果，为拉藏汗（青海固始汗之孙）所诛。清廷封拉藏汗翊法恭顺汗，废第巴藏所立之伪六世达赖，执亲师途中死。而西藏中所立伊西嘉穆措，青海及诸蒙古不信，而别奉裹塘之噶尔藏嘉穆措为真达赖。康熙恐其有变，诏暂居西宁塔尔寺。当新达赖议而未决之时，即康熙五十五年，准噶尔头目策妄阿拉布坦以送丹衷夫妇为名，乘拉藏汗不备，由腾格里海突入西藏，攻入布达拉宫，杀拉藏汗，虏其妻子以及各庙重器送伊犁。为了平定由策妄挑起的民族分裂叛乱，清廷于康熙五十六年派青海、蒙古兵进讨，不果。于九月为策妄军所歼。康熙皇帝认为"西藏蔽屏青海、滇、蜀，若为策妄所据，将边无宁日"，于是于康熙五十七年命皇十四子为抚远大将军，分兵屯青海，分川、青路进藏。诏许青海所立达赖为真，赐予册、印和藏中所立之赝。康熙五十九年拥兵入藏，策妄兵败。于是立六世达赖喇嘛入藏坐床。取拉藏所立之博克达喇嘛归京。立拉藏旧臣、贝子康鼐济掌前藏，台吉颇罗鼐掌后藏。在五世达赖死后的三十年间，两立伪达赖、西藏纷乱之祸至此始平[1]。

雍正元年，哲卜尊丹巴胡土克图自喀尔喀部来朝，卒于京师，年九十。雍正赐名号、册印，如达赖班禅之制，丧归库仑。其胡土克图毕勒汗特生于库仑，诏赐金十万，以绥喀尔喀之众。又为驻京之章嘉胡土克图造寺于多伦，以绥内蒙之众。

雍正二年有青海喇嘛助罗卜藏卜津之叛，诏颇罗鼐总藏事，平定后，清廷开始在西藏设正副大臣，管理西藏事宜。雍正九年，哲卜尊丹巴子从多伦（原避噶尔丹之乱）返回库仑。

乾隆十五年有颇罗鼐郡王之子朱尔墨特阴通准噶尔头目策楞（策妄子）谋变，未果，为驻藏都统付清、御史拉布敦所杀。同时，付清、拉布敦亦为遂党所害。从此，西藏始不封汗王、贝子，以四噶布仑分权，而总于达赖和驻藏大臣。

乾隆二十二年，第六世达赖卒。初，厄鲁特准噶尔部头目噶尔丹，自称受伪达赖博硕克图汗之封；策妄阿拉布坦自称受伪达赖"宝权大庆王"之封，铸造铁券梵文以赐，于伊犁河北立固尔札庙，河南立海努克庙，取掠藏器实之。饭厄鲁特喇嘛六千余。准部首领达瓦齐立后，阿睦尔撒纳不满，乃投清廷。及阿睦尔撒纳从王师平定伊犁之后，阿睦尔撒纳野心暴露，欲主四部，未果而叛。于是清兵再次出兵平定伊犁，阿睦尔撒纳烧杀掠抢，焚固尔札庙为焦土。乾隆皇帝为了绥服四卫拉来归之众，诏仿固尔札庙式，立安远庙于热河，选置高行喇嘛主之。高宗乾隆皇帝七旬万寿，六世班禅来朝祝厘，诏访后藏扎什伦布寺，建须弥福寿庙于热河。六世班禅于乾隆六年登坐，年42岁。乾隆四十五年七月，班禅至热河，乾隆接见于避暑山庄澹泊敬诚。乾隆习蒙古语，后平回部、金川，习回语、西番语。及班禅喇嘛来热河，乾隆用唐古特语觐见，告语如一家。以班禅有高行，入觐，惟跽不拜，至是班禅固请拜，乾隆嘉其诚，从之。至京师接见于南苑德寿寺，仍居西黄寺讲经，是年十一月以一痘终京师。明年春舍利金龛西归，驾幸西黄寺拈香送之。而留其高弟子罗布藏敦珠布者，领班第二十人，主持扎什伦布庙，传授后藏经律，选内地喇嘛一百八十人习焉。是年册印封第七世达赖喇嘛。六世班禅死后，发生了班禅喇嘛之兄仲巴胡图与其弟舍玛尔巴分夺财产之争。舍玛尔巴引廓尔喀入寇，清廷派福康安、海兰察讨平之。自是，驻藏二大臣行事，与达赖、班禅平等，其下之四噶布仑，由驻藏大臣、达赖、

① 魏源：《圣武记·国朝绥服西藏记》上、下。

班禅共同选定。

由于达赖、班禅及各大胡土克图呼毕勒汗转世纷乱，又非出自一地。至乾隆时期，各大喇嘛多以兄弟叔侄相承袭，或出蒙古、汗王、贝勒子弟。甚至哲卜尊巴活佛元寂，适土谢土汗之福晋有妊，众即指为呼毕勒汗，即在生乃是一女，成为笑柄。清廷久查其弊，欲禁之，乘用兵之后，乃于乾隆五十七年创金奔巴瓶，一供中藏之大昭寺，迁有呼毕勒汗出世，互报差异者，纳籖瓶中，诵经降神，由驻藏大臣会同达赖、班禅喇嘛，于宗喀巴像前挚之而确定。乾隆五十八年颁布了《西藏章程》把藏务包括政教、军务等从法律上固定下来。

各札萨克蒙古所奉胡土克图，其呼毕勒汗将出世，亦报告理藩院，由理藩院与驻京之章嘉胡土克图挚之，瓶供雍和宫。章嘉胡土克图，元、明未有，清康熙中自藏来朝，乃第五辈达赖之大弟子，为章嘉一世，圣祖礼优之，命住持蒙古多伦汇宗寺；章嘉二世呼毕勒汗，通宗乘，命住持多伦善因寺；章嘉三世呼毕勒汗，通教乘，高宗朝命来京审定大藏经，乾隆四十一年跌逝京师，是为黄教第四支，与哲卜尊丹巴一支皆住持蒙古，亚于达赖、班禅二支。另藏中尚有红帽十三支，黑帽数小支。当时清廷提倡喇嘛教的主要宗旨是"修其教，不异其俗，民可使由之，不可使知之"的政策①。

四　喇嘛教之管理体系

从上述介绍中可以看出，喇嘛教主要分为四大支，即西藏的前藏拉萨达赖喇嘛一支，后藏日喀则班禅喇嘛一支，外蒙古喀尔哲卜尊丹巴胡土克图一支和内蒙多伦章嘉胡土克图一支。有清一代为了对喇嘛教进行有效的管理，制定喇嘛管理则例，制定达赖、班禅、哲卜尊丹巴、章嘉胡土克图以下各级大喇嘛来京纳贡、觐见等规章制度及其以下各级包括京城、热河、盛京、锡垺图库仑、西安、归化、多伦、内蒙札萨克各旗喇嘛的等级、坐床地点、每月钱粮、各喇嘛寺院有职喇嘛名额和无职喇嘛的定额等。管理上统属于理藩院。现摘其主要者例下：

（一）关于朝贡之规定

除达赖、班禅、哲卜尊丹巴三人遣贡使不例年班外，其余大喇嘛、驻漠南北蒙古各部者，班六，每岁一至。岷州喇嘛，班四，三岁一至；其驻京喇嘛或在京掌教，或赴藏办事，或分驻盛京、热河、多伦泊、五台山，或派往伊犁及四川之懋功寺，分闸黄教，三岁而更代。

（二）关于哲卜尊丹巴胡土克图来热河朝见的规定

哲卜尊丹巴来热河朝见清朝皇帝，首先由清廷驻扎库仑办事大臣奏请，允旨后由该处王、大臣、贝勒、贝子、公、札萨克、台吉派员护送，到热河驻在殊像寺一带，代奏请安。后由军机处具奏哲卜尊丹巴胡土克图及同来之胡土克图、徒弟、喇嘛等情。具服蟒袍入内觐见。呈丹书，进贡方物（九白之礼）、马驼以及各种珍奇。清皇帝命内务府给予赏赐。然后约定时间陪同清帝到各寺庙拈香诵经。哲卜尊丹巴胡土克图代奏随同前来的王、公、札萨克、台吉等给皇帝请安，然后诏见贡方物、马匹等。皇帝于避暑山庄万树园为哲卜尊丹巴胡土克图及随来的王、公、札萨克、台吉及围班包括随猎的王、公、内外札萨克、大臣、扈从随围胡土克图、札萨克喇嘛、热河堪布等一并入坐，进行宴贲、赏赐等活动，然后又于塞苑内听戏、观灯火、照料按等格予赏。

①　魏源：《圣武记·国朝绥服西藏记》下。

哲卜尊丹巴返回库仑时，照料前来，各王、公、札萨克、台吉等具代奏请安和皇帝陛下辞行。

（三）清帝举行木兰围场秋狝来热河时，胡土克图及喇嘛扈从之典礼

清帝来热河避暑，各札萨克胡土克图于古北口外巴克什营一带迎驾。热河各寺庙之堪布、达赖喇嘛等于常山峪或秋狝完毕回热河时于中关迎驾。

皇帝到各寺庙拈香，上赏堪布喇嘛以下格斯贵绸缎银两，均由军机处命热河部统先具清册，次日代奏谢恩。绸缎由内宫出，银两由内务府出。热河各寺庙进行修理工程时，皇帝拈香、赏额减半，支由军机处。皇帝到各庙拈香、瞻礼，随围喇嘛门外站班、导引，赏给各种果品。随围时，要于御营附近念经祈祝，也随时赏赐。

（四）喇嘛教的管理体制

喇嘛教的管理体制比较复杂，今仅就喇嘛的等级制度和热河外八庙有关者作一介绍。喇嘛的等级制度，其规定比较严格，按照清朝授予喇嘛名号、职官的规定，为：

达赖喇嘛：在喇嘛僧中位置为至高至大，传达赖为观音分体。达赖在蒙古语中为智意大海之义，是黄教鼻祖宗喀巴之大弟子，所谓轮回不昧，执掌西藏政教权，为全喇嘛教的教主，驻拉萨布达拉宫，主前藏。

班禅额尔德尼：也是黄教鼻祖宗喀巴的大弟子，称为金刚化身，住持后藏扎什伦布寺。资格仅次于达赖。

哲卜尊丹巴胡土克图：推其生前为达拉那子菩萨化身，是教祖宗喀巴第三弟子哲卜尊丹巴转世。住持喀尔喀库仑。

按照《理藩院则例》，达赖喇嘛、班禅额尔德尼，为西藏阐教正宗。哲卜尊丹巴，国初率喀尔喀教十万众内款有功而封。

章嘉胡土克图生前为五世达赖之大弟子。康熙中从西藏入朝，圣祖以礼遇之，住持多伦泊汇宗寺。世宗（雍正）时第二世呼毕勒汗转生，诏建多伦善因寺世居之。高宗（乾隆）朝奉诏来京，翻译大藏经。驻赐雍和宫。挚籖金奔巴瓶。每岁弘法寺供养，中正殿念经。

关于喇嘛的名号有：

1. 胡土克图（或呼图克图），即佛爷喇嘛，喇嘛中道行至高者。清朝多加封以国师、禅师等。驻京胡土克图十四，有章嘉胡土克图、噶勒丹锡埒图呼图克图、敏珠勒呼图克图等。

2. 诺门汗，位仅次于胡土克图。未设于游牧地，领札萨克官职衔，掌游牧政教事宜，如外蒙古青苏珠克诺门汗、青海察汗诺们汗等。

3. 达尔汗。

4. 班弟达。

5. 堪布。

6. 绰尔济。

以上位仅次于诺门汗，精通经文。而堪布位置较高，是掌经典实权的僧官。西藏堪布掌经典，上设总堪布；雍和宫设四学监督总堪布，四学教授堪布；热河普宁寺设总堪布达喇嘛等。以上皆呼毕勒汗转生。按照清朝理藩院入册规定的呼毕勒罕数，西藏胡土克图名号18，漠北蒙古19，漠南蒙古57，

青海蕃地 35，驻京胡土克图 14。

　　7. 商卓特巴。

　　8. 名号大喇嘛。

　　9. 名号喇嘛。

关于喇嘛的官职，清代定制以后，一直延续到民国初年，其职官等级如下：

　　掌印札萨克达喇嘛、副札萨克达喇嘛、札萨克达喇嘛、达喇嘛、虚衔达喇嘛、副达喇嘛、教习副达喇嘛、办事副达喇嘛、苏拉喇嘛、办事苏拉喇嘛、仓苏拉喇嘛、额设苏拉喇嘛、额外教习苏拉喇嘛、印务德木齐、大德木齐、德木齐、大格贵斯、格斯贵、教习、都纲、僧纲、僧正等。

口外各寺院，作为一座大的喇嘛庙中，其管理分工又可分为：

　　1. 有职管庙喇嘛，包括各札萨克喇嘛（多由蒙古王公、台吉子弟充之，政教职位都较高）、达喇嘛、副达喇嘛、苏拉喇嘛、德木齐、格斯贵等，下面还有分管刑、符、财、赋、库、医药、监督等事项的喇嘛。

　　2. 管理喇嘛，包括各胡土克图（活佛）职位最高，另有达喇嘛、斋桑喇嘛、噶布楚喇嘛、兰占巴喇嘛、德木齐喇嘛、格斯贵喇嘛、格隆喇嘛、苏格尔喇嘛、班第喇嘛等。

关于清朝热河各寺院设置的喇嘛职官情况和民国初年热河各寺院喇嘛职官情况，详本书附录3、4。

五　外八庙各寺院解说

（一）溥仁寺（前寺）

溥仁寺是外八庙中建立最早的一座寺院，它建于康熙五十二年（公元 1713 年），这年正是康熙皇帝六十寿辰，根据康熙御制溥仁寺碑文记载，圣祖仁皇帝六旬万寿"众蒙古部落咸至阙庭，奉行朝贺，不谋同辞，具疏陈恳，愿建刹宇，为朕祝厘"，当时塞外诸蒙古王、公、台吉等齐集热河，为玄烨祝厘（祝寿），恭请建寺。由于这时热河避暑山庄已经初步建成，康熙岁巡塞外已成常例，而蒙古诸部到山庄朝觐亦成定制。诸蒙古"敬奉释教（喇嘛教）并无二法"。既是历年来热河，康熙为了安抚其心，嘉其忠诚，所以命在"山庄之东，无关于耕种之荒地，特许营度为佛寺。陶甓于冶，取材于山。功用无输挽之劳，金钱无逾侈之费。经始讫功，告成不日"。这座寺庙康熙赐额曰"溥仁"，是为溥仁寺建寺之缘起（图 3；彩版 34）。

溥仁寺坐落在避暑山庄东的武烈河东岸平坦之地，依山带山、树木葱蔚、风景秀丽的佳处，它是外八庙中武烈河东岸的最南一处，占地面积 3.76 万平方米。其平面布置完全属于汉式寺院的形制，南北长，东西狭，坐北朝南，最南面为面阔三间进深二间的山门，额曰溥仁寺，兼满、汉、蒙古文字。入门后左右为幢竿，钟鼓二楼。中轴线以北中部为天王殿，面阔三间进深二间，单檐歇山布瓦顶，殿前檐下恭悬圣祖（康熙）御书"溥仁寺"匾额一块。天王殿内迎门为布袋和尚，东西存有泥塑四天王在大乘之阁前后，阁前东西各一座，每座塔都具有台基、塔身、项轮等部位。用黄、绿、紫、青、黑五色琉璃镶嵌而成，腹形如钵，长颈，其上作法轮、莲华、法螺、宝杵等密宗八宝，项轮之上为日月宝盖形塔刹。阁后两塔位于财宝天王殿前。

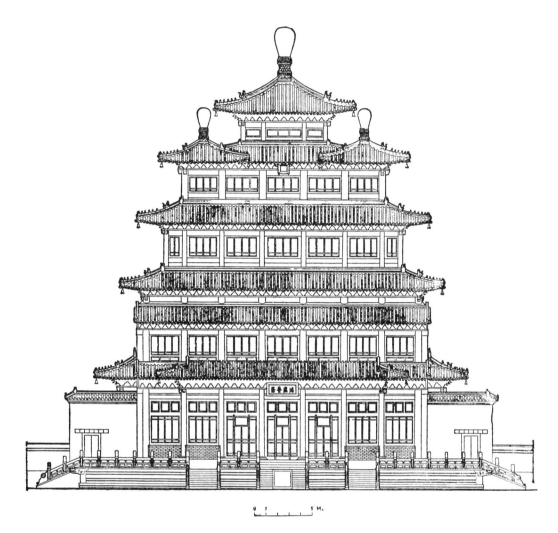

图 5 普宁寺大乘之阁正立面图
（摘自《中国古代建筑史》）

重层白台四，分布在靠近大乘之阁前，靠近中轴线有两座，大乘之阁后靠近中轴线左右有两座。前两座下为六角形，上是方形，有踏步而蹬。后两座位置较高，上下层都成六边形。

矩形白台二，在大乘之阁左右直对，东西平面有矩形白台各一，上有五脊琉璃瓦顶小殿一座，面阔三间进深一间，面向阁之东西两侧，内奉佛像，群众呼阁东一座为"兽像庙"，阁西一座为"狮子像庙"，实际内部所奉都是密宗佛像。

在大乘之阁后，石阶从东西两侧砌起可踏步而上。踏道中有拱道可直达中轴线背面的财宝天王殿。财宝天王殿是一座方阁形制，建筑在白台之上，面阔三间进深三间，歇山顶。站在方阁之上，面南，可以看出是自大乘阁之后自成一区，左、右、上为宝塔，中为白台，松树笔直参天，风景别致，有如苑囿，也可以看出三角殿、大乘之阁、财宝天王殿是在南北一个中轴线上。以大乘之阁的两侧腰墙为界分为南北两区，前后庭各有二塔，二白塔对称分布，层层叠高，十分壮观。

在大乘阁之东西两侧，各有精舍一区，近年皆已恢复，东面一组为妙严室，西面一组是讲经堂。

妙严室是当年乾隆皇帝到普宁寺拈香临时休息之所。其建筑布局排列情况是，自南而北为垂花门，门外有高石阶，可以下达抵至大雄宝殿，垂花门以北自成一院落，北面为妙严室正殿，面阔五间进深一间，左右有东西配殿各三间，皆面三进一。在妙严室后，为六角形重层白台一座，再后为月光殿，月光殿下有白台，呈新月形，象征月亮，上殿面阔三间，进深一间的庑殿式小殿一座。在月光殿后，又有方形重层白台一座。

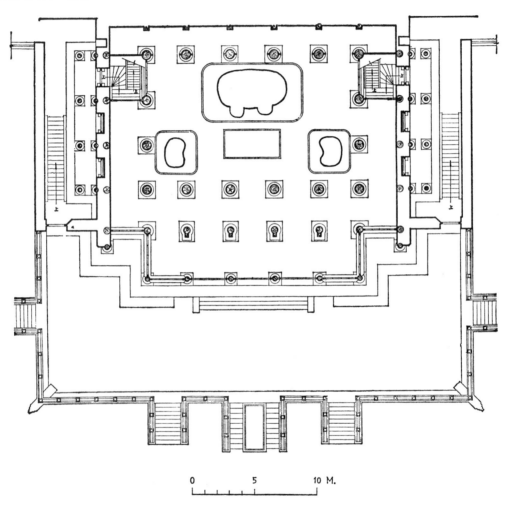

图6 普宁寺大乘之阁第一层平面图
（摘自《中国古代建筑史》）

讲经堂一区建筑，在大乘之阁之西，和妙严室相对称，其布局也完全相同。其排列位置自南而北是：石阶、垂花门讲经正殿，面阔五间进深一间，左右为东西配殿，各面阔三间进深一间，讲经殿后面为六角重层白台，再后是日光殿，日光殿的台子为圆形以象征太阳，台上建面阔三间，进深一间的庑殿式小殿一座。在日光殿后，又有方形重层白台一座。

在普宁寺的中路两侧有喇嘛僧房，中间以甬路相隔，东面一区僧房成南北分布的排列形状，都各自成一小院落形制，西面一区僧房情况与东路相似，唯毁坏较甚。

（四）普佑寺

普佑寺位于普宁寺之东，自成一区，建于乾隆二十五年（公元1760年），是乾隆时期为了安置喇嘛僧众，依山麓而开的道场（图版111；彩版36）。

寺的最南面为山门，面阔五间，进深三间，单檐歇山琉璃剪边顶，山门上方嵌乾隆御书"普佑寺"石匾。山门左右有便门，山门北正中为一座阔七间进深五间的大方广殿，单檐庑殿顶，已毁，今存基址、佛座。在大方广殿之左右有东西配殿，已毁。再北为天王殿，面三进二，单檐歇山顶，殿内东西各有二天王像和韦陀，殿两侧以腰墙相隔，置东西便门。天王殿北正中为法轮殿，法轮殿为面阔七间进深七间的带有回廊式的殿堂，四角攒尖剪边绿色琉璃瓦顶。宝顶作珠形，鎏金铜铸，闪烁夺目。殿内原奉释迦牟尼和法轮，殿前东西配殿，内奉达赖、班禅及宗喀巴等，藏式佛像，是一讲经道场，后将狮子沟罗汉堂里面木雕金漆罗汉像508尊移于此处。1960年夏法轮殿雷击起火毁掉。在法轮殿东西各有配殿五楹，皆面五进一，东西配殿之北为东西禅堂各九楹，皆面阔九间进深一间，再北与群楼相连，群楼又称经楼，半方环形，将法轮殿环抱于正中。群楼成上下两层展开，面阔为廿三间，进深二间，重檐硬山顶。现在这些经楼中置满从罗汉堂移来的罗汉像，各个姿态生动，造型真实，是有清一代优秀的佛教艺术品。

（五）广缘寺

在普佑寺之东为广缘寺，自成一区，保存完好，约建于乾隆四十五年。乃普宁寺堪布达喇嘛查鲁克斯为给乾隆皇帝祝寿出资兴建。广缘寺是为普宁寺之下处，过去活佛诺门汗葛格若的居处。占地2500余平方米。其平面布置和一般寺院相似，坐北朝南。最南面为山门，面阔三间进深一间，门额石匾"广缘寺"，内再后为天王殿，面阔五间，内奉四天王像和弥勒佛。再后为广缘寺正殿，面阔七间进深三间，奉三世佛。正殿左右为东西配殿各三间，单檐硬山布瓦顶，正殿内奉金漆木雕三世佛，后佛楼七间二层，中三间为佛堂，两侧为经堂居室。东配殿奉关帝，西配奉舍利塔三。广缘寺原有院落四重，今存三重。

（六）安远庙

安远庙位于山庄东北面隔武烈河的一个平岗之上，西北与普宁寺隔河相望，东南与普乐寺遥相呼应。安远庙地势高亢，依山带水。根据地形的特点，平面布局向西南，与行宫、六和塔相直对（图7；图版112；彩版38）。

安远庙建于乾隆二十九年（公元1764年），是仿新疆伊犁固尔札庙之形制，面向避暑山庄，占地面积为2.75万平方米。其寺建缘起，《钦定热河志》："安远庙在行宫东北山麓，乾隆二十四年以准噶尔部降人达什达瓦部迁居山下，二十九年敕建安远庙仿伊犁固尔札庙式。"根据《高宗御制安远庙瞻礼书事》所载："伊犁河北，旧有庙曰固尔札，都纲三层，缭垣，周一里许。当噶尔丹策凌时，以五集赛，更番居此诵经，每岁首盛夏，准噶尔之众膜拜顶礼者，远近咸集，其俗素奉黄教。"伊犁的固尔札庙是漠西一大寺院，准噶尔部上层分子阿睦尔撒纳叛乱以后，将伊犁河畔之固尔札庙焚毁。及清师于乾隆二十二年再次平定伊犁之后，建城堡之时，其庙宇仅存灰烬而已。当时，准噶尔部之一的达什达瓦部约六千余人，被迁居于热河行宫北面山麓一带居住。乾隆皇帝因思山庄为秋狩肆觐之所，各部蒙古王、公、台吉、政教领袖，鳞集热河，故而规划东北岗集空间，高亢之地，仿固尔札之制，营建新庙，赐其额曰"安远庙"。集番僧诵经，演步踏，梵呗之声不绝，有如昔时固尔札庙之举。庙建成后，都尔伯特郡王策凌巴什等适以朝贺至。乃与乾隆二十四年，就迁居热河之达什达瓦部来安远庙礼拜。特别是达什达瓦部，虽身居热河，觉此庙如居该土。乾隆自己也说修建安远庙"非惟阐扬黄教之

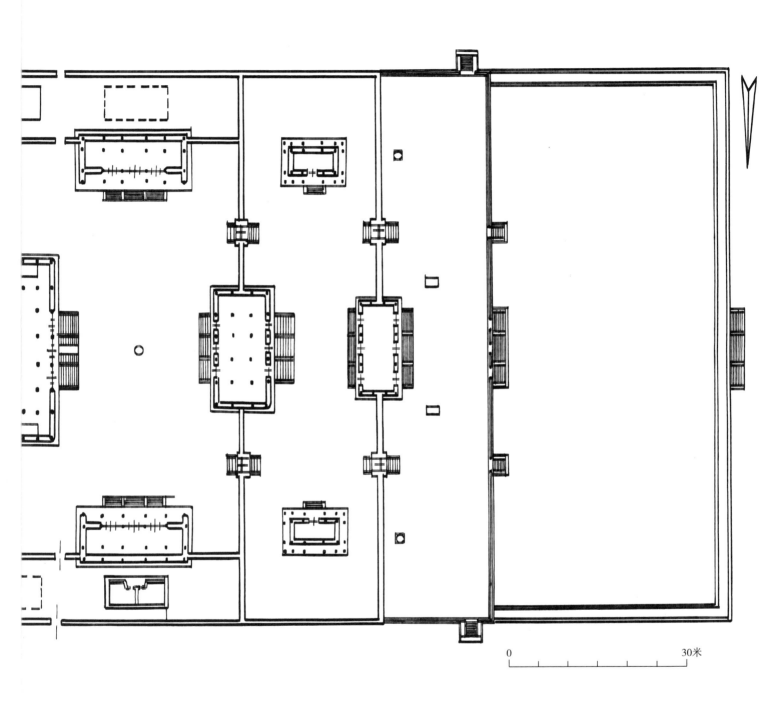

普乐寺平面图

0   30米

进深一间。南配殿名曰"慧力殿"，北配殿曰"胜因殿"，殿内置密宗木雕护法金刚佛像等。在宗印殿之后为碑亭子（门殿）。碑亭子面阔三间，进深一间，重檐歇山琉璃瓦顶，亭内树乾隆三十二年（公元1767年）《普乐寺碑记》一通，刻满、汉、蒙、藏四体文字。碑亭子左右以腰墙界开，两侧有石阶而上进入阁城。阁城为石筑，共有墙三重，最外一层边长70米，正面中部各建单檐歇山琉璃瓦顶门殿一，面西是前门，额曰"须弥臻胜"，后面额曰"舍卫现祥"，在第一层墙内原有群楼一周，计七十二间，今毁。第二层是阁城本身，长44.4米，高7.2米，从正中入口有石阶攀登而上，石阶洞府之上有琉璃瓦顶的卷棚式盖顶，上面是第二层平台。墙周雉堞如城，平台四角和正中有喇嘛塔各一，共八座。四角塔为黄色，前面中央为紫色，背为黑色，东面青色，北为白色，取四神之意。平台内收高起，再内为一巨形阁城，由南北面石蹬踏上，为第三层平台，长32.8米，高6.6米，在蹬道的洞府之上也有一琉璃瓦顶卷棚小屋覆盖（雨搭）。阁城的高台之上为圆形殿座，上筑一巨阁——旭光阁，是普乐寺之主体建筑，平面圆形，是仿制北京天坛祈年殿之形制，上为重檐圆形用黄色琉璃瓦覆盖的圆锥式攒尖顶，顶上置一巨大的铜铸鎏金宝珠，群众称之为园亭子，施金柱和檐柱各12根，计24楹，直径21米，通高24米，檐下施鎏金斗栱。通体造型、结构美观异常，鎏金宝顶迎着灼日闪闪发光，远从十数里外即可望见。旭光阁园亭前檐高宗御题额曰"旭光阁"，皆四体书。在阁内有一巨大圆形石雕须弥坛座，上置一高大立体"曼陀罗"实体。像这样巨大实体"曼陀罗"像，除印度、西藏以外，它处很是少见。在承德普陀宗乘之庙中也有一实体"曼陀罗"，但形制较小，全部是以金漆木雕而成，形如楼阁，上奉有上乐王佛一躯（欢喜佛），是一男女裸体合抱之形式，造型美观。在实体"曼陀罗"之上即旭光阁内顶，为一巨大圆形藻井，藻井层层叠涩而上，以鎏金斗栱支撑的斗八形式，中间为鎏金团龙戏珠，斗八藻井四周为平篆藻井，造型复杂，结构庄重，全部鎏金，富丽堂皇，是国内保存不多而又极为罕见的艺术珍品。在阁城之东有山门一座，名曰"通梵门"，面阔三间，进深一间，歇山顶。

旭光阁大圆顶，直对东面的磬锤峰和山庄内六和宝塔几成一直线，是一组在对景配列上的绝好实例。在东角门内有僧房一区。

普乐寺建筑，是目前外八庙中保存比较完整的一处。寺内除了巨大实体"曼陀罗"以外，在钟楼中有铜钟一口，宗印殿中有李元方献康熙六十年铸造铜钟一口，宗印殿有金漆木雕三世佛像和八菩萨像，西配殿有六个木雕金刚佛和一部分散存文物。旭光阁周围的七十二间群楼（围房）于民国年间被军阀汤玉麟修庄头营子营房所拆毁。但寺内主要殿阁皆存，寺内古松翁翳，笔直参天，无风自响，站在阁城之上西瞥，山庄内外风景，西北各大寺院尽入眼帘，是重要的风景点之一。

（八）普陀宗乘之庙

普陀宗乘之庙，位于山庄正北狮子沟河北岸，依山面河。始建于乾隆三十二年（公元1767年）三月，到乾隆三十六年（公元1771年）八月竣工，用了将近四年半的时间才得以完成。规模宏伟，居各寺之首，占地面积22万平方米。殿堂近50座，总建筑面积3.24万平方米。完全是仿西藏（前藏）布达拉宫之形制建造的。"布达拉"汉译即"普陀宗乘"之意，在国内，是除了西藏拉萨布达拉宫以外的大型喇嘛寺院中居为最重要的一座（图9、10；图版119～130；彩版40～42）。

关于这座寺院的修建缘起，乾隆皇帝在《高宗御制普陀宗乘之庙碑》中说得很清楚，他说："山庄迤北，普陀宗乘之庙之建，仿西藏非仿南海也……普陀有三：一居额讷特珂克，一居图伯特，一居南海……自印度而西藏，自西藏而南海……西藏都纲法式具备，为天人摄受之阓规，藩服皈依之总汇也哉？乃者岁庚寅（乾隆三十五年）为朕六帙庆辰，辛卯（乾隆三十六年）恭遇圣母皇太后八旬万寿。自旧隶蒙古喀尔喀，青海王公台吉等，暨新附准部回城众藩长，联轸偕徕，胪欢祝嘏……营构斯庙，以乾隆三十二年三月经始，至三十六年八月讫工……而热河尤我皇祖、圣祖仁皇帝，抚绥列服，岁时肆觐之区……。而久入俄罗斯之土尔扈特……率全部数万人，历半年余，行万有数千里，倾心归顺。适于是时，茇止瞻仰，……群藩合辞，请进千佛像，恳款弗可却。因命就庙中庋阁奉之……。"从碑中可以看出，普陀宗乘之庙的建立是完全为了庆祝乾隆三十五年（公元1770年）六旬万寿和乾隆三十六年其母的八旬万寿节，当时内外蒙古、青海、西藏、准噶尔、回部各王公、台吉等各方面的政教领袖皆来热河祝寿，这在客观上表示了当时中国各族人民的空前统一，即所谓"海内一家"。特别是我国漠西尼鲁特蒙古四部之一的土尔扈特，从明朝末年游牧于额济勒河流域，土尔扈特首领渥巴锡及其人众因不满沙俄的凌辱和控制，于乾隆三十五年（公元1770年）十月，渥巴锡汗率所部土尔扈特、和硕特、辉特、都尔伯特、厄鲁特等部人众十六万余返回祖国。渥巴锡率众返回祖国是一次具有重要历史意义的事件，表明了当时国内各民族的高度统一。乾隆对此非常重视，除在围场伊绵峪接见渥巴锡一行外，又大宴赍于避暑山庄万树园，封渥巴锡以下汗、亲王、郡王、贝勒、公、台吉等。同年九月，渥巴锡一行随同乾隆前往新落成的普陀宗乘之庙瞻礼。乾隆还特地撰了《土尔扈特全部归顺记》和《优恤土尔扈特部众记》两碑均志其事。随同前来瞻礼的各族王公、恳敬千佛祝嘏（即祝寿），乾隆皇帝为了满足他们的要求，于是在普陀宗乘之庙中建千佛阁，并树碑以志。

以上就是普陀宗乘之庙的修建经过和政治背景。

普陀宗乘之庙的设置和布局，主要是按西藏布达拉宫形制和式样安排的，但局部富有变化，采取散点设置的方法。

庙的最前面为自南而北，有五孔石桥横跨狮子沟河之上，过五孔桥为外山门，门外左右列有石狮一对（各一）。外山门开栱门洞，门上平台为门殿，面阔五间，进深二间，单檐庑殿顶门楼，在外山门的左右有东西便门（掖门）各一，面阔一间进深一间，属白台式。沿东西便门左右展开到东西拐角处为五间更楼（隅阁），外为白台建筑是专供保卫之用的。直对外山门以北分列石幢竿座四个。再北甬路直达碑亭，碑亭为面阔二间进深二间，方形，重檐歇山黄琉璃瓦顶，碑亭内中央有乾隆三十六年《高宗御制普陀宗乘之庙碑记》，左右分列乾隆三十六年《土尔扈特全部归顺记》《优恤土尔扈特部众记》，皆满、汉、蒙、藏四体文字。碑亭四面甬道四出。庙之东西界墙上有东西山门，皆面阔三间，进深一间，额曰"威仪总持""宝光普耀"，门内额曰"广圆妙觉"。在大碑亭以北为平台五塔门，塔门下为三个栱洞，上承建喇嘛塔五座，五塔门左右以腰墙相隔，而后依山势逐步登高，自成一区。在五塔门外有石象一对。以北正中是三间四柱七楼式琉璃碑楼一座，两侧有琉璃照壁，前列石狮一对。碑楼形制仿北海小西天"须弥春"和香山"静宜园"的碑楼形制。枋前额曰"普门应现"，后额曰"莲界庄严"。自碑亭两侧和碑楼以北，各式白台式建筑、殿堂、僧房等散置错落。石阶盘绕，屈曲北行，步步登高直至大红台。这一段在中轴线的两侧分布的建筑以现有的为计（1957年统计数），有殿楼一座，面阔三间，进深一间，庑殿顶。东金刚殿一座，面阔五间，进深二间，两层，硬山顶。西金刚殿一座，面阔五间，进深二间，两层，硬山顶。下钟楼一座，面阔三间，进深一间。上钟楼一座，面阔三间，进深一间，庑殿顶。另有东五塔白台、西五塔白台、单塔白台和圆形平顶白台等，有一部分白台建筑已经颓废，仅存基址。后经修复，不全。

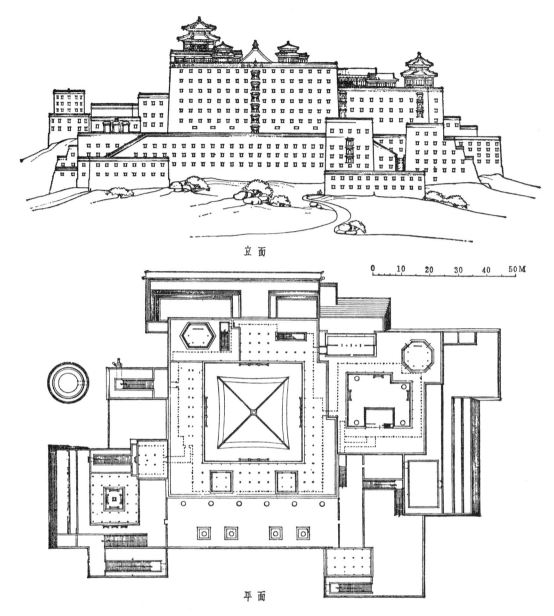

立　面

平　面

图 10　普陀宗乘之庙大红台平、立面图
（摘自《中国古代建筑史》）

大红台是普陀宗乘之庙的主体建筑，高耸于层层白台之北面，宏伟庄严，有巨城凌空，高驾众峰之巅的感觉。原来在大红台的四周建有很多佛阁，民国初年已经毁坏，今部分恢复。大红台主体建筑通高 43 米，下部面积达 1 万平方米。大红台的最下一层是高出地面约 18 米的大白台，又称巨形白台，壁面之上辟 13 层梯式殿窗，窗内涂朱，壁面为白色，此台入口在东、西两端的突出部分，有石阶通栱门盘缘而上，到了白台顶上，为一片宽阔的砖铺地面。台面正北为高耸入云的大红台本身，红台正面高 25、下宽 59.7、上宽 58 米，有明显的收分。红台下用花岗岩石条砌造，上为砖砌，壁面抹灰，涂朱，做出大量上下左右并列的藏式梯形窗，这些梯形窗直通台内的群楼（早年已毁，20 世纪 80 年代恢复）。台立面中心自上而下造绿色琉璃龛六层，每层龛内无量佛一尊，上饰以琉璃罩幕（纬幔）。龛左右墙面上横列梯形窗六层，直通于红台内部的群楼。在最上面的女儿墙上中央，安置琉璃宝塔，左右为栱形龛, 转角处部分置宝瓶、铁旗。在女儿墙下有排水瓦, 雨水可顺排水瓦直泻到下面白台上的铁水瓮之中。

从大红台的东部, 通过石梯, 可进入红台东部的一组建筑之中, 这一组建筑也是一座白台, 但较大红台为低矮。内有高达三层面阔三间进身二间的御座楼一座, 是当时看戏之处, 又称大戏楼。台内周原有群楼, 已恢复。在御座楼的北面高台之上, 有楼梯可蹬其上, 有面阔五间进深二间的卷棚歇山顶的 "落伽胜境殿", 内奉密宗佛像。在同一平面上东面红台一角为 "权衡三界" 八角重檐金瓦亭。从落伽胜境西面, 有门西通, 可达大红台制高点, 即大红台西北角上面的六角形双重檐金瓦顶的 "慈航普渡" 殿。

在大红台东壁面的中部有门可达大红台的中心。大红台本身特别是内部完全是仿西藏都纲法式, 四周为三层木构的群楼环抱, 计44间, 今已恢复, 可从群楼窗孔俯瞰红台以南诸景。群楼之内, 多石刻须弥坛座, 原置各式密宗佛像。推其群楼之形制和须弥福寿庙之形制相近。在群楼的中央, 为一巨大的金顶殿堂, 这就是普陀宗乘之庙的主殿, 著名的 "万法归一" 殿了。万法归一殿, 面阔七间, 进深七间, 平面作二十五楹的巨形殿堂, 上作重檐四角攒尖式铜鎏金鱼鳞片的金瓦顶, 又称金瓦殿。金瓦殿和大宝顶, 迎着阳光闪烁夺目, 十分美丽壮观。在 "万法归一" 殿之正门上, 悬高宗御书 "万法归一" 匾额, 皆四体书, 内顶部为二龙戏珠鎏金斗八藻井, 金碧辉煌。殿内供奉着黄教鼻祖宗呼巴像及各种密宗佛像, 御书联额、供具、七珍八宝, 楠木万寿塔等物。原来在 "万法归一" 殿内有乾隆御书书额 "妙德圆成" "净性超乘" "万缘普应" 等。今仅存乾隆手书黄绢地 "万像普应" 横匾一块。在万法归一四周砌回字形群楼, 都纲法式。楼内为三层, 现都修饰一新, 但内中供奉佛像情况不清, 多为喇嘛诵经之所。

在大红台东侧南下部有伸出大白台, 大白台东院是 "文殊胜境" 一区建筑, 今仅存殿堂基址。

在大红台前面的西南, 原有建筑一区, 名之曰 "千佛之阁", 是谓大红台前殿, 八楹, 额曰 "无量寿海", 又十六楹, 额曰 "千佛之阁", 皆四体书。今建筑已坍毁, 唯存乾隆三十五年 (公元1770年) 《千佛之阁碑记》 方碑一座和一部分殿堂基址, 须弥坛座、残垣、阶石等。

在普陀宗乘之庙的西南, 跨溪有水口门一座, 三栱, 上为白台形式, 安装一假窗两层, 台顶建喇嘛塔一座。

普陀宗乘之庙用了四年多的时间才得以完成, 耗费了大量地人力和财富。根据清内务府 《奏销档》 的不完全数字, 仅鎏金瓦顶一项, 乾隆三十七年用黄金九千六百二十三两; 乾隆四十一年用黄金四千二百九十五两, 八方亭、六方亭用黄金二千七百十五两。共计用黄金一万六千六百三十三两, 折合白银一百多万两。

普陀宗乘之庙建筑, 根据 《钦定热河志》 记载, 许多建筑特别是红台内外一大部分建筑已经毁坏。虽经近几年的修复, 但有些基址已难恢复其原貌。现将 《钦定热河志》 中有关记载录下, 以供参考:

"普陀宗乘之庙, 东西二门, 额曰 '威仪总持', 曰 '宝光普耀', 门内额曰 '广园妙觉'。宝坊前额曰 '普门应现', 后额曰 '莲界庄严'; 前殿八楹, 额曰 '无量寿海', 又十六楹, 额曰 '千佛之阁', 皆兼四体书; 中殿二十楹; 后殿二十五楹, 殿外额曰 '落伽胜境', 曰 '文殊胜境', 曰 '万法归一', 皆兼四体书。殿内额曰 '妙德园成', 曰 '净性超乘', 曰 '万缘普应'; 八方亭外额曰 '权衡三界'，六方亭外额曰'慈航普渡'，皆兼四体书，亭内额一曰'精严具足'，一曰'示大自在'；楼额曰'普胜三界'；四面群楼南额曰'秘密胜境'，北曰'极乐世界'，东曰'虔经之阁'，东楼上曰'阿闶鞞佛坛城'，曰'观世音菩萨坛城'，曰'释迦佛坛城'，曰'雅曼达噶坛城'，曰'喜金刚坛城'，西曰'大乘妙峰'，皆四体书。"这些殿堂的题额中，有的已经恢复，大部分难于求其准确的复原其原建筑形制。

（九）广安寺

广安寺，又称"戒台"，位于罗汉堂村东的平岗之上，建于乾隆三十七年（公元1772年），今已不存（图版131）；按照民国初年所遗照片和有关调查资料，还略可以看出其基本平面。戒台这一组建筑完全是仿藏式寺院。寺南向，占地面积1万平方米。最南面有门三重，乾隆御题额曰"持胜门"，又内有群楼六十二楹。中央为高大的方台，就是戒台，今存基址长10、宽18、高约6米。台南方有四方亭，东面也有四方亭，另有僧房等。

广安寺是乾隆岁幸塞外，蒙古诸部王公台吉鳞集热河，陪同乾隆于此举行法会之处。

（十）殊像寺

殊像寺在普陀宗乘之庙西北面依山，南面对狮子沟河（图11；图版132~135）。寺建于乾隆三十九年（公元1774年），寺的前半部位于平坦之地，从大殿以后步步登高，在设计布置上也有很大的变化。根据《钦定热河志》中《高宗御制殊像寺落成瞻礼即事成什（有序）》的记载，殊像寺是仿山西五台山的殊像寺的形制而建成。乾隆二十六年（公元1761年）皇太后七旬万寿，乾隆陪其母"幸五台祝厘，瓣香顶礼，默识其像以归"。五台为文殊师利（曼殊师利）道场，是文殊示现法身之处。于是，在北京香山建寺，"肖碑模而像设之，额曰宝相"，即香山殊像寺。乾隆三十九年（公元1774年），在山庄之北，普陀宗乘庙之西，一如香山之制，建殿堂，修法像，寺中楼阁略仿五台之制，作为文殊师利菩萨示现之境。当然这些话都是一些无稽之谈，但可以看出修建殊像寺之缘起，又可以看出兰若（寺院）是采仿香山，而后部即会乘殿之后则略仿自五台山的情况。

殊像寺布局，是属于汉式寺院之制，坐北朝南，占地面积2.6万平方米。南面为山门，门前古树逾数百年。门外两侧有石狮一对，山门面阔三间，进深一间，单檐歇山顶。门上高宗御书额曰"殊像寺"，山门左右有便门，进入山门以后，左右有钟、鼓二楼，再北正中为四天王殿，面阔五间，进深一间，单檐歇山顶。天王殿北原有东西配殿，各面阔五间，进深三间，东曰"馔香堂"，西曰"演梵堂"。天王殿北有两段的高石级，再北就是会乘殿了。会乘殿是殊像寺的主殿，面阔七间，进深五间，黄色琉璃瓦重檐歇山顶，下檐施五踩单翘单昂斗栱，殿内有高宗御书"会通三际"绢地横匾一块，对联一副，漆地金字乾隆诗匾一块。殿内有菩萨像（文殊、菩贤、观音）三尊，楠木塔两个，塔上原有镀金铜佛三百零四个，后为军阀汤玉麟盗走。殿内东北两侧，有木制经阁，原藏满文大藏经，今已不存。殿东西有配殿各三楹，东曰"指峰殿"，西曰"面月殿"。

会乘殿以后，建筑的布局随假山形之变化而配列各异。殿后两侧有假山蹬道、岩洞、石搭过桥，迂回变化，岩石叠翠，极其幽静。和会乘殿以南一区相比如入另一境地，景苑别有情趣。在叠石的最高处为宝相阁。阁为重檐八角黄琉璃瓦顶，正四面辟门，四隅作窗。乾隆御书额曰"宝相阁"，又曰"净名普现"，阁内奉木雕骑狮文殊像。两侧护法力士。此阁在新中国成立初年尚存，后坍塌，现已恢复原貌，唯石狮文殊像制作粗劣。阁北一区建筑多已坍塌，今存断垣、基址。根据《钦定热河志》记载，在宝相阁东西各有配殿三楹，东曰"云来殿"，西曰"云净殿"，更内为楼面阔九间，二层硬山顶，额曰"清凉楼"，楼左右东西配殿各五楹，东曰"吉晖殿下"，西曰"慧喜殿"。寺旁筑室三楹，乾隆题额曰"香林室"，又楼三楹，额曰"绮云楼"。

殊像寺后面的一组苑景，十分别致，主要建筑多已不存，今只存假山、断垣，原山石之间曾有溪水泻下。会乘殿前后，古松参天，挺拔争翠，仍不失为幽静的兰若去处。

佛经原本于印度，后世陆续译为汉本和藏文。清朝初年的康、乾时期，陆续将藏经译为蒙文，而独无满文藏经。于是在乾隆三十八年（公元 1773 年）开馆译经，所谓译成国书，即将藏经译成满文，这个满文藏经，前后用了将近 18 年的时间才得以完成。当时译成的满文藏经，只有三部手抄本，其中一部存沈阳，后为日寇盗走，现存日本东京帝大。另一部在法国巴黎图书馆。另一部散失。殊像寺的喇嘛，按照清朝理藩院则例的规定，要由满洲八旗兵子弟充任之。寺内除了两名职官喇嘛外，另有钱粮喇嘛 59 人，其中有 50 人充任翻译满文藏经的工作。

（十一）罗汉堂

罗汉堂在狮子沟里，殊像寺之西，面临狮子沟河，南距行宫北垣不足 500 米。寺建于乾隆三十九年（公元 1774 年），坐北朝南，占地面积 1.2 万平方米。此组建筑在民国初年尚存一部分，现已不存。寺之形制是仿浙江海宁安国寺形制而成，完全是汉民族寺院形制。根据《钦定热河志》记载，寺门南向，前为山门，面阔一间，进深一间，东西有二角门，山门前对狮子沟，上架五孔石桥。门前东西立幢竿一个。入山门后，东西为钟鼓楼，再北中为天王殿，砖石无梁结构，上单檐歇山顶，内供木雕弥勒四大天王、护法苇陀。面阔五间，单檐歇山顶，后有东西配殿五间，单檐歇山顶，内原载菩萨，殿东西侧有腰墙连接，也开便门通于后部。再内为应真普现殿，为寺内主体建筑，即罗汉殿，单檐歇山黑琉璃瓦顶，殿内中间供三世佛，周边供罗汉 508 尊，现存 194 尊。据不同资料介绍，罗汉堂每面由大廊坊九间，中间亭院四个，整个建筑平面成"田"字形布局组成。室内沿着中间柱线，上安置坛座，座上置罗汉像 508 尊，罗汉堂坍塌以后，罗汉像移到大佛寺东面的永佑寺中（图版 136）。

（十二）须弥福寿之庙（扎什伦布庙）

须弥福寿之庙，建于乾隆四十五年（公元 1780 年），占地面积 3.79 万平方米。因仿西藏日喀则扎什伦布寺之形制，所以又名扎什伦布庙，是外八庙中建成最晚的一座寺院（图 12；图版 137~146；彩版 43~45）。

它坐落于山庄之北，布达拉宫之东，依山面河的一个岗阜之上，再东即为狮子沟市区。其规模仅次于普陀宗乘之庙，但保存比较完整。庙中巨形红台和金龙随脊欲跃的金瓦殿，远从十数里外即可望见。整个寺院建筑宏伟庄严，金碧辉煌，不失为国内屈指可数的胜迹和珍品。

关于须弥福寿之庙的修建缘起，根据《钦定热河志》的记载："高宗（乾隆）七旬万寿，时则班禅额尔德尼祝厘来自后藏，上嘉其远至，于山庄北建扎什伦布庙居之，唐古特语，札什谓福寿，伦布谓须弥山也。"根据乾隆《高宗御制须弥福寿之庙碑》记载，乾隆四十五年，为了庆祝他的七十寿辰，后藏政教领袖班禅额尔德尼来热河朝觐，为其祝寿，于是"肖其所居，以慈安禅"，班禅在后藏所居扎什伦布寺，乾隆皇帝循世祖（雍正）章皇帝建西黄寺以居第五世达赖喇嘛之例，于是在热河仿后藏扎什伦布之式建庙，以居班禅。自从乾隆二十二年，准噶尔被平定之后，不久又有乾隆三十五年土尔扈特部返回祖国之大事。蒙古、藏、回各部相继来热河，而乾隆四十五年，班禅额尔德尼喇嘛出于

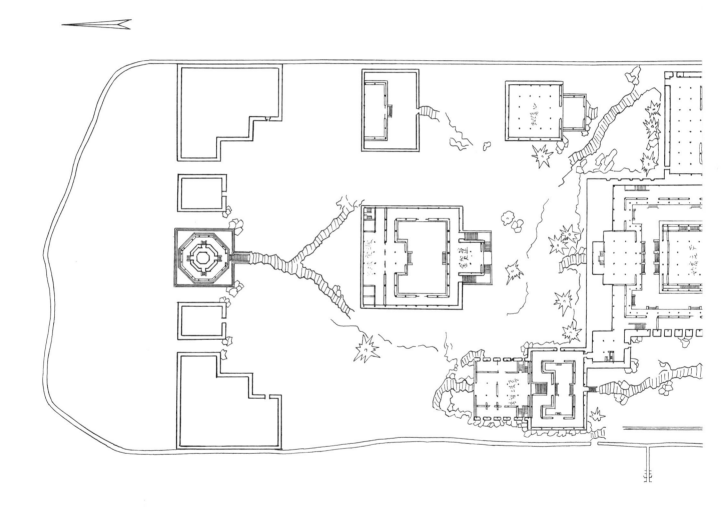

计，殿内还供有宗喀巴像，各式金漆木雕佛十七尊，彩绘木佛三十一尊，木雕喜金刚七个。当时六世班禅来热河时，曾在这里打坐，为皇帝祈福诵经。

东红台本身与大红台相连，位东南角，南面相处在一条水平线上，二层似是大红台的东展，自成一区，台子本身也比大红台为低。东红台南壁面有垂花门式窗子两层，上层为九个，下层中部是琉璃门，门两侧各有垂花窗四个，东壁墙面上有垂花门式窗十三个，台顶面周有女儿墙，南面正中有小殿一座，台内周原为两层群楼，现已恢复。

在大红台西侧（西北角），石路蜿蜒，蹬道自西而北，穿过树丛，又和大红台相连的一区。这就是以吉祥法喜殿为主的一组建筑群。吉祥法喜殿，地势较高，远观之如巨阁凌空，东面与妙高庄严金瓦殿相媲美，殿西南为单层白台，群房，乃是喇嘛僧的居处。吉祥法喜殿是一座面阔五间进深五间高二层的重檐歇山鎏金铜瓦顶巨阁，屋顶全部用鱼鳞片状鎏金铜瓦覆盖，脊作海波纹，正脊中央作宝钟形，双吻和垂兽，造型奇异美观，皆铜镀金成，原内部已毁。吉祥法喜殿是六世班禅来热河时的居住处所。西稍间为班禅会客厅和寝宫，上层为佛堂，班禅于此接见蒙古王公等。原内皆有佛像和乾隆御制书额。根据清乾隆四十四年，清内务府《奏销档》不完全统计，须弥福寿之庙鎏金瓦片，共用黄金一万五千四百二十九两。耗费的财力巨大而可观。

在大红台北后东侧，又有一组以生欢喜心殿为主的一组建筑，建于高台之上，俗名御座楼。前面是东御座楼门楼，今存。面阔三间，进深三间。门楼之北为"生欢喜心"殿，形制大小都和吉祥法喜殿相似，唯原琉璃瓦顶已落，致使建筑塌毁。现已恢复为黄釉绿瓦剪边琉璃瓦顶。至大红台之正北的中轴线上，地势较高，位置尚存有许多残垣断壁，多是一些建筑基址。一些建筑尚可修复，这里的主要建筑有"金贺堂"和"万法宗源"殿，部分恢复原貌。这两座建筑即《钦定热河志》里面所说的御座楼南北殿，外观为一白台形式，建筑在白台之中，是班禅喇嘛弟子的住所。

金贺堂，即后人称的"万法宗源"殿前楼，二层，面阔一间，进深二间，硬山顶。"万法宗源"殿是一面阔九间，进深三间两层楼阁式九脊歇山琉璃瓦顶殿堂。在金贺堂和万法宗源殿之间，原有廊庑相连，今多不存。

为了给乾隆庆祝七旬万寿，在大红台最北面的高亢平坦地面上建有万寿塔一座，塔身为八角七层，实心，底层四周有宽广的围廊相连，顶部为琉璃剪边塔之形制，塔下为须弥台座，周砌白玉石栏杆，廊庑檐际外出，上承八角形平座，周围也砌白玉石栏杆，中置八角七层琉璃镶嵌的塔身，形与永佑寺塔和杭州六和塔形制相近，各龛面饰以栱形佛龛，飞檐斗栱全部琉璃作，远观耀眼夺目。塔下第一层塔身正面为栱门，上塑菩萨像，天盖、卷草、间饰一八宝，斜面无门，均作半浮雕式菩萨像一共八尊，和永佑寺塔第一层壁面佛像相近，栱门之内为八角形塔心柱。

在万寿塔的两前侧，东西各有白台建筑数座，塔东为罡子殿，塔西称为九间楼，多毁，今存基址，在万法宗源殿东北也有白台一座，内皆为僧房，今已倾圮，在行宫西墙外山坡上，有白台一，上筑单塔子一座，下作栱门式，通过单塔子可去长处院，长处院建筑已毁。

附录1 清代木兰围场七十二围统计表

顺序	原名	今名	现址	备注
1	色埒围场		山湾子乡杨树沟村	有河源
2	呼鲁苏台围场		山湾子乡半壁山村西沟	
3	巴尔图围场		山湾子乡山湾子村南沟	
4	岳乐围场	岳乐沟、月亮沟	新拨镇骆驼头村	有乾隆《虎神枪记》碑及摩崖石洞
5	珠尔围场	竹立沟	宝元栈乡竹字上村	有河源
6	巴颜木墩围场		宝元栈乡丰富沟村	
7	默尔根乌里雅苏台围场	大素汰	新拨镇大素汰村	有河源
8	巴颜郭围场	白云皋	新拨镇白云皋村	有河源
9	巴颜布尔噶苏台围场		张家湾乡巴头沟村沟里	有河源
10	温都尔华围场		郭家湾乡郭家湾村附近	有河源
11	鄂尔根郭勒围场		育太和乡双峰山村附近	有河源
12	达颜德尔吉围场	岱尹梁	新拨镇岱尹上村	达颜河源，有乾隆《古长城说》碑
13	毕图舍哩围场	毕图舍里	棋盘山镇富城子村南沟	一名毕塔舍哩
14	德尔吉围场		棋盘山镇回汉村沟里	
15	多们围场	多本	龙头山镇多上村	
16	布扈图围场		杨家湾乡杨家湾村附近	
17	威逊格尔围场		朝阳湾镇朝阳湾村	
18	阿济格赳围场		棋盘山镇小上沟村	有河源
19	锡拉诺海围场		朝阳地镇前石坯村沟里	
20	噶海图围场		杨家湾乡常乐店村	有河源
21	巴颜喀喇围场		腰站镇五家村沟里	有河源
22	察罕扎布围场	查正	银窝沟乡查正村北沟	

续表

顺序	原名	今名	现址	备注
23	固尔班锡纳围场		银窝沟乡大碾子村附近	
24	永安莽喀围场	碑亭子	腰站镇碑亭子村	有乾隆《永安莽喀》碑
25	坡赉围场	坡字	围场镇坡字村坡赉沟	
26	巴颜锡纳围场		围场镇吉上村南大天附近	
27	默尔根精奇尼围场		围场镇车字村金千莫里	
28	固尔班固尔班围场	头道轱辘板、二道轱辘板	龙头山镇头板村	
29	克依埒围场	克勒沟	克勒沟镇石人沟村	有河源
30	喀喇楚固尔苏围场		克勒沟镇七座塔村	有河源
31	爱里色钦围场	艾林河	银窝沟乡麻家营村南沟	
32	库库哈达围场		兰旗卡伦乡锦善堂村附近	
33	汗特穆尔围场	汗特穆尔川	四道沟乡二道沟村	
34	塔里雅图围场		四合永镇乌苏沟村	
35	卜克围场		石桌子乡碑梁沟村	有乾隆《于木兰作》碑
36	布都尔围场	布都沟	半截塔镇布都沟村	
37	永安湃围场	要路沟	半截塔镇要路沟村	有乾隆《永安湃围场殪虎》碑
38	僧机图围场	查字	道坝子乡查字下村佛爷道	
39	英图围场		牌楼乡于家湾村附近	
40	们图阿鲁围场		哈里哈乡八十三号村	
41	图们索和图围场		哈里哈乡扣花营村西沟	
42	哈达图扎布围场		哈里哈乡哈里哈村	
43	锡喇德卜色克围场		大唤起乡五十一号村	
44	巴雅斯呼察罕围场		大唤起乡五十六号村沟里	
45	库尔图察罕围场		大唤起乡满汉土村北沟	
46	额埒苏锡纳围场		大唤起乡二十三号村	
47	鄂尔吉库哈达围场		燕格柏乡吗哈吐村	
48	鄂伦索和图围场		大唤起乡四十二号村	
49	哈朗圭围场	哈拉桂	卡伦后沟牧场北部	
50	珠尔噶岱围场		西龙头乡大院村	
51	孟奎色钦围场	孟奎	大头山乡黄土梁村	有河源
52	巴颜陀罗海围场		大头山乡柳条沟村南山	
53	蒐济围场		国营御道口牧场三座山附近	
54	浩赉郭勒围场		老窝铺乡下窝铺村西山	
55	德勒格椤圭鄂博围场		老窝铺乡石人梁村	

续表

顺序	原名	今名	现址	备注
56	明安阿巴图围场		城子镇柳塘子沟里南山	
57	喀喇玛拉哈围场	哈拉玛嘎	城子镇哈字村	
58	齐老图色钦围场		城子镇八顷村北山	
59	巴颜图库木围场		燕格柏乡阿抹村	
60	哈里雅尔围场	哈眼	城子镇哑字村	
61	永安湃色钦围场	燕格柏	燕格柏乡天桥村北沟	有河源
62	沙勒当围场		塞罕坝机械林场黄旗营房西部	
63	巴颜莽喀围场		塞罕坝机械林场羊肠河上游南山	
64	崆郭罗鄂博围场		国营御道口牧场北罗圈附近	
65	阿鲁布拉克围场		御道口镇复兴地村	
66	鄂勒哲依图察罕围场		国营御道口牧场如意河	有河源
67	扎喀乌里雅苏台围场		红松洼牧场	
68	都呼岱围场	杜格岱	姜家店乡姜家店村杜格岱	
69	图尔根伊扎尔围场		塞罕坝机械林场圆山子	
70	勒福窝集围场		宝元栈乡三道沟村白水台子附近	
71	塔木陀罗海围场		国营御道口牧场帐篷山一带	
72	伊逊哈巴奇围场		四道沟乡庙宫村	有嘉庆《木兰记》碑

说明：

关于清代木兰围场之数《大清一统志》《清朝通志》均称"六十有七"，有的史书则称"六十有八"；"九通"和《热河志》《承德府志》所载围场之数则为"六十有九"；过去流传的一种手抄资料则谓"木兰围场七十二围"。其说不一，名称亦互异，兹从《钦定热河志》凡例之说，"凡围七十有二"。

附录2　清代木兰围场碑文辑录

一　乾隆《入崖口有作》碑

朝家重习武，灵囿成自天。

匪今而斯今，祖制垂奕年。

巉岩围叠嶂，岸口为之关。

壁立众山断，伊逊奔赴川。

秋狝常经过，每为迟吟鞯。

双峰开雾烟，一水流潺湲。

翠叶复黄葩，高低入影妍。

去年巡洛伊，伊亦有崖口。

三涂及七谷，较此夫何有。

一得考功诗，膻芗传至兹。

我为是崖叹，表章将待谁。

辛未秋八月木兰秋狝入崖口有作。

二　嘉庆《木兰记》碑

　　木兰者我朝习猎地也，旧为蒙古喀尔沁、翁牛特部落游牧之处。周环千余里，北峙兴安大岭。万灵萃集，高接上穹，群山分干，众壑朝宗，物产富饶，牲兽蕃育，诚诘戎讲武之奥区也。洪惟圣祖岁幸行围，诸部云集，神武聿宣，德化深洽，遂献斯地，开亿万年之灵囿焉。皇考敬法前谟；自乾隆辛酉岁举秋狝大典，内外扎萨克群拱环卫。圣恩深厚，诚心感戴。暨平定西域，都尔伯特、土尔扈特、青海、乌梁海、回部、归化向风，分班随猎，咸瞻天弧，所发无不命中，永矢畏怀之肫诚，常作皇清之藩服，猗欤盛哉！予小子景仰皇猷，宿聆庭训，敬循旧典，岁诣木兰行围，自知骑射远不及我皇考于万一，然此寸心则不敢不疆勉，实不敢怠惰偷安，稍辜三年朝夕之慈海，是以躬率诸皇子及近支孙曾辈行围习猎，而诸部落仍如昔日，左右趋跽，益仰考泽感人之深，狝殷五内之孺慕矣。夫射猎为本朝家法，绥远实国家大纲，每岁秋狝不逾三旬，驻营莅政，阅本，接见臣工，一如宫中，不致稍旷庶事，岂耽于盘游贻五子之讥哉？盖人之身舍劳就逸易，戒逸习劳难，承平日久，渐恐陵替。守成之主，不可忘开创之艰，承家之子，岂可失祖考之志。木兰秋狝，为亿万斯年世世子孙所当遵守，毋忽之常经，敬阐我考避暑山庄后序之深意，述予承先启后之诚衷云尔，是为记。

嘉庆十有二年岁在丁卯季秋月御笔。

三　乾隆《永安莽喀》碑

永安莽喀

第一围场犹近边，麏麚苹兽已樊然。

诸蕃扈是儿孙辈，列爵称非左右贤。

驰爱平冈策紫骏，中联四鹿控朱弦。

部旗常例笑何谓，六十才过曰老年。

乾隆甲午秋月廿日御笔。

四　乾隆《古长城说》碑

古长城说

木兰自东至西延袤数百里中，横亘若城堑之状，依山连谷，每四五十里辄有斥堠屯戍旧迹，问之蒙古及索伦，皆云此古长城也。东始黑龙江，西至于流沙、类然。夫蒙恬起临洮而属之辽东者，今其城犹存，乃去此数百里而南，且东西又不若是其辽也。则古长城者，岂循蜚疏亿时所为者耶！山海括地所未载，于无意中得之荒略口传，而借余以垂其名，岂非造物者之灵，迹久晦而必彰耶？尝苦载籍传记，浮夸多伪，固不若芚蒙无文者，世代相沿指实以道之，无褒贬予夺于其间也。则秦之所筑，为扩边乎？为让地乎？于古无闻而今传焉。吾安知天下之似此未传者，当复几何乎？又安知今经余传而必保其后此之不又失传乎？或曰此非城也，盖天地自然生此，所以限南北也。夫天地既生此以限南北，则秦之为长城益可笑矣。

乾隆十七年岁在壬申秋九月御制并书。

五　乾隆《虎神枪记》碑

虎神枪记

虎神枪者，我皇祖所贻武功良具，用以殪猛兽者也。国家肇兴东土，累洽重熙，惟是诘戎扬烈之则，守而弗失。皇祖岁幸木兰行围，诸蒙古部落，云集景从。予小子虽不敏，缵承之志，其敢弗覆。故数年以来，巡狩塞上，一如曩时，蒙业借灵，四十九旗及青海、喀尔喀之仰流而来者，亦较前无异焉。若辈皆善射重武，使无以示之，非所以继先志也。围中有虎未尝不亲往射之，弓矢所不及，则未尝不用此枪，用之未尝不中。壬申秋于岳乐围场中，猎人以有虎告，而未之见也。一蒙古云：虎匿隔谷山洞间，彼亲见之，相去盖三百余步。联约略向山洞施枪，意以惊使出耳，乃正中虎，虎咆哮而出，负隅跳跃者久之复入，复施一枪，则复中之，遂以毙焉。盖向之发无不中，乃于谿谷丛薄目所能见之地，斯已奇矣。而兹岳乐所中，则隔谷幽洞，并未见眈眈阚如之形；于揣度无意间馥焉深入，不移时而殪猛兽，则奇之最奇，其称为神。良有以也。夫万乘之尊，讵宜如孟克、特库之流，夸一夫之勇哉？而习武示度必资神器，以效奇而愉快，则是枪也，与兑戈和弓同为宗社法守，不亦宜乎！

乾隆十七年岁在壬申秋九月御制并书。

六 乾隆《永安湃围场殪虎》碑

碑正面镌刻：

永安湃围场殪虎

白沙翠柏山四围，国语永安名久垂。

林天石海滂湃披，北人使马如舟师。

陆离淫裔张鱼丽，藏幽伏莽毋或遗。

猎虞报有虎负隅，遂往殪之率伙飞。

要遮前后缘蚍蠍，威不可当曳尾驰。

失险遽卧浅草坡，隔谷下马相高卑。

虎神枪一发毙之，厄鲁回部胥扈随。

咋舌脱帽钦服其，此亦偶然何足奇。

先是射鹿命炙炊，借草为席树为帷。

割尝遍赐染指谁，君臣和乐逮海涯。

灵器世守皇祖贻，兑戈和弓竹矢垂。

同珍其谁日不宜。

乾隆辛巳秋九月御笔。

碑侧面镌刻七律诗一首：

永安湃围场作

崖口入临猎场首，东南胥号永安便。

贻谋家法廑禹迹，式狝塞疆非舜田。

咏或群燕天子日，所无逸励古稀年。

围中鹿少才见一，一箭中之胜获千。

乾隆壬寅秋八月御笔。

七 乾隆《于木兰作》碑

碑正面刻乾隆《于木兰作》诗九首：

> 天文漏分野，地志阙开县。博览山海经，荒略一二见。
>
> 上林牟内地，木兰辟塞甸。中外久一家，敬奉金瓯奠。
>
> 单于让牧场，朝家置灵囿。深戒武备驰，于焉习狝狩。
>
> 崇冈既坛曼，丛樾亦美茂。以故百物滋，取丰留尚富。
>
> 霜华霏漠宇，洼棱绀绛斑。蒙茸紫獭裳，八月披晓寒。
>
> 呦鹿随哨至，乐此诚忘餐。乐亦不可极，千古戒游盘。
>
> 吴越近经巡，山水信清美。饶复藉人工，未足云观止。
>
> 隐现固有时，美善尽无比。独待表章人，一为宣其理。
>
> 宣理理乃昧，纷然起毁誉。不及无名称，故吾犹古初。
>
> 刘嬴今何有？守御长城隅。长城更以外，时来习三驱。
>
> 绣壁琳琅标，乐动笙簧幽。眺听欣不凡，发思凌清秋。
>
> 青山生白云，云去山还留。寄此片时兴，万仞高峰头。
>
> 触绪偶即景，得句恒因心。申命邹枚侣，染翰赓予吟。
>
> 清词出众表，妙理入细斟。宁无不尽意，秘稿贻知音。
>
> 帐殿张雁塞，毳服蒙龙光。嘉宾式燕喜，乳酒湘黄羊。
>
> 锡爵洽众欢，湛露流霞觞。戒旨非所知，古俗犹敦庞。
>
> 枫叶缋叠垅，杨丝锁曲隩。动静无穷观，智仁有余乐。
>
> 佳景四时宜，最宜乃金昊。曷其可久耽，言旋勤政要。

乾隆辛未秋八月御笔。

碑右侧刻乾隆《过卜克达坂》五言律诗一首：

> 常岁迤东猎，迤西此重寻。
>
> 廿围倏蒇事，二竖待成擒。
>
> 缵武惟勤已，运筹更悉心。
>
> 贞符如卜克，愿即递佳音。

己卯季秋上浣御笔。

碑左侧刻乾隆《过卜克达坂叠旧岁韵》五言律诗一首：

> 去年出哨过，今岁进围寻。
>
> 果协贞符吉，早传逆贼擒。

　　　　　　　　敢夸无事日，益励有孚心。

　　　　　　　　翠柏丹枫处，遥闻呦鹿音。

　　　　　　　　　　　　　　　　　　　　　　　　　　庚辰季秋上浣御笔。

碑阴刻乾隆《过卜克岭行围即景四首》：

　　　　　　　　本是贤王游牧地，非牟农父力耕田。

　　　　　　　　却因流寓增于昔，私垦翻多占界边。

　　　　　　　　界限周陼禁制详，郁盘过岭即围场。

　　　　　　　　诘戎柔远于焉在，家法昭然敢不覆。

　　　　　　　　过闰今年谓早寒，迫来午热拂秋鞍。

　　　　　　　　晚田赖此方成熟，南望心因万姓宽。

　　　　　　　　卜克诚然协端符，新疆田牧创长图。

　　　　　　　　尔时原未废遊猎，临大事当有若无。

　　　　　　　　　　　　　　　　　　　　　　　　　　御笔。

附录3 清朝热河各寺庙喇嘛职官

按照清朝的喇嘛则例的规定，热河各寺庙办事喇嘛职官和喇嘛定额人数如下：

1. 普陀宗乘之庙办事喇嘛职官

    堪布达喇嘛   1 名；

    达喇嘛   2 名；

    教习副达喇嘛   3 名；

    办事苏拉喇嘛   1 名。

    普陀宗乘之庙喇嘛（即钱粮喇嘛）定额：Ｖ二两德木齐钱粮   42 名；

    二两格斯贵钱粮   2 名；

    二两钱粮喇嘛   100 名；

    一两五钱钱粮喇嘛   200 名。

    以上计 344 名。

2. 须弥福寿之庙办事喇嘛职官

    堪布达喇嘛   1 名；

    办事副达喇嘛   1 名；

    办事苏拉喇嘛   1 名。

    须弥福寿之庙钱粮喇嘛定额：

    二两德木齐钱粮   2 名；

    二两格斯贵钱粮   2 名；

    二两钱粮喇嘛   60 名；

    一两五钱钱粮喇嘛   140 名。

    以上总计 204 名。

3. 普宁寺办事喇嘛职官

    达喇嘛   1 名；

    教习副达喇嘛   3 名；

    办事副达喇嘛   1 名；

    教习苏拉喇嘛   3 名。

    普宁寺钱粮喇嘛定额：

二两德木齐钱粮喇嘛   5 名（内安远庙住 1）；

二两格斯贵钱粮喇嘛   2 名（内安远庙住 1）；

二两钱粮喇嘛   120 名（内安远庙住 3，广缘寺住 10）；

一两五钱钱粮喇嘛   200 名。

以上计 327 名。

4. 殊像寺办事喇嘛职官

达喇嘛   1 名；

办事副达喇嘛   1 名。

殊像寺钱粮喇嘛定额：

二两德木齐钱粮喇嘛   2 名；

二两格斯贵钱粮喇嘛   2 名；

二两教习钱粮喇嘛   5 名；

二两钱粮喇嘛   20 名；

一两五钱钱粮喇嘛   30 名。

以上计 59 名。

（殊像寺喇嘛缺补，由满洲八旗兵子弟内出。其中 50 名喇嘛学习满文藏经）

5. 溥仁寺办事喇嘛职官

达喇嘛   1 名。

溥仁寺钱粮喇嘛定额：

二两钱粮喇嘛   20 名；

一两五钱钱粮喇嘛   30 名。

以上计 50 名。

6. 溥善寺办事喇嘛职官

办事喇嘛   1 名。

溥善寺钱粮喇嘛定额：

二两钱粮喇嘛   16 名；

折色格隆钱粮喇嘛   6 名；

折色班第钱粮喇嘛   27 名。

以上计 49 名。

7. 安远庙办事喇嘛职官

教习达喇嘛   1 名；

苏拉喇嘛   8 名；

教习苏拉喇嘛   1 名。

（钱粮喇嘛属普宁寺）

8. 广缘寺办事喇嘛职官

　　专苏拉喇嘛　1名。

（钱粮喇嘛属普宁寺）

根据清热河各寺庙达喇嘛补选专条之规定，热河各寺院喇嘛人数还要多些。

附录4 民国初年热河各寺院喇嘛职官

清朝灭亡以后，清朝的一些有关喇嘛教的管理则例仍然保存下来一个时期，但喇嘛的人数已逐渐减少，其职官保存下来（约民国四年以前）见于记载有：

1. 普陀宗乘之庙（布达拉庙）

  达喇嘛 1名；

  教习达喇嘛 1名；

  德木齐 2名；

  格斯贵 2名。

2. 须弥福寿之庙（扎什伦布庙）

  堪布达喇嘛 1名；

  办事副达喇嘛 1名；

  德木齐 1名；

  格斯贵 1名。

3. 普宁寺

  达喇嘛 1名；

  教习副达喇嘛 1名；

  教习苏拉喇嘛 1名；

  德木齐 2名；

  格斯贵 1名。

4. 安远庙

  办事副达喇嘛 1名；

  教习苏拉喇嘛 1名。

  德木齐 1名；

  格斯贵 1名。

5. 殊像寺

  达喇嘛 1名；

  副达喇嘛 1名；

  德木齐 2名；

  格斯贵 2名。

6. 溥仁寺

  达喇嘛　1 名；

  德木齐　1 名。

7. 溥善寺

  办事苏拉喇嘛　1 名；

  德木齐　1 名。

（注：缺普乐寺、罗汉堂、广安寺、永佑寺）①

---

① 柏原孝久、滨田纯一：《蒙古地志·喇嘛教》下，152 页。

附录 5　避暑山庄现存古代建筑登记（1957 年）

一　前宫

1. 丽正门，面三进一，小斗无颐，檩垫枋，卷棚顶。门外影壁一照、石狮一对、下马碑一对。

2. 门里西侧班房，面三进一，小斗无颐，檩垫枋，面东。卷棚硬山顶。

3. 东西配房，面五进一，小斗无颐，檩垫枋，卷棚硬山顶。

4. 外午门，面五进一，小斗无颐，檩垫枋，卷棚硬山顶，门外方台基。

5. 外午门侧东西便门，面一进一，小斗无颐，檩垫枋，卷棚硬山顶。

6. 东西外朝房，面五进一，小斗无颐，檩垫枋，卷棚硬山顶。

7. 内午门，面五进一，小斗无颐，檩垫枋，卷棚硬山顶。门外方台基一上列铜狮一对。

8. 东西方亭，面一进一，小斗无颐，檩垫枋，卷棚歇山顶。

9. 东西内朝房，面五进一，小斗无颐，檩垫枋，卷棚硬山顶。

10. 澹泊敬诚殿，面七进三，小斗无颐，檩垫枋，卷棚歇山顶。殿后回廊接四知书屋（依清旷殿）。

11. 依清旷殿（四知书屋），面五进一，小斗无颐，檩垫枋，卷棚硬山顶。

12. 东西配房，面五进一，无斗，檩垫枋，卷棚硬山顶。

13. 十九间殿，面十九进一，无斗，檩垫枋，卷棚硬山顶。

二　后宫（内廷）

1. 后寝宫门上（三栋），各面三进一，无斗，檩垫枋，卷棚硬山顶。

2. 烟波致爽殿，面七进一，无斗，檩垫枋，卷棚硬山顶。

3. 东西跨院（四栋），各面三进一，无斗，檩垫枋，卷棚硬山顶。

4. 云山胜地楼（二层），面五进一，无斗，檩垫枋，卷棚歇山顶。

5. 楼两侧随脊配房，各面七进一，无斗，檩垫枋，卷棚硬山顶。

6. 岫岩门（后寝北门），垂花门式，面一进一，无斗，檩垫枋，卷棚硬山顶。

三　前宫东路

1. 钟楼，面一进一，无斗，檩垫枋，卷棚歇山顶。

2. 东西便门，面一进一，无斗，檩垫枋，卷棚悬山顶。

3. 三宫门，面五进一，无斗，檩垫枋，卷棚硬山顶。

4. 东跨院，面三进一，无斗，檩垫枋，卷棚硬山顶。

5. 门殿，面三进一，无斗，檩垫枋，卷棚硬山顶。

6. 配房两侧南端耳房，面一进一，无斗，檩垫枋，卷棚硬山顶。

7. 东西配房，面五进一，无斗，檩垫枋，卷棚硬山顶。

8. 含晖堂两端耳房，面三进一，无斗，檩垫枋，卷棚硬山顶。

9. 含晖堂，面七进一，无斗，檩垫枋，卷棚硬山顶。

10. 畅远楼（二层）面五进一，无斗，檩垫枋，卷棚歇山棚。

11. 畅远楼两侧随脊房，面五进一，檩垫枋，卷棚硬山顶。

12. 畅远楼后门，面一进一，无斗，檩垫枋，卷棚悬山顶。

13. 畅远楼东跨院，面三进一，无斗，檩垫枋，卷棚硬山顶。

14. 畅远楼后房，面五进一，无斗，檩垫枋，卷棚硬山顶。

15. 畅远楼后右侧房，面三进一，无斗，檩垫枋，卷棚硬山顶。

16. 万壑松风，面五进一，无斗，檩垫枋，卷棚硬山顶。

17. 鉴始斋，面三进一，无斗，檩垫枋，卷棚硬山顶。

18. 鉴始斋左二栋，皆面三进一，无斗，檩垫枋，卷棚硬山顶。

四　望鹿亭

望鹿亭，八角敞亭，无斗，檩垫枋，八角攒尖。

五　正宫西山仓房

1. 仓房，面五进二，无斗，檩垫枋，硬山顶。

2. 西跨院后栋，面五进一，无斗，檩垫枋。

3. 西跨院正房，面三进一，无斗，檩垫枋，硬山顶。

4. 西跨院东西配房，面三进一，无斗，檩垫枋，硬山顶。

5. 后屋，面三进一，无斗，檩垫枋，硬山顶。

6. 西配房，面七进一，无斗，檩垫枋，硬山顶。

7. 前屋，面三进一，无斗，檩垫枋，硬山顶。

8. 外午门西堆房，面三进一，无斗，檩垫枋，硬山顶。

注：七间东西配房：

①东配房在1956 年修缮时改掉瓦顶。

②西配房有三间梁架改样。

六　芳园居

1. 南门房，面三进一，无斗，檩垫枋，卷棚歇山顶。

2. 东厢及拐角房，面十一进三，无斗，檩垫枋，卷棚硬山顶。

3. 东厢中段，面三进一，无斗，檩垫枋，硬山顶。

4. 东厢北段，面三进一，无斗，檩垫枋，硬山顶。

七　珠源寺

山门，面三进一，小斗无颐，檩垫枋，九脊歇山顶。

注：

①山门建筑为砖、石材料（包括斗栱）；

②宗镜阁（铜殿）已于1944年为日寇盗走，今存清乾隆造铜钟一口。

八　碧峰门

门楼，面三进一，小斗无颐，檩垫枋，卷棚歇山顶。

九　文津阁

1. 文津阁，面五进一，无斗，檩垫枋，重檐卷棚硬山顶。
2. 西配房，面十三进一，无斗，檩垫枋，卷棚硬山顶。
3. 东配房，面三进一，无斗，檩垫枋，卷棚硬山顶有抱厦。
4. 门房，面三进一，无斗，檩垫枋，卷棚硬山顶有抱厦。

注：

阁前有月台。假门一、石碑一。阁东有乾隆三十九年《文津阁碑记》。

十　东宫（今存基址、德汇门一）

德汇门，面三进一，小斗无颐，檩垫枋，重檐卷棚歇山顶。

十一　水心榭

1. 水心榭南亭，面一进一，无斗，檩垫枋，重檐四角攒尖顶。
2. 水心榭中亭，面三进一，无斗，檩垫枋，重檐卷棚歇山顶。
3. 水心榭北亭，面一进一，无斗，檩垫枋，重檐四角歇尖顶。

注：原南北树宝坊。

4. 牣鱼亭，面一进一，无斗，檩垫枋，四角攒尖顶。

十二　月色江声

1. 月色江声门殿，面五进一，无斗，檩垫枋，卷棚歇山顶。
2. 冷香亭，面一进一，无斗，檩垫枋，卷棚歇山顶。
3. 静寄山房，面一进一，无斗，檩垫枋，卷棚歇山顶。
4. 夹琴轩，面三进一，无斗，檩垫枋，卷棚歇山顶。
5. 东侧亭，面三进一，无斗，檩垫枋，卷棚歇山顶。
6. 莹心堂，面五进一，无斗，檩垫枋，卷棚歇山顶。

7. 湖山罨画，面五进一，无斗，檩垫枋，卷棚硬山顶。

8. 东西配房，面五进一，无斗，檩垫枋，卷棚硬山顶。

十三　一片云楼

1. 一片云楼，面五进一，小斗无颤，檩垫枋，双重（层）卷棚歇山顶。

2. 东楼，面七进一，小斗无颤，檩垫枋，双重（层）卷棚歇山顶。

3. 前堂，面五进一，小斗无颤，檩垫枋，卷棚硬山顶。

十四　如意洲般若相

1. 前殿，面三进一，无斗，檩垫枋，卷棚硬山顶。

2. 东西配殿，面三进一，无斗，檩垫枋，卷棚硬山顶。

3. 后殿，面五进一，无斗，檩垫枋，卷棚硬山顶。

十五　如意洲

1. 无暑清凉，面五进一，无斗，檩垫枋，卷棚硬山顶。

2. 观莲所，面三进三，无斗，檩垫枋，卷棚歇山顶。

3. 延薰山馆，面七进一，无斗，檩垫枋，卷棚歇山顶（有抱厦）。

4. 东西配殿，面五进一，无斗，檩垫枋，卷棚硬山顶。

5. 乐寿堂，面七进一，无斗，檩垫枋，卷棚悬山顶（有抱厦）。

6. 金莲映日，面三进一，无斗，檩垫枋，卷棚歇山顶（有抱厦）。

7. 南配房，面五进一，无斗，檩垫枋，卷棚硬山顶。

8. 水芳岩秀（北配房），面五进一，无斗，檩垫枋，卷棚硬山顶。

注：金莲映日向东，后有抱厦。

十六　烟雨楼

1. 门殿，面三进一，无斗，檩垫枋，卷棚歇山顶。

2. 烟雨楼，面五进二（两层），小斗无颤，檩垫枋，卷棚歇山顶。

3. 四角亭（楼东南侧），面一进一，小斗无颤，檩垫枋，四角攒尖顶。

4. 八角亭（楼西北侧），面一进一，小斗无颤，檩垫枋，八角攒尖顶。

5. 青杨书屋，面三进一，无斗，檩垫枋，卷棚硬山顶。

6. 对山斋，面三进一，无斗，檩垫枋，卷棚歇山顶。

7. 六角亭（假山），面一进一，小斗无颤，檩垫枋，六角攒尖顶。

十七　金山亭

三层六角亭，进一，无斗，檩垫枋，重檐六角攒尖顶。

十八　流盃亭门

流盃亭门，面五进一，无斗，檩垫枋，硬山顶。

十九　春好轩

1. 春好轩，面五进一，无斗，檩垫枋，卷棚硬山顶。
2. 东配殿，面三进一，无斗，檩垫枋，卷棚硬山顶。

注：此组建筑只存正殿五间，东配房三间。东配房瓦顶改样。1957 年修疗养院时拆九间。

二十　永佑寺舍利塔

舍利塔，八角九层密檐塔，八角攒尖顶。

注：塔前有石碑三通：
①乾隆四十七年《避暑山庄后序》碑记（中路）。
②乾隆十七年《永佑寺碑文》（刻满、蒙文）。
③乾隆十七年《永佑寺碑文》（刻汉、藏文）。
塔后有石碑一通：
南面刻乾隆二十九年《永佑寺舍利塔记》。
北面刻《避暑山庄百韵诗（并序）》
塔内情况：
①塔内天花藻井，斗栱为琉璃造。
②塔内楼梯十层，今可登到三层。
③塔内绘有佛教壁画，毁甚。
④塔底层有石雕佛壁。
⑤塔顶为鎏金铜铸。

二十一　南山积雪亭

南山积雪亭，四角方亭。

二十二　锤峰落照亭

锤峰落照亭，四角方亭。

二十三　四面云山亭

四面云山亭，四角方亭。

二十四　水流云在亭

水流云在亭，四角方亭四出抱厦。

二十五　濠濮间想亭

濠濮间想亭，重檐四角方亭。

附录 6　外八庙现存古代建筑登记

一　溥仁寺（前寺）康熙五十二年（公元 1713 年）建

1. 四天王殿，面三进二，九脊歇山顶（琉璃瓦）。
2. 慈云普荫殿（正殿），面五进二，九脊歇山顶。
3. 宝相常新殿，面九进一，硬山顶。

注：

①天王殿内现存泥塑四天王像残破。

②慈云普荫殿内有三世佛和十八罗汉。

③后殿有九尊无量寿佛。

④正殿前置彩塑佛弟子像。前左有汉文石碑一通。右有满文石碑一通。上刻康熙五十三年（公元 1714 年）《御制溥仁寿碑文》。

⑤天王殿有康熙手书溥仁寺横匾一块。

⑥有康熙年祷铜钟一口。

⑦山门、钟鼓楼、东西配殿，后面东西配殿为民国时期的姜桂题，汤玉麟等军阀拆去修庄头营子营房。

二　溥善寺（后寺）康熙五十二年（公元 1713 年）建

1. 西配殿，面五进一，硬山顶。
2. 钟楼，面一进一，歇山顶。

注：山门、前殿、左右配殿、佛楼及东配殿等均坍塌。基址处已建为工人疗养院。

三　普乐寺（圆亭子）乾隆三十一年（公元 1766 年）建

1. 山门，面三进一，歇山顶。
2. 南北便门，面一进一，歇山顶。
3. 钟、鼓楼，面三进一，重檐歇山顶。
4. 天王殿，面五进三，歇山顶。
5. 南北配殿，面五进一，重檐歇山顶。
6. 宗印殿，面七进三，重檐歇山顶。
7. 碑亭，面三进一，歇山顶。
8. 阇城（石筑）

9. 旭光阁二十四楹圆亭，重檐圆锥形琉璃瓦顶。

10. 东外山门，面三进一，歇山顶。

11. 通梵门，面三进一，歇山顶。

12. 南山门，面三进一，歇山顶。

13. 中层平台四角楼，面一进一，庑殿顶。

14. 上层平台二角楼，庑殿顶。

注：

①乾隆三十二年（公元 1767 年）《普乐寺碑记》一通，刻汉、满、蒙、藏四体文字。

②阁城中层琉璃宝塔八座。四角为白色，南中黄色，西中紫色，北中黑色，东中蓝色，象征四神。

③圆亭内有立体曼陀罗一座，上置"上乐王佛"一躯。

④钟楼有钟一口，时代待查。宗印殿有李元方献康熙六十年铸铜钟一口。

⑤宗印殿有金漆木雕三世佛和八菩萨像。西配殿有六个木雕金刚佛。

⑥阁城四周有围房（群楼）七十二间。民国年间被军阀汤玉麟拆去修庄头营子营房。

四 安远庙（伊犁庙）乾隆二十九年（公元 1764 年）建

1. 山门，面三进一，歇山顶。

2. 棂星门，面三进一，歇山顶。

3. 普渡殿（三层），面七进七，重檐歇山顶。

4. 后山门，面三进一，歇山顶。

注：

①普渡殿周围原有六十四间群楼，早年为军阀汤玉鳞拆毁。

②普渡殿内有佛像二尊。另前有铁炉一。乾隆三十年（公元 1765 年）御制《安远庙瞻礼书事碑记》一通。四体文字书写。

③原普渡殿中乾隆题匾和对联存安远庙僧房金刚殿中。

附：安远庙僧房

1. 门房，面一进一，硬山顶。

2. 二门，面一进一，悬山顶。

3. 金刚殿，面五进一，硬山顶。

4. 南北配殿，面三进一，硬山顶。

注：金刚殿中有木雕三世佛，熊虎各一，画像五幅。

五 普宁寺（大佛寺）乾隆二十年（公元 1755 年）建

1. 山门，面五进一，歇山顶。

2. 东西便门，面一进一，歇山顶。

3. 碑亭，面三进三，重檐歇山顶。

4. 钟，鼓楼，面三进三，重檐歇山顶。

5. 天王殿，面五进二，歇山顶。

6. 东西配殿，面五进一，歇山顶。

7. 大雄宝殿，面七进三，重檐歇山顶。

8. 三角殿，面三进一，歇山顶。

9. 东西便门，面一进一，歇山顶。

10. 大乘之阁，面七进七，五顶四角钻锥形。

11. 阁东西日月殿，面三进一，歇山顶。

12. 阁东狮子像佛庙，面三进一，歇山顶。

13. 阁东兽像庙，面三进一，歇山顶。

14. 财宝天王殿，面三进三，歇山顶。

15. 垂花门讲经殿，面一进一，悬山顶。

16. 讲经殿，面五进一，卷棚硬山顶。

17. 东西配殿，面三进一，卷棚硬山顶。

注：

①碑亭内方碑三通，是乾隆二十年（公元1755年）《普宁寺碑文》、乾隆二十年（公元1755年）《平定准噶尔勒铭伊犁之碑》、乾隆二十三年（公元1758年）《平定准噶尔后勒铭伊犁之碑》。均用四体文字刻写。

②大雄宝殿奉木雕三士像和泥塑十八罗汉像。

③大乘之阁内有木雕千手千眼佛和供养人（一说善财、龙女）像。

④阁前有四个白台建筑。

⑤财宝天王殿东西各白台二，各四色塔一。

⑥阁前东西各一四色塔。

六　普佑寺，乾隆二十五年（公元1760年）建

1. 东西便门，面一进一，歇山顶。

2. 东西便门，面一进一，歇山顶。

3. 法轮殿，面五进五，重檐四角攒尖顶。

4. 东西配殿，面五进一，硬山顶。

5. 东西禅堂，面九进一，硬山顶。

6. 法轮殿后群楼，面二十三进一，两层硬山顶。

注：

①山门、大方广殿日伪时期由岗田公司拆走。

②寺内有金漆木雕罗汉像五百零八尊、是由罗汉堂移来。

③法轮殿于1960年雷击后火毁。

附：广缘寺，乾隆四十五年（公元1780年）建

1. 山门，面三进一，硬山顶。

2. 天王殿，面三进一，硬山顶。

3. 广缘寺正殿，面五进一，硬山顶。

4. 东西配殿，面三进一，硬山顶。

注：原有四层院落，今存三层。庙内奉四天王像、三世佛等。过去活佛诺木罕葛格若居处。

七　须弥福寿之庙（行宫）乾隆四十五年（公元 1780 年）建

1. 山门，面三进一，庑殿顶。

2. 碑亭，面三进三，重檐歇山顶。

3. 智光普照殿，面三进三，重檐歇山顶。

4. 琉璃坊。

5. 梵香遍满，面三进一，庑殿顶（东山门）。

6. 法界园成，面三进一，庑殿顶（西山门）。

7. 都刚法式殿（平台群楼）三层，平台顶。

8. 平台顶四门亭（四座），面三进一，庑殿顶。

9. 妙高庄严殿（三层），面五进五，重檐四角攒尖顶。

10. 吉祥法喜殿，面五进五，重檐歇山顶。

11. 东御座楼门楼，面三进三，庑殿顶。

12. 万法宗源殿，面九进三，九脊歇山顶。

13. 万法宗源前楼，面三进二（二层），硬山顶。

14. 万寿塔，八角七层琉璃塔有围廊。

注：
①都纲殿为平台群楼。三层东西各面十六进二，南北各面十四进三。且南北相对，中间三间突出一间。平台四角有更楼。
②吉祥法喜殿为鎏金瓦顶。
③妙高庄严殿的鎏金瓦顶、四脊各有金龙两条。
④万寿塔为八角七层琉璃宝塔第一层普雕菩萨八尊，彩绘。出围廊，塔东是罡子殿、塔西是九间楼。
⑤方碑一通乾隆四十五年（公元1780年）《须弥福寿之庙碑记》四体书。
⑥山门外石狮一对。琉璃坊前石象一对。
⑦妙高庄严殿内有木雕转轮芏开花像各一，曼陀罗七个，均残，金漆佛像十七尊，彩绘木佛三十一尊，木雕喜金刚七个。
⑧单塔子一个，在行宫西，通过单塔可进长处院（今毁）。

八　普陀宗乘之庙（布达拉）乾隆三十二年（公元 1767 年）建

1. 外山门，面五进一，庑殿顶。

2. 东西便门，面一进一，平台顶。

3. 东西更楼，面五进一。

4. 碑亭，面三进三，重檐歇山顶。

5. 广园妙觉，面三进一。

6. 平台五塔门。

7. 殿楼，面三进一，庑殿顶。

8. 东西山门，面三进一，庑殿顶。

9. 罡子殿，面三进一，庑殿顶。

10. 东金刚殿，面五进二（二层），卷棚硬山顶。

11. 西金刚殿，面五进二，重檐卷棚硬山顶。

12. 下钟楼，面三进一，平顶。

13. 上钟楼，面三进一，庑殿顶。

14. 权衡三界八角金瓦亭，重檐八角攒尖。

15. 御座楼（三楼），面三进二，歇山顶。

16. 落伽胜境搬，面五进二，卷棚歇山顶。

17. 万法归一殿，面五进五，重檐四角攒尖，鎏金瓦顶。

18. 慈航普渡六角亭，重檐六角攒尖鎏金瓦顶。

注：

①山门有石桥一座，石狮一对。五塔门外有琉璃牌坊一座，石象一对，石狮一对。

②碑亭内有乾隆三十六年（公元1771年）《普陀宗乘之庙牌记》、乾隆三十六年《土尔扈特全部归顺记》、乾隆三十六年《优恤土尔扈特部众记》四体（满、汉、蒙、藏）文字石碑三通。大红台西南角原千佛阁（已毁）中有乾隆三十五年（公元1770年）《千佛阁碑记》方碑一座，也是四体文。

③大红台前白台之上有单塔，东西白台上各建塔五座。西墙外白台上建塔三座。另有圆形平顶白台一个。

④铜佛四十九尊。铜"吉祥天母"一个。

⑤"万法归一"殿悬黄绢地乾隆手书"万缘昔照"横匾一块。

⑥"万法归一"殿内有楠木万寿塔一对（好坏各一）。

九　殊像寺，乾隆三十九年（公元1774年）建

1. 山门，面三进一，歇山顶。

2. 东西便门，面一进一，歇山顶。

3. 四天王殿，面五进一，歇山顶。

4. 钟鼓楼，面三进一，歇山顶。

5. 东西便门，面一进一，歇山顶。

6. 会乘殿，面七进三，歇山顶。

7. 宝相阁，重檐八角亭（已坍塌）。

注：

①会乘殿内有菩萨三尊。楠木塔二个，塔上原有镀金铜佛三百零四个，后被军阀汤玉麟盗走。另殿内有乾隆手书"会通三际"绢地横匾一块、对联一副，漆地金字乾隆诗匾一块。

②钟楼旁有大锅一口。

附录7 避暑山庄、外八庙重要碑文辑录

御制溥仁寺碑

康熙五十二年，朕六旬诞辰。众蒙古部落，咸至阙廷，奉行朝贺。不谋同辞，具疏陈恳：愿建刹宇，为朕祝厘。

朕思治天下之道，非奉一己之福，合天下之福为福；非私一己之安，遍天下之安为安。柔远能迩，自古难之。我朝祖功宗德，远服要荒；深仁厚泽，沦及骨髓。蒙古部落，三皇不治，五帝不服，今已中外无别矣。论风俗人情，刚直好勇。自百年以来，敬奉释教，并无二法。谨守国典，罔敢陨越。不识不知，太和有象。朕每嘉焉。鉴其悃诚，重违所请。

念热河之地，为中外之交。朕驻跸清暑，岁以为常。而诸藩来觐，瞻礼亦便。因指山庄之东，无关于耕种之荒地，特许营度为佛寺。陶甓于冶，取材于山。工用无输挽之劳，金钱无逾侈之费。经始讫功，告成不日。

历观往史，遹溯前朝。版籍有区，幅员未广。兹热河之奥壤，乃紫塞之神皋。名号不掌于职方，形胜无闻于地志。朕以凉德，抚育万方。边墙之外，悉为畿甸。诸蕃于此建寺介福，率先恐后，无小无大，罔不来同。观我观民，思维此理。特题额曰"溥仁"。将欲汪濊之泽，均霑率土，升恒之庆，广洽普天，遍覆含宏，民胞物与；咸跻寿考，各遂生成。藉诸藩祝朕之忠诚，为万方祈纯嘏之锡。爰纪斯文，勒诸贞石。

康熙五十三年三月十八日。

御制溥仁寺碑

盖闻遍覆含宏者，造化无私之体；民胞物与者，大君宗子之心。古帝王继天运世，保合太和。凡日月照临，声教暨讫，必使咸跻，各遂生成。纳八纮雨露之中，载殊方于衽席之上。深仁怙冒，至化洽周。斯大同之极规，实无我之洪愿也。朕诞膺鸿历，五十余载，布信推诚，遐迩一体。藩王部长，悉我屏翰；绝漠荒陬，皆吾黎庶。故神仓玉粒，常给以糇粮；天驷月题，每贷之牧种。休息长育：匡翼劳来；宵旰弥勤，终始无怠。朕惟期渐恩敷德，俾皆乐我太平。诸藩亦向化倾心，靡不谨尔侯度。雨风时若，生齿日蕃。水草茂滋，产畜殷硕。边篱瓯脱，永息侵陵。瀚海龙沙，群资乐利。绥安抚辑，数十年养之教之；膏沐涵濡，至今日庶矣富矣。乃者，朕六十诞辰，众蒙古王台吉等，咸诣诸阙廷，奉行朝贺，不谋同辞，具疏陈恳，愿建刹宇，为朕祝厘。朕鉴其悃诚，重违所请。念热河之地为中外

之交，朕驻跸清暑，岁以为常。而诸藩来觐，瞻礼亦便。因指行宫之艮隅，特许营度为佛寺。陶甓于治，取材于山。工用无输挽之劳，金钱无逾侈之费。经始讫工，告成不日。琉璃梵殿，同白马之庄严；璎珞祥云，俨龙华之色相。金峰耸翠，灵鹫飞来；暖溜蒸砂，宝池分出。林成福德，乔木千章；界是伽耶，香园十顷。固天开选之佛场，地蕴清凉之境也。

朕历观往史，遹溯前朝，版籍有区，幅员未广。兹热河之奥壤，乃紫塞之神皋。名号不掌于职方，形胜无闻于地志。朕以渺躬，抚有四海，边塍之外，悉为畿甸。诸藩于此，建寺介福，率先恐后，无小无大，罔不来同。朕用自慰，更用自惕焉。书不云乎："一人有庆，兆民赖之。"释典亦云："若彼大云，荫注世界。"博稽旁考，鉴于朕衷。观我观民，思维此理。特赐寺额曰："溥仁"。将欲汪濊之泽，均霑率土，升恒之庆，广洽于普天。藉诸藩祝上之忠诚，为万方祈纯嘏之锡；以佛氏施仁之因果。共诸藩保巩固之休。爰纪斯文，勒诸贞石。

御制永佑寺碑

昔如来以法王御世，宏济人天，遍现十方，虚空不住。顾其安立道场，必在灵山宝地，鹫峰鹿苑。精舍庄严，盖圣迹所留，尤福祐之所聚矣。

我皇祖圣祖仁皇帝，以无量寿佛示现，转轮圣王，福慧威神，超轶无上。省方览胜，乃眷热河，建山庄为清暑地。因岩壑自然之势；示茆茨不翦之规。养性怡神，从容综理。而风雷之所鼓动，雨露之所涵濡。神化周通，不疾而速。犹佛之林间燕坐，洒落安禅。而说法则声震大千，度生则施洽群有也。

予小子早年随侍，仰见我皇祖清晏娱游，无逸乃逸。对时育物，天地同流。至于今，弹指三十余年。秋狝之余，时复税驾于此。松云如旧，榱桷翘瞻。感陟降之在庭，思报恩而荐福。遂即山庄内万树园之地，创立精蓝，爰名"永佑"，固不特钟鱼梵呗，足令三十六景，借证声闻。我皇祖圣日所照，千秋万岁后，子孙臣庶，无不永如在之思，是即释迦之耆阇崛山，金刚宝座，天龙拥护，相好依然。而朕之绳武宁亲，祝厘养志者，于是乎托，庶其无忝前志云尔。

乾隆十七年岁次壬申秋七月朔日御笔。

御制普宁寺碑

乾隆二十年夏五月，平定准噶尔。冬十月，大宴赉四卫拉特部落旧附、新归之众于避暑山庄，曰绰罗斯，曰都尔伯特，曰辉特，曰和硕特。四族台吉，各封以汗王、贝勒、贝子、公，若而人其无隶属之宰桑，则归之公，如内八旗，外四十九旗，喀尔喀四部之例。至是而内外一家，遐迩同风之言允符。昔我皇祖之定喀尔喀也，建汇宗寺于多伦诺尔，以一众志。式循旧章，建普宁寺于山庄之北麓，而为之记曰：皇天有辅德之私，至圣有越世之度，君子有见几之作，兆人有可格之诚。我国家抚有众蒙古，讵准噶尔一部，终外王化，虽庸众有"威之不知畏，惠之不知怀，地不可耕，民不可臣"之言，其然，岂其然哉？以我皇祖皇考圣德神功，经文纬武。其于奠伊犁，勒铭格登山，朝四部落之众，而锡之爵，赐之币，式宴陈舞，可汗起奉酒称万寿，如今日者何难？默契大造，意若有待，是以遵养时晦，垂成弗为。

予小子敬承乾佑，以为不可失者时。迟徊观望，宁二圣付托藐躬之意。目此山庄，即皇祖岁时巡觐诸蒙古宾客之所也。越三十年，而克见准噶尔之众，咸觐于此。岂非皇天无私，惟德之辅；至圣之度，越世先知；而见几君子之作，予亦不敢不勉。卫拉特之众，岂终不可格以诚哉？蒙古向敬佛，兴黄教，故寺之式，即依西藏三摩耶庙之式为之。名之曰"普宁"者，盖自是而雪山葱岭，以逮西海，恒河沙数，臣庶咸愿安其居，乐其业，永永普宁云尔。复依普贤世界品而述偈言：

抖赞转轮王，功德甚深大。造寺于西域，其名三摩耶。

逮今千岁余，愿海庄严就。肖彼须弥山，巍阁凡三层。

日月在两肩，地金水风轮。其内小铁围，大咸海水满。

持地障碍山，马耳及善见。担木并持轴，持双凡七山。

其中乃香水，其上坚手天。持矍及恒侨，四天王所住。

复有四方天，其数各以八。中乃忉利天，善见帝释官。

欲界四天子，色界无色界，次第居其上；东曰胜神洲，

小胜及胜胜，左右以次住，南曰瞻部洲，妙佛并小佛。

左右以次住；西曰牛贺洲，行道将小行，左右以次住；

北曰俱卢洲，最胜复韬胜，左右以次住；供养物无数。

如普贤愿海，复为四色塔。义出陀罗尼，四智标功用。

懿此避暑庄，古佛所游历。较彼卫藏地，佛土无差别。

有来众蒙古，及新卫拉特。咸敬黄教人，爰作大利益。

肖彼三摩耶，为奉天人师。作此曼拿罗，严洁身口意。

依法香泥涂，一切皆清净。香花供养具，法螺法音声。

转无量法轮，聚无量法众。诵无量法宝，作无量法事。

我闻普贤言，华藏庄严海。是毗卢遮那，往劫修行处。

种种宝光明，大云遍一切。舍身等尘刹，以昔愿力住。

遍十方国土，出苦向菩提，方便示调伏。世界所有尘，

一一见法界。现佛如云集。此是如来刹，大愿周法界。

一切化群生，庄严从此出。西土及震旦，究竟无同异。

众生皆安稳，暨蠕动肖翘。遂生明佛性，稽首天人师，

普贤行如是。

大清乾隆二十年岁次乙亥冬十月吉旦御笔。

平定准噶尔勒铭伊犁之碑

惟天尽所覆，俾我皇清，罔不在宥。惟清奉昊天，抚薄海兆庶，悉主悉臣（叶）。太祖、太宗、世祖，肇基宅中，皇耆其武；圣祖、世宗，觐光扬烈，克臻郅隆。逮予渺躬，思日孜孜，期四海同风，咨汝准噶尔，亦蒙古同类。何自外携，数世梗化，篡夺相仍，顾仇其下？厥达瓦齐，甚毒于醒。众心底底，如苗斯孟。如魁斯螯，众口嗷嗷。视尔嗷止，予焦劳止，期救不崇朝止。视尔底止，予噫嘻止，

呕出汝涂泥止。乃命新附，尔为先锋，熟悉其路；乃命劲旅，携数月粮，毋或掠掳。师行时雨，王旅嘽嘽。亦无潦阻，左旅右抽。王旅浑浑，既遏以休。乌鲁木齐，及五集赛，度之折折，台吉宰桑，迎降恐后，奚事斧吭，波罗塔拉，闳尔奇岭。险如关阖，倒戈反攻，达瓦齐走，且旦途穷。回部遮获，彼鼠斯喙。地入无隙，露布飞至。受俘午门，爱贷其罪。自今伊始，四部我臣，伊犁我宇（叶），曰：绰罗斯及都尔伯特、和硕特、辉特，封四可汗。众建王公，游牧各安。宰桑公臣，属我旗籍。谁汝苦辛，尔恭尔长。尔孶尔幼，徐以教养。尔驼尔牛，尔羊尔马，畜牧优游，分疆各守。毋相侵陵，以干大咎。齐御外域，曰布鲁特，越哈萨克，醉饮饱食。敬兴黄教，福自天锡。伊犁平矣，勒贞珉（叶）矣，于万斯年矣。

乾隆二十年岁在乙亥夏五月之吉御制。

平定准噶尔后勒铭伊犁之碑

天之所培者，人虽倾之，不可殪也。天之所覆者，人虽栽之，不可殖也。嗟汝准噶尔，何狙诈相延以世而为贼也？强食弱，众凌寡，血人于牙，而蔑知悛易也。云兴黄教，敬佛菩萨，其心乃如夜叉、罗刹之以人为食也。故罪深恶极，自作之孽，难逭活也。

先是分封四部众，建宰桑，四图什墨，廿一昂吉，盖欲继绝举废，以休以息也。而何煽乱不已，焦烂为期，终于沦亡胥尽，伊犁廷袤万里，寂如无人之域也。是非我佳兵不戢，以杀为德也。有弗得已耳。西师之什，实纪其详悉也。以其反覆无常，迟益久而害益深。则其叛乱之速，未尝非因祸而致福也。是盖天佑我皇清，究非人力也。伊犁既归版章，久安善后之图，要焉已定者，讵宜复失也。然屯种万里之后，又未可谓计之得也。其潜移默运，惟上苍鉴之。予惟奉时相机，今日之下，亦不敢料以逆也。是平准噶尔后，勒铭伊犁之碑所由作也。

乾隆二十三年岁在戊寅秋七月之吉御制。

永佑寺舍利塔记

自辛未奉慈辇南巡，于夫招提兰若，转轮祝厘，无不虔披。

金根随喜，檀界乃识。所谓金陵之报恩，武林之六和，归而欲肖之，以延鸿算。无何，而一不戒于火，其一将成而圮，龟玉毁于椟，有司者不能辞其责也。虽然，予岂肯以工作微过而责人？于是一无所问，且或者如形家之言，北方其诚不可如南方之为塔乎？则有志过之作，永罢塔而弗为。然同时之建于热河永佑寺者，不可中止。恐其蹈辙，乃命拆其弗坚，及筑不如式者，而概易之以石。越十岁，甲申，窣堵乃成，岿然峙于避暑山庄，较京师为尤壮，则堪舆风水之论，固不足凭。此亦默有以启予之心，不必信八会地节之滥，陈祸福以耸听乎？若夫工匠于未经试绳墨者，棘手瞠目，亦人情之常。不必畏难涂废，而弃前功于无用也。然是塔经营之初，实为四卫拉特来归，西师筹画之始。至自今大功告成，伊犁耕牧日以开辟，而堵波法轮舍利回焕，所谓有志者事必成。儒释虽殊途，其理则一也。兹故详志其事。而于刹工僧祇，化城福田之说，则略之。拟以金刚六如，虽调御相好，有所弗屑，何有于塔也？塔阴泐避暑山庄百韵诗，敬阐皇祖巡狩之义，欲以示范永世，乃予本意。后之人读是碑者，当以继武诘戎为兢兢，政不必以阐象教，期利益为亟亟，则思过半矣。

乾隆二十九年岁在甲申仲夏月御制并书。

安远庙瞻礼书事（有序）

伊犁河北旧有庙，曰固尔札，都纲三层，缭垣，周一里许。当噶尔丹、策凌时，以五集赛，更番居此诵经，每岁首盛夏，准噶尔之众膜拜顶礼者，远近咸集。其俗素奉黄教，往往捐珍宝，施金银，以事庄严。庙之闳瞻，遂甲于漠北，阿逆之叛，贼党肆掠焚劫，庙乃毁废，曾用韩愈陆浑山火诗韵，以纪其事。

及我师再平伊犁其地，并建城堡，而梵宇之仅存煨烬之余者，已不可复整，亦不必为之复整也，因思山庄为秋蒐肆觐之所，旧蕃新附，络绎鳞集。爰规东北冈阜肖固尔札之制，营建斯庙，名之曰："安远"。集梵僧演步踏，以庆藏事。惟时都尔伯特郡王策凌、乌巴什等，适以朝贺至，与达什达瓦部众之隶居兹土者，欢喜额手，佥谓琳宫晃曜，妙相庄严，不啻曩时在固尔札都纲闻呗赞也。然予之所以为此者，非惟阐扬黄教之谓，盖以绥靖荒服，柔怀远人，俾之长享乐利，永永无极云。因系十韵以识缘起如此。

伊犁兵燹后，梵宇为重为。缩地齐近远，归宗何改移？今朝初庆落，戎索永延厘。耸峙辉山麓，来瞻渡水涯。制仍固尔札，境一毗耶离。唱呗格隆侣（喇嘛中之格隆如僧中之受五戒者），归旗达瓦贻（达什达瓦旧属归旗者，居于此，其愿为喇嘛者听之）。维新同致敬，忆旧孰含悲。群诇胡宽市，予怀范燮辞。藉无示败彼，讵有睹成斯。置器虖安处，恢纲靖远陲。

乾隆乙酉仲秋月朔日御笔。

普乐寺碑记

避暑山庄当兴桓陟区直北，地亘狮沟西南，官廨民庐，聚落殷羡，独其东偏列嶂邈绵，周原案衍。则诸经所称，广长清净，于佛土宜。乾隆乙亥，西陲大功告成，卫拉特各部长来会时事，尝肖西域三摩耶，建寺曰"普宁"。嗣是达什达瓦属人内徙，即次旅居，环匝山麓。越岁乙酉，复于迤左，仿伊犁固尔札都纲，建庙曰"安远"。然自庙南延望锤峰，式垲式闳，厥壤犹隙。惟大蒙之俗，索崇黄教。将欲因其教不易其俗，缘初构而踵成之。且每岁山庄秋巡，内外扎萨克觐光以来者，肩摩踵接。而新附之都尔伯特，及左右哈萨克，东西布鲁特，亦宜有以遂其仰瞻，兴其肃恭，俾满所欲，无二心焉。咨之章嘉国师云，大藏所载，有上乐王佛，乃持轮王佛化身，居常东向，洪济群品。必若外辟重闉，疏三涂，中翼广殿，后规阇城，内叠磴悬折，而上置宄，正与峰对者，则人天咸遂皈依。将作如制，以丙戌正月经始，泊丁亥八月讫工。爰取普乐颜寺额，而为之记曰：

自西人之濒于涂炭也，湫隘阽危，不能终日，朕则为主求宁焉。既宁之后，奔奏偕徕，室家还定，朕则为之计安焉。既宁且安，其乐斯在。譬如佛影覆于鸽身，四大得所，离怖畏想，生欢喜心。蕲自刹那以逮亿劫，同游春台化宇，乐其乐而不能名其乐，其上乐耳，虽然，曷易臻此哉？语曰："民可与乐成，难与虑始。"又曰："先天下之忧而忧，后天下之乐而乐。"是朕所由继"普宁""安远"，而命之"普乐"者，既以自慰，且重以自勖，而匪直梵文胜因福利之云云也。记成，并系以赞：

善哉大能仁，无去亦无住。以何因缘故，现此说法身。

人天咸护持，功德甚希有。云何称上乐，自小千中千。

暨三千大千，法界无究竟。尔时两足尊，甘露为灌顶。

一切诸众生，若有情无情。念彼佛力者，受持陀罗尼。

三世诸如来，神力并加汝。第一具根性，即身同证佛。

其次小乘人，得八大成就。灵丹净眼方，彻地智慧剑。

空行遍周历，延年无疾病。自洛义俱胝，无量僧祇刼。

万行齐完满，求福不唐捐。普种福德田，普荫如意树。

普覆大慈云，普渡大愿船。震旦阎浮提，清宁要安隐。

而彼狼荒俗，永脱修罗天。合十白佛言，此是法王力。

要知大自在，本分元自足。无若强自乐，即堕分别相。

乐故无名名，上亦无等等。东峰开妙鬘，宝阁照旭光。

举似日出处，了了正知见。光与日无见，谁识所本来。

八宝庄严成，香华天乐备。大会启无遮，同证无上道。

乾隆三十二年岁在丁亥仲秋月吉御笔。

普陀宗乘之庙碑记

山庄迤北，普陀宗乘之庙之建，仿西藏非仿南海也。南海普陀，在浙东定海县境。朝山之舫，岁岁凌越洪涛澜汧间，擎香顶礼唯谨。曰"大士道场"，舍兹奚属？是独震旦缁流方隅所见故然。考之贝夹，普陀有三：一居额讷特珂克，一居图伯特，一居南海。盖南海特大士行教至此，偶一示现云耳。庸可以此为是，而彼为非乎？额讷特珂克即印度。是由此以证西来因缘。自印度而西藏，自西藏而南海，了了可识。第印度金刚座，辽远难稽。讵若西藏都纲法式具备，为天人摄受之阃规，藩服皈依之总汇也哉？乃者岁庚寅，为朕六帙庆辰。辛卯，恭遇圣母皇太后八旬万寿。自旧隶蒙古喀尔喀青海王公台吉等，暨新附准部回城众蕃长，联轸偕徕，胪欢祝嘏。念所以昭褒答示惠杯者，前期咨将作营构斯庙，以乾隆三十二年三月经始，至三十六年八月讫工。广殿重台，穹亭、翼庑，爰逮陶范斤凿，金碧縿罜之用，莫不严净如制。夫群藩信心回向，厥惟大慈氏之教，而热河尤我皇祖圣祖仁皇帝抚绥列服，岁时肆觐之区。向也，西陲内面景从，朕勤思缵述：普宁、安远、普乐诸刹所为，嗣溥仁、溥善而作也。今也，逢国大庆，延洪曼羡，而斯庳聿成。三乘之宗，实其统会。于焉宣宝铎，演金轮；关禽流梵乐之音，塞树种菩提之果。一切国土善信，膜拜欢喜，以为得未曾有。而久入俄罗斯之土尔扈特，以其为外道，非黄教所概，舍久牧之额济勒，率全部数万人，历半年余，行万有数千里，倾心归顺。适于是时，莅止瞻仰，善因福果，诚有不可思议者。是则山庄之普陀，与西藏之普陀一如，与印度之普陀亦一如，与南海之普陀亦何必不一如。然一推溯夫建庙所由来，而如不如又均可毋论。即如如之本义，岂外是乎？岂外是乎，先是群藩合辞，请进千佛像，恳款弗可却。因命就庙中庋阁奉之。别有记，不复详缀。为说，偈曰：

我闻瞻部洲，古德有道场。天龙各护持，名四大结聚。

九华及二峨，五台亦初地。普陀南海南，观自在所住。

其言限方所，不出边邪见。譬如一搓手，眇万亿由旬。

若人证三摩，要令不失故。卫藏妙庄严，竺乾祖庭意。

兴桓足香界，成此大胜因。百部诸贤王，合十聆呗赞。

塞土黄金色，是处菩萨面。其前罗汉峰，磐石为楗椎。

举似象王岩，非离亦非即。其下狮子沟，武列功德水。

举似铁莲洋，无垢亦无净。能具等正觉，皆作如是观。

五十三参竟，还叩两足尊。长现调御相，为说无量法。

乾隆三十六年岁在辛卯仲秋月之吉御笔。

土尔扈特全部归顺记

　　始逆命而终徕服，谓之归降；弗加征而自臣属，谓之归顺。若今之土尔扈特携全部，舍异域，投诚向化，跋涉万里而来，是归顺而非归降也。西域既定，兴屯种于伊犁，薄赋税于回部。若哈萨克，若布鲁特，俾为外圉而羁縻之。若安集延，若拔达克山，盖称远徼而概置之，知足不辱，知止不殆，朕意亦如是而已矣。岂其尽天所覆，至于海隅，必欲悉主悉臣，为我仆属哉？而兹土尔扈特之归顺，则实天与人归，有不期然而然者，故不可以不记。

　　土尔扈特者，准噶尔四卫拉特之一，其详已见于准噶尔全部纪略之文。溯厥始率，亦荒略弗可考。后因其汗阿玉奇与策旺不睦，窜归俄罗斯，俄罗斯居之额济勒之地。康熙年间，我皇祖圣祖仁皇帝，尝欲悉其领要，令侍读图丽琛等，假道俄罗斯以往。而俄罗斯故为纡绕其程，凡行三年又数月，始反命。今之汗渥巴锡者，即阿玉奇之曾孙也。以俄罗斯征调师旅不息，近且。征其子入质，而俄罗斯又属别教，非黄教，故与合族台吉密谋，挈全部投中国黄教之地，以息肩焉。自去岁十一月启行，由额济勒历哈萨克，绕巴勒喀什诺尔戈壁，于今岁六月杪，始至伊犁之沙拉伯勒界，凡八阅月，历万有余里。先是，朕闻有土尔扈特来归之信，虑伊犁将军伊勒图一人，不能经理得宜。时舒赫德以参赞居乌什，办回部事，因命就近前往。而畏事者，乃以新来中有舍楞其人，曾以计诱害我副都统唐喀禄（唐喀禄于戊寅四月，偕厄鲁特散秩大臣和硕齐率兵追捕逸贼，至布古什河源，射舍楞弟劳章扎布，扑而擒之。既而舍楞至，称欲投诚，请释其弟。唐喀禄虽许而疑其诈，欲先擒舍楞，和硕齐云：擒之无益，不若招之使降。越日，舍楞诡称欲入见，且携众至。唐喀禄益疑之。和硕齐复言：彼畏我兵威，不敢动移，曷亲莅抚谕之？唐喀禄信其言，从数人往，既至，和硕齐劝各解鞍去橐鞬，俄顷变作，唐喀禄遇害，和硕齐即降贼，寻擒获伏诛。舍楞乃窜入俄罗斯境），因以窜投俄罗斯者，恐其有诡计，议论沸起。古云："受降如受敌"，朕亦不能不为之少惑，而略为备焉。然熟计舍楞一人，岂能耸动渥巴锡等全部？且俄罗斯亦大国也，彼既背弃而来，又扰我大国边界，进退无据，彼将焉往？是则归顺之事十之九，诡计之伏十之一耳。既而，果然，而舒赫德至伊犁，一切安讯、设侦、筹储、密备之事，无不悉妥，故新投之人，一至如归。且抡其应入觐者，由驿而来。朕即命随围观猎，且于山庄宴赍，如都尔伯特策凌等之例焉。夫此山庄，乃我皇祖所建，以柔远人之地。而宴赍策凌等之后，遂以平定西域，兹不数年间，又于无意中不因招致，而有土尔扈特全部归顺之事。自斯，凡属蒙古之族，无不为我大清国之臣。神御咫尺，有不以操先券，阅后成，惬志而愉快者乎？予小子所以仰答祖思，益凛天宠，惴惴焉，孜孜焉。惟恐意或满，而力或弛。念兹在兹，遑敢自诩为诚所感与德所致哉？或又以为不宜受俄罗斯叛臣，虞启边衅。盖舍楞即我之叛臣归俄罗斯者，何尝不一再索取，而俄罗斯讫未与我也。今既来归，即以此语折俄罗斯，彼亦将无辞以对。且数万乏食之人，既至近界，驱之使去，彼不劫掠畜牧，将何以生？虽有坚壁清野之说，不知伊犁甫新筑城，而诸色人皆赖耕牧为活。是壁亦不易坚，而野亦不可清也。夫明知人以向化而来，而我以畏事而止，且反致寇，甚无谓也。其众涉远历久，力甚疲矣。视其之死而惜费弗救，仁人君子所不忍为，况体天御世之大君乎？发帑出畜，力为优恤，则已命司事之臣（土尔扈特部众，长途疲顿冻馁，几不能自存。因命舒赫德等分拨善地安置，仍购运牛羊粮食，以资养赡；置办衣裘庐帐，俾得御寒。并为筹其久远资生之计，令皆全活安居，咸获得所）。兹不赘记，记事之缘起如右。

乾隆三十六年岁在辛卯季秋月中浣御笔。

优恤土尔扈特部众记

归降、归顺之不同既明，则归顺、归降之甲乙可定。盖战而胜人，不如不战而胜人之为尽美也。降而来归，不如顺而来归之为尽善也。然则归顺者较归降者之宜优恤，不亦宜乎？土尔扈特归顺原委，已见前记，兹记所以优恤之者。

方甚渡额济勒而来也，户凡三万三千有奇，口十六万九千有奇。其至伊犁者，仅以半计。夫此远人向化，携孥挈属而徙，其意甚诚，而其跕危求息，状亦甚惫。既抚而纳之，苟弗为之赡其生，犹弗纳也。赡之而弗为之计长久，犹弗赡也。故自闻其来，及其始至，以迫于今，惟此七万余众，冻馁尪瘠之形，时悬于目而恻于心。凡宵旰所究图，邮函所咨访，无暇无辍，乃得悉其大要。于是为之口给以食，人授之衣，分地安居，使就米谷而资耕牧，则以属之伊犁将军舒赫德，出我牧群之孳息，驱往供馈，则以属之张家口都统常青，发帑运茶，市羊及裘，则以属之陕甘总督吴达善；而嘉峪关外董视经理，则以属之西安巡抚文绶。惟时诸臣，以次驰牍入告于伊犁塔尔巴哈台之察哈尔厄鲁特。凡市得马牛羊九万五千五百，其自达里冈爱商都达布逊牧群运往者，又十有四万，而哈密辟展所市之三万不与焉。拨官茶二万余封，出屯庾采麦四万一千余石，而初至伊犁赈赡之茶米不与焉。甘肃边内外暨回部诸城，购羊裘五万一千余袭，布六万一千余匹，棉五万九千余斤，毡庐四百余具，而给库贮之毡棉衣什布幅不与焉。计诸用帑银二十万两，而赏贷路赀及宴次赉予不与焉。其台吉渥巴锡等之入觐者，乘传给饩而来，至则锡封爵（封渥巴锡为卓里克图汗，策伯克多尔济为布延图亲王，舍楞为弼里克图郡王，功格为图萨图贝勒，默们图为济尔噶尔贝勒，沙喇扣肯为乌察拉尔图贝子，叶勒木丕尔为阿穆尔灵贵贝子，德尔德什达木拜扎尔桑为头等台吉，恳泽为四等台吉。其未至之巴木巴尔，亦封为郡王。旺丹布腾封为贝子，拜济呼封为公，余封台吉等秩有差）。备恩礼（各赐鞍马囊鞬黄褂，并赐渥巴锡、策伯克多尔济黄辔。舍楞、功格、默们图，沙拉扣肯紫辔，其汗王皆赐三眼翎；贝勒、贝子双眼翎；余皆花翎。并视其爵秩，锡以章服）。其往也，复虑其身之生，不宜内地气候（蒙古以已出痘为熟身，未出痘为生身，其生身者多畏染内地气候出痘），则命由边外各台，历巴里坤以行。而迎及送，并遣大臣侍卫等护视之，用以柔怀远人，俾毋致失所。或有以为优恤太甚者，盖意出于鄙吝，未习闻国家成宪，毋惑乎其见之隘也。昔我皇祖圣祖仁皇帝时，喀尔喀、土谢图汗等，为厄鲁特所残破，率全部十万众来归，皇祖矜其穷阨，命尚书阿喇尼等往抚之。发归化城，张家、独石二口仓储，以振其乏，且足其食。又敕内大臣费扬古、明珠等，赍白金茶布以给其用，采买牲畜以资其生，遂皆安居得所。循法度，乐修养。迄今八十余年（喀尔喀众，以康熙二十七年来归）。畜牧日以蕃，生殖日以盛。乐乐利利，殷阜十倍于初。其汗王台吉等，世廷爵禄，恪守藩卫，一如内扎萨克之效臣仆，长子孙莫不感戴圣祖德泽及人之深，得以长享升平福也。朕惟体皇祖之心为心，法皇祖之事为事。惟兹土尔扈特之来，其穷阨殆无异曩时之喀尔喀，故所以为之筹画无弗详，赒惠无少靳，优而恤之，且计长久。庸讵知谋之劳而费之钜乎？冀兹土尔扈特之众，亦能如喀尔喀之安居循法，勤畜牧，务生殖，勿替厥志。则其世延爵禄，长享升平之福，又何以异于今之喀尔喀哉？用是胪举大凡，勒石热河及伊犁，俾土尔扈特汗王部众，咸识朕意，且以诏自今以往我诸臣之董其事者。

乾隆三十六年岁在辛卯季秋月中浣御笔。

千佛阁碑记

岁庚寅，为朕周甲庆辰。预期敕禁中外，勿蹈弥文，结坛赞呗，过事颂扬。而蒙古王、贝勒、贝子、公、台吉等，同声吁言，愿进无量寿佛，用介洪延。以其循本俗揭衷虔也，则命于避暑山庄北冈，就所建布达拉庙西台，庋千佛阁，为崇奉焉。所司告葳事，乃胪其实以为之记，曰：

山庄者，我皇祖圣祖仁皇帝，宠嘉群藩，岁岁行边展觐，燕赉频繁。而朕勤思绍闻，惟此锡类联情，眷然顾省弗谖者也。

自乙亥己卯间，新疆各部内属者大至，以时缔创名兰，表镇抚而资宣慰。今之榜颜为"普宁"，为"安远"，为"普乐"者，皆是也。国家当景员式廓，远届冰天火州，尔公尔侯既已连珂珮辑琛球矣。然而笃念旧隶，自我祖宗朝以来，分翰屏，永苗裔，阅百数十年不替，是则群藩所以致忠爱于上，与上所以阅褒答于下者，又乌庸以靳而寔哉？且曩者康熙癸巳，尔群藩叩祝皇祖六旬万寿，请构溥仁一寺，得荷皇祖谕旨，跂望犹岿然也。以揆兹举，则费自廉而谊逾美数典者，不綦趫欤？

夫布达喇即补陀洛伽，盖仿大士道场胜迹为之。维蒙古教，禀大慈以云选佛，莫于是宜，内典尝言：小千、中千、大千、三千之境，具有释迦化现所造。而无量寿经，推言亿万亿劫中，有亿万亿佛，各各自立名号。又究言合其智慧为一智慧，因知寿命无极。试溯恒河流沙，一沙一佛，奚啻千佛？而以沙数无算佛证之，本自一佛。有若印千潭之月，千月一影，燃千枝之灯，千灯一光，正复无二无别。矧因陀罗秉南面，权用一心，应种种心，无有方所，而一心如然不迁者？惟此锡类联情，眷然顾省弗谖。譬指觉岸，渡大愿船，祇薪情器世界，一切有生，汇无央数劫，共臻大年。然则之阁也，匪直集人天善信；合十恭敬，哆语森罗而深靓也。曰罡宗乘也，绥遐听也，昭国庆也，联众情也。夫是以文其碑，而众斯信也。

乾隆三十五年岁在庚寅仲秋月之吉御笔。

高宗殊像寺落成瞻礼即事成什（有序）

五台山，为文殊师利道场，梵语谓之曼殊师利，山麓有寺曰"殊像"，传是文殊示现处。妙相端严，瞻仰生敬。

辛巳春，奉圣母幸五台祝厘，瓣香顶礼，默识其像以归。既归，摹勒诸石。遂乃构寺于香山，肖碑模而像设之，额曰："宝相"。兹于山庄普陀宗乘庙西，营构兰若，庄校金容，一如"香山"之制，而殿堂楼阁略仿五台山，亦名以"殊像"，从其朔也。夫佛法无分，别见清凉。五峰固文殊初地，香山塞山，非彼非此，矧以竺乾视之，固同为震旦中菩萨示现之境乎？是则阐宗风，延曼寿，功德利益，又皆一合相之，推广平等者也。工始于乾隆甲午夏，逾年落成。以诗代颂，并志缘起如右：

殊像全规台庙模，撰辰庆落礼曼殊（曼殊师利梵帙读作平声，其音近"满珠"，故西域达赖喇嘛等进丹书，借称曼殊师利大皇帝。今俗讹"满珠"为"满洲"，非也）。金经蒙古犹常有，宝帙皇朝可独无？（佛经本出厄讷特诃克，是为梵帙，一译而为唐古特之番，再译而为震旦之汉。其蒙古经，则康熙及乾隆年间陆续译成者。朕以当我朝全盛之时，不可无国书之佛经，因命开馆译定）译以国书宣白业，习之修土塑浮图（是寺喇嘛皆令清字，经即阐曼殊师利之义）。虽然名实期相称，师利应嗤谓是乎？

须弥福寿之庙碑记

黄教之兴，以宗哈巴为鼻祖。有二大弟子：一曰根敦珠巴，八转世而为今达赖喇嘛；一曰凯珠布格埒克巴勒藏，六转世而为今班禅额尔德尼喇嘛。是二喇嘛，盖递相为师，以阐宗风，而兴梵教。则今之班禅额尔德尼喇嘛，实达赖喇嘛之师也。达赖喇嘛居布达拉，译华言为普陀宗乘之庙。班禅额尔德尼居扎什伦布，译华言为须弥福寿之庙。是前卫、后藏所由分也。

辛卯年，曾建普陀宗乘之庙于避暑山庄之北山，以祝厘也，亦以土尔扈特归顺也。今之建须弥福寿之庙于普陀宗乘之左冈者，则以班禅额尔德尼欲来觐，而肖其所居，以资安禅。且遵我世祖章皇帝建北黄寺于京师，以居第五达赖喇嘛之例也。然昔达赖喇嘛之来，实以敦请。兹班禅额尔德尼之来觐，则不因招致而出于喇嘛之自愿来京，以观华夏之振兴黄教，抚育群生，海宇清宴，民物敉宁之景象。适值朕七旬初度之年，并为庆祝之举也，夫朕七旬不欲为庆贺繁文，已预颁谕旨。而兹喇嘛之来，则有不宜阻者，盖国家百余年升平累洽，中外一家。自昔达赖喇嘛之来，至今亦百余年矣。且昔为开创之初。如喀尔喀，厄鲁特，尚有梗化者。今则重熙休和，喀尔喀久为世臣，厄鲁特亦无不归顺。而一闻班禅额尔德尼之来，其欢欣舞蹈，欲执役供奉，出于至诚，有不待教而然者。则此须弥福寿之庙之建，上以扬历代致治保邦之谟烈，下以答列藩倾心向化之悃忱，庸可已乎？既为记，复作赞言：

印度既迥遥，佛教亦式微。梵僧舍天竺，多临卫藏地。

自唐代已然，是为法源处。一译犹云近，三乘无舛讹。

宗乘向东昌，诚如佛所记。卫藏虽徼外，实在震旦中。

达赖及班禅，宗喀巴高弟。前后燃智灯，三车之纲领。

真文与满字，于是溯轨躅。蒙古众林林，莫不倾心向。

皈依三宝门，神道易设教。兹闻班禅来，如婴儿遇母。

观化阐宗风，诚为吉祥事。布达拉既建，伦布不可少。

择向兴工作，亦以不日成。都纲及寝室，一如后藏式。

金瓦映日辉，玉幢扬风舞。自成动静偈，朗标色空喻。

以是善因缘，资无碍法喜。祝釐犹其小，所欣象教宏。

举似西域居，无来亦无去。上人演法轮，蠢蠢普超度。

佐我无为治，雨顺与风调。众生登寿世，慧炬永光明。

合十作赞言，初非为一己。如悬大圆镜，遍照于十方。

而镜本无心，回向亦如是。

乾隆四十五年岁在庚子夏六月上浣御笔。

文津阁记

辑四库全书，分为三类，一刊刻，一抄录，一祗存书目。其刊刻者，以便于行世。用武英殿聚珍版刷印，但边幅颇小。爰依永乐大典之例，概行抄录正本，备天禄之储，都为四部：一以贮紫禁之文渊阁，一以贮盛京兴王之地，一以贮御园之文源阁，一以贮避暑山庄，则此文津阁之所以作也。

盖渊原即源也。有源必有流，支派于是乎分焉。欲从支派寻流以溯其源，必先在乎知其津。弗知津，则蹉迷途而失正路。断港之讥有弗免矣。故析木之次丽乎天龙门之名标乎地。是知津为要也。而刘勰所云：道象之妙，非言不津，言津之妙，非学不传者，实亦先得我心之所同。然夫山庄居塞外伊古荒略之地，而今则闾阎日富，礼乐日兴。益兹文津之阁，贮以四库之书。地灵境胜，较之司马迁所云名山之藏，岂啻霄壤之分也哉。

乾隆三十九年岁在甲午孟冬月吉御笔。

避暑山庄后序

我皇祖于辛卯年，成此避暑山庄三十六景。绘图赋什，为序以行之。而余适生于是年，此中因缘，不可思议。即位后，于辛酉年始为巡狩之举。至山庄，徘徊思慕，因敬依元韵以志景仰。甲戌年又增赋三十六景。盖以皇祖昔曾题额而未经入图，及余游览至，随时题额补定者，总弗出皇祖旧定之范围。故永恬居之诗曰："已是洞天传玉简，得教福地续琅书。"永恬居即皇祖御书也。

御序至矣尽矣，兹后序何为而作？盖予之生年既同山庄，而予之侍皇祖适以壬寅，而今岁又恰当壬寅。六十余年蕴于深衷者，不可以不明白宣示，以自戒己者，戒我后人耳。

夫居此山庄，日凛敬天法祖，勤政惠民，柔远宁迩，诸大端，见之诗文者，不知凡几。何尚有未宣之深衷乎？无而谓有，是欺己，有而弗宣，是欺人。我皇祖建此山庄，所以诘戎绥遐，崇朴爱物之义，见于御制序中，意深远也。是以皇考十三年之间，虽未举行此典，常面谕曰："予之不往避暑山庄及木兰行围者，盖因日不暇给，而性好逸恶杀生，是予之过。后世子孙，当遵皇考所行，习武木兰，毋忘家法。"煌煌圣训，予与和亲王及尔时军机大臣实共闻之，而今皆无其人矣。予如不言，后更无知皇考圣意者。

又数年来，日涉成趣，于向所定景外，不无建置。如创得斋，戒得堂之类，不下二十处，既见之昨岁知过之论矣。而予之意犹有未尽者，亦不可不宣示后人也。盖汉唐以来，离宫别苑，何代无之？然不过费人财，逞己欲。其甚者乃至破国亡家，是可戒，无足法也。若今之山庄，乃在关塞之外，义重习武，不重崇文；而今则升府立学，骎骎乎崇文矣。然杜甫所云"将军不好武，稚子总能文"之句，予常驳之，以为各有其地其职也。设众人遂以此为美，亦美中之不足矣。又扈跸之众，历数月于役，采薇出车，古人所以恤下，此亦不可不念。俾人知其所系者大，且时加惠赐焉，则劳而不怨。若图己乐而忘人苦，亦非仁人之所为也。若夫崇山峻岭，水态林姿，鹤鹿之游，鸢鱼之乐，加之岩斋溪阁，芳草古木。物有天然之趣，人忘尘世之怀，较之汉唐离宫别苑，有过之无不及也。若耽此而忘一切，则予之所为膻芗山庄者，是陷阱，而予为得罪祖宗之人矣。

此意蓄之久而不忍言，今老矣，终不可不言，故书之，既以自戒，仍敬告我后人。若后人而忘予此言，则与国休戚相关之大臣，以及骨鲠忠直之言官，执予此言以谏之可也。设谏而不从，或且罪之者，则是天不佑我国家，朕亦无如之何也已矣。

乾隆四十七年岁在壬寅孟秋月下浣御笔。

避暑山庄百韵诗（有序）

我皇祖建此山庄于塞外，非为一己之豫游，盖贻万世之缔构也，国家承天命，抚有中外，于古未有之地，尽入版图，未服之国尽受封爵。而四十八旗诸部落，屏蔽塞外，恭顺有加。每岁入朝，锡赉燕飨，厥有常典。但其人有未出痘者，以进塞为惧。延颈举踵，以望六御之临。观光钦德之念，有同然也。

我皇祖俯从其愿，岁避暑于此。鳞集仰流而来者，无不满忘以归。且也，三代以上无论矣，三代以下，享国最久者莫如汉、唐、宋、明。然四姓皆一再世而变乱生焉。是岂天心之怠眷，亦人事之偷惰实致之。

我皇祖有鉴于此，故自三逆底定之后，即不敢以逸豫为念。巡狩之典，或一岁而二、三举行，耗财劳众之论，夫岂不虑？然而凛天戒，鉴前车，察民瘼，备边防，合内外之心，成巩固之业。习劳苦之役，惩晏安之怀，所全者大，则其小者有不必恤矣。使诚以游冶是尚，即深居九重，厌见百辟，恣声色，怠政事，谁其禁之？而必往来沙塞，风尘有所不避，饮食或致不时，以是为乐，固未见其乐也。

予小子，自十二岁，蒙皇祖恩，养育宫中，侍奉左右，扈跸至此。亲见皇祖高年须白，允宜颐养，尚且日理万机，暇则较射习网，阅马合围。虽天行之健，自强不息，亦圣度之恢，与时偕行也。故继序以来，敬惟昔日时巡之意，更值四方宁谧之时，实不敢文恬武嬉，以隳圣祖之家法。而每驻跸山庄，羹墙之见，云日之瞻，恻然有不能自已者，敬成百韵，略识皇祖卷阿之遗志，并申孙臣孺慕之悃诚，云尔。

乾隆御制并书。

附避暑山庄百韵诗

开国超三代，承天抚八陲。鸿功常有赫，厚贶本无私。

于古亶腾迈，而今被皞熙。显承三圣绪，底奠万年基。

滇海销兵静，王庭纳币驰。玉关闲戍垒，银渤息鲸鳍。
以守还无创，居安不忘危。时巡曾见舜，即辟讵惟岐。
胜境山灵秘，昌时造物贻。来游频可托，经始乃于兹。
土木原非亟，山川已献奇。制犹尊土砌，巧不尚雕楣。
披薜慈颜预，挥毫天藻摛。劭农咨宝穑，勤政饬鸠司。
鸟兽归咸若，天乔总蔚而。贤王诚爱戴，好爵岂羁縻。
内外一家合，休和百世禅。六龙天浩浩，四牡岁骙骙。
颐养精神健，畴咨经纬施。故知非适已，实以蕴深思。
况匪牟耕地，何曾费帑资。给支需内府，结构宛兰锜。
卓立峰名磬，横拖岭号狮。滦河钟坎秀，单泽擅坤夷。
缭堵依岩迥，周庐写月规。陂原量远近，列表度参差。
宛似天城设，无烦班匠治。就山为杰阁，引水作神池。
允矣俭斯称，佳哉奢岂为。景标三十六，章缀画图诗。
次第聊申咏，规模略可窥。烟波欣致爽，景物首应推。
芝径逶迤接，云堤左右歧。延清三伏日，解愠五弦丝。
岩秀原增寿，水芳可谢医。择宜开牖宇，摄静适襟期。
万壑松风奏，千秋画幛披。清温维色养，清越合神怡。
胜地临平野，高楼纳远思。云岚西面幪，斗室几楹宜。
北枕峦凌汉，西瞻霞艳曦。锤峰长矗矗，雪岫更巍巍。
碧月白梨院，红荷绿水湄。风泉清听满，濠濮素心随。
日监钦天绛，云窗俯玉墀。层霄宛可接，琼宇畅无涯。
暖溜蒸灵液，暄波漾浅漪。心神堪澡雪，兴会益淋漓。
石壁泉源邃，青枫绿屿蕤。戴颙听偶慕，周子爱堪师。
花以金名贵，根从佛地移。飞流频咏李，天乐不须夔。
月舫浮芳沼，云帆挂翠巘。临流弄竿线，俯水鉴须眉。
绕石鸣琴筑，澄波叠锦綦。熊飞宁待梦，鱼乐或能知。
镜水风微绉，披来若渺弥。云岑态多幻，望去忽嵚崎。
夹镜湖光汇，长虹练影敧。甫田多瑞穀，丛樾出乔枝。
流水心无览，闲云意与迟。三山依约在，四序始终之。
大块文成绘，圣人情见辞。嘉兹仙境扩，致彼物华滋。
陇麦双歧挺，町禾九穗累。实坚还实好，维秬亦维秠。
瓜圃青丸缀，蔬畦紫茢垂。珠樱春烂烂，玉李夏离离。
恍睹豳风象，奚妨文囿遗。绥丰愿寰宇，祈岁肃黄祇。
绿野觇膏厚，单椒丰草弥。腮暄衮书带，石古长兔茨。
杜若芳緌蔚，江蓠态郁漪。信堪蕃垧牧，便以试纤骊。
骍骆骊骚骓，骓駓騂骄骐。色分披锦段，群别待金羁。

冠木惟松柏，丛生有杞机。丹枫将翠橡，堤柳更庭椅。

为悦长林茂，爰来野兽祈。跳腾推赤豹，雄健独黄熊。

仙有书牌鹿，官无入泽麋。惟应育麟凤，岂许匿狐狸。

羽客青田种，文禽丹岫姿。书空成篆籀，刷羽接罘罳。

每月鲦鲦丽，何劳鹬蚌持。美兼丙穴鲤，品夺富春鲥。

凡此嘉生富，要归茂对时。几曾夸豫大，弥复廑寒饥。

经国留规范，筹边肇保厘。每来憎惕息，言念重吁哦？

岁月何云速，思勤不可追。省方频驻跸，触景忆含饴。

圣日常悬照，秋风转益悲。天施诚浩荡，神器重肩仔。

敢复图休逸，惟期矢敬寅。外安先内抚，夕访并朝咨。

天运钦调幕，人情畏举綦。古今垂炯鉴，书史足元龟。

遗烈毋忘祖，扬休祗愧台。缵承奕禩勉，福履万年绥。

附录8　热河十景

热河十景是指避暑山庄和承德的山水而言。传清乾隆时期，集承德附近之形胜，包括热河避暑山庄和附近秀丽之山川，为《热河十大景》诗，广泛流传于群众之中。《热河十大景》诗的内容是：

> 避暑山庄景最奇，风摩岭上望东睨。
> 罗汉山高人尽见，磬锤峰大话非虚。
> 蛤蟆巨石向南卧，德汇门前淌热溪。
> 鸡冠挂月三千丈，僧帽连云数百余。
> 朝阳双塔藏仙子，元宝穴内长灵芝。

这首俗体诗，句子在流传上并不一致，次序的排列上也有出入。如"德汇门前淌热溪"一句，在流传上也有放在全诗的最后；"蛤蟆巨石向南卧"流传中也有"蛤蟆石儿向南卧"的，"风摩岭"或云"风云岭"的。在当地的土产楠木作八景棹子中的八景，最多见的是磬锤峰、蛤蟆石、天桥山、鸡冠山、僧帽山、双塔山、元宝山、罗汉山，间或有朝阳洞或德汇门的。以其中八座奇峰异石作为承德名山的代表，蔚然成为承德一大奇观。

这些名山的分布自北而南为黑山、金山、磬锤峰、朝阳洞，天桥山、蛤蟆石，东南有罗汉山、僧冠帽山、鸡冠山（五指山），西面有仁岭，元宝山、双塔山。从热河岭（广仁岭）遥望这些奇峰异石，云排星拱，如带如城，像屏障一样把承德市环围在中间。总名之为热河名山。在承德市滦河以北的山脉有兴安大岭余脉七老图山，承德市的滦河以南进入燕山山地。这些奇峰异石多从市北黑山、金山发脉逶迤而来，山势变化奇特，因形而异。有则陡峭如削，有则层峦叠翠，山林溪涧，杂错其间，清流萦绕，百态千姿，与避暑山庄、外八庙和滦河、武烈河水交相辉映，构成塞苑四周的奇观。清代文人形容承德是"千山环紫塞，一水护丹青"。也确是妙笔丹青所不能尽。这里的山川形胜，雄伟奇秀，和江南苏杭一带幽曲回幔的山势不同，体现出塞外壮丽山河的情景。

一　罗汉山

位于市区东部，武烈河左岸的层峦障叠之处。中峰如一僧结跏趺坐，袒腹面西，下又有一小罗汉，东端一峰如僧人披袈伫立，姿态生动，名之曰罗汉峰。

二　磬锤峰

在武烈河左岸，避暑山庄之东五里处的层峦之上，孤峰云举，形制绝奇，如一倒置棒槌，所以后人又称其为棒槌山（图版147）。高约70米，峰北中上部有古桑一株，是目前桑树科保存下来最古老的桑树之一，在磬锤下北部有石台，长可数十米，东北有石级可达。在东面断崖处，有清代摩崖造像，为半浮雕式的藏式佛像。

磬锤峰在北魏时期就已见于记载了，郦道元《水经注》称其为"石挺"，谓："挺在层峦之上，孤石云举，临崖危峻。"伺后，由于其造型奇特，一直为人们所熟知和注意。根据《钦定热河志》记载，磬锤峰之下原有石幢一座，上镌"户𣲘润吊乙"五字，户为户字，乙为武后日字，内容颇弗解。磬锤峰在清人游戏记中还有名之为琵琶峰的，形容其"一石如琵琶，倒插山尖，一方石如盆盛之，土人呼为棒槌山，为易其名曰，琵琶峰其地"①。磬锤峰是康熙命名的。在避暑山庄康熙三十六景中有锤峰落照亭，是东与磬锤峰直对的一组对景，衬托了山庄的绮丽景色。

三　蛤蟆石

位于磬锤峰东南，二峰南北相对，中间山势延绵，沟谷相隔（图版148）。石远观如一扑伏之青蛙，头南，腹间石窦相通。并可攀登峰顶眺望山庄景色。

四　天桥山

在市东北方群峰之巅，站在热河岭即广仁岭上东望，天桥山如拱如桥，如紫色云带，高林天边，缥缈于云际之端，这就是著名的天桥山了。

天桥山距市内约三十里，是由自然岩石经风化而成，在长带形的巨石中有一圆形透孔，远观似一桥飞架南北，与锤峰争相斗翠蔚为奇观。

五　朝阳洞

朝阳洞位于市东三十五里，在层峦隐约的深处，山势为呈东南至西北走向耸入云际的高峰，西面山崖中部有石阶可登，中串一洞，如长廊可东贯通。东面为一高约数十丈之绝壁，崖面于壁立处凹入，如一石棚，内修殿堂四、五间，朱梁画栋，神采灿然，远观如云中巨阁，缥缈仙迹。洞内长廊十余丈，两侧筑坛座，石雕各式彩塑罗汉像。东面正殿奉菩萨像和关圣帝君等。在殿堂东南一角的绝壁之上，建有僧舍，洞顶罅滴水，供僧人饮用。洞东北有明万历年间石碑一通，记载洞府开辟之经过。今洞内建筑、佛像、碑碣已经毁坏。

由于朝阳洞地处偏僻，游戏人足迹罕到，其自然风貌，仍十分引人入胜。附近山石叠翠，古木耸笼，溪水凛洌，野花斗艳，浓郁袭人，仍不失其为游览胜境。

六　鸡冠山

鸡冠山在市东二十五里，形似雄鸡的冠部，高挂天边，所以有"鸡冠挂月三千丈"之绝句，高出附近众峰，海拔高约851米。又从近观似人之五指并立，在历史上又有五指山之称。五指山至少在元代就见于记载了，在山之南坡有元至元二十四年《五指山大灵峰禅寺大轮禅师碑》，记载了这里元时

---

① 汪灏：《随銮纪恩》，《小方壶斋舆地丛钞》。

曾建灵峰禅寺之经过。传寺院基址尚存，为附近形胜之一。

七　僧冠帽山

僧冠帽山，在承德正南。侧观如一僧帽，所以又名之曰僧冠帽山。海拔 593 米，是承德市的制高点之一。每当阴雨延绵，僧帽山云气凝结，峰顶隐约于云烟缥缈之中，别有情趣。

八　双塔山

双塔山在市西二十五里，滦河左岸的山巅之上，两峰相伫而立，拔地依天，高度相差无几，远从滦河西岸数十里外即可望见。由于二山形又酷似男女二头像，所以又名为"双头山"（彩版 46）。

双塔山是从喀喇河屯入承德市内的必经之路，所以清代文人对双塔山有着较多的描述。汪灏在《随銮纪恩》中说："其中一石连透三罅，上如目，中如星，下如圭窦；另一石稍瘦，若老人旁立，石上又冠一小峰，缥缈欲动。"纪晓岚《滦河消夏录续录》记载，乾隆五十五年"命守吏构木为梯，遣人登视，一峰顶周围一百六步，上有小屋，屋中一几一香炉，中供片石，镌'王先生'三字，上种韭二畦"，又乾隆四十七年，某夜雷雨，从山顶坠下粗石一片，其一面略似佛形。后供于茶棚关帝庙中。

根据 1952 年笔者实地调查，双塔山大者顶部小屋乃一砖塔，塔作方形，密檐，时代为辽。从山顶落下的大量属于辽代布纹瓦和捺纹（直勾）砖均属辽代风格可证。现存一层塔身，二层以上全部颓废。其形制和朝阳凤凰山大塔，朝阳城内南塔、北塔之形制相同。方塔是辽代塔中的较早形制，仿唐。双塔山顶之小方塔也应是辽代早期建筑无疑。

九　元宝山

元宝山，在双塔山之东南，距承德市内约十五里。形如长方枕形，在山巅壁立突起，清代文人有称其为"象山"者。山下有石洞，四壁陡峭，无处可攀，是与双塔山东西相对的名胜之一。所谓"元宝山上长灵芝"是指山顶部凹下之处而言。

后 记

中国历史文化名城系列之《承德文物考古志略》，是一部全面记述和研究承德市及其属县文物与考古的综合性学术著作。作为"志略"就已说明，还有许多言而未尽之处并未录入。

本书的出版，承蒙河北省文物局张立方局长、河北省文物研究所李耀光所长，特别是承德市文物局原局长杜江，在对承德市及各县的文物考古调查与发掘工作中，给予的大力支持，得以使本书的编写工作顺利完成，作者表示衷心感谢。

本书文字作者为郑绍宗，插图制作、图版拍摄、历史图片搜集和有关文字说明的编写，由郑立新协助完成。

由于作者年事已高，无法再到承德对文物考古情况一一核对，一些新的发现更无法记述，书中如有不当或不足之处，敬请读者提出宝贵意见并不吝赐教。

郑绍宗

2017 年 12 月

图版

图版 1. "亚微"铜鼎（丰宁出土）

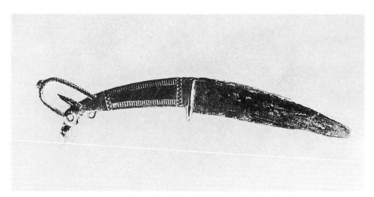
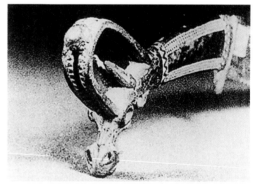

图版 2. 鹿首铜弯刀（青龙抄道沟出土）

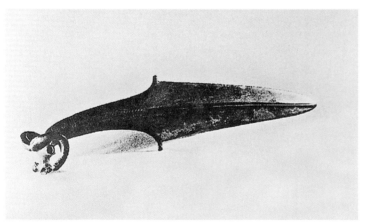

图版 3. 羊首曲刃铜剑（青龙抄道沟出土）

图版 4. 莲瓣盖铜壶（承德县头沟瓦房出土）

图版 5. 错银云纹铜镈（承德县头沟瓦房出土）

图版 6. 石砚和研石（承德县头沟瓦房出土）

图版 7. 铜戈（承德县头沟瓦房出土）

图版 8. 契丹文金、银牌（承德县深水河出土）

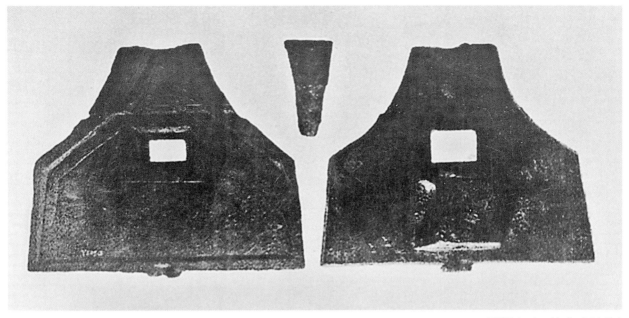

图版 9-1. 铁范（锄范）
（兴隆大付将沟出土）

图版 9-2. 铁范（斧范）
（兴隆大付将沟出土）

图版 10. 秦始皇二十六年诏铁权（围场县小锥山出土）

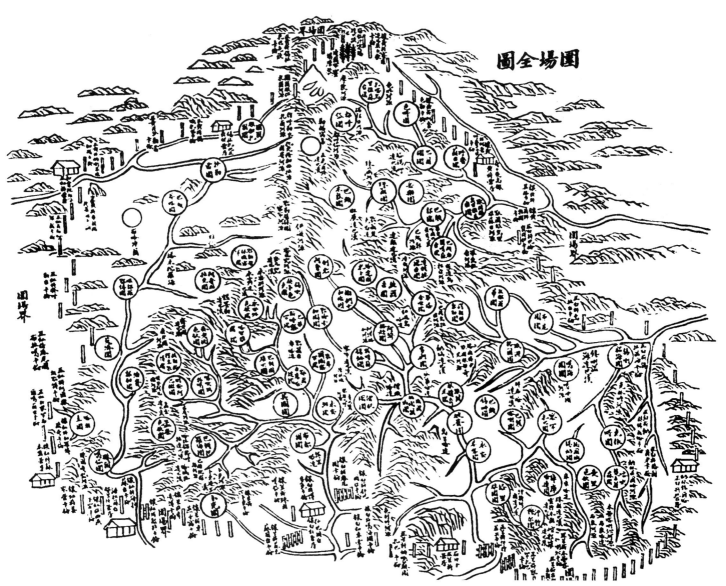

图版 11. 清代木兰围场全图

图版 12. 木兰围场东庙宫正门（1976 年）

图版 13. 乾隆《入崖口有作》碑（1978 年）

图版 14. 嘉庆《木兰记》碑（1973 年）

图版 15. 乾隆《古长城说》碑（1976 年）

图版 16. 木兰围场红山将军泡子乌兰布通（1976 年）

图版 17. 多伦汇宗寺（1977 年）

图版 22. 正宫宫门（外午门）（1980 年）

图版 23. 正宫内午门"避暑山庄"
匾额（1980 年）

图版 24. 正宫内午门前之铜狮子（1980 年）

图版 25. 澹泊敬诚殿（正宫楠木殿）前东方亭（1980 年）

图版 26. 澹泊敬诚殿（热河行宫正殿）（1980 年）

图版 27. 依清旷殿（四知书屋）（1980 年）

图版 28. 正宫十九间房（1980 年）

图版 29. 十九间房长廊（1980 年）

图版 30. 烟波致爽殿（1980 年）

图版 31. 云山胜地楼（1980 年）

图版 32. 岫云门外玉麟坡（1980 年）

图版 33. 望鹿亭（1980 年）

图版 34. 松鹤斋（1980 年）

图版 35. 德汇门（1980 年）

图版 36. 清音阁（1933 年）

图版 37. 卷阿胜境殿（1980 年）

图版 38. 万壑松风殿（1980 年）

图版 39. 万壑松风殿长廊（1980 年）

图版 40. 万壑松风桥（1980 年）

图版 41. 万壑松风北望如意洲（1980 年）

图版 42. 水心榭（摄于 1919 年前，当时榭东大部分建筑仍保存）

图版 43. 水心榭（1978 年）

图版 44. 水心榭中亭（1980 年）

图版 45. 东湖水心榭荷塘（1978 年）

图版 46. 牣鱼亭（1980 年）

图版 47. 文园狮子林假山遗址（1980 年）

图版 48. 月色江声和芝径云堤（1980 年）

图版 49. 月色江声（1919 年前）

图版 50. 月色江声和冷香亭远景（1978 年）

图版 51. 月色江声门殿（1980 年）

图版 52. 静寄山房（1980 年）

图版 53. 莹心堂（1980 年）

图版 54. 湖山罨画（1980 年）

图版 55. 冷香亭（1980 年）

图版 56. 采菱渡（1980 年）

图版 57. 采菱渡亭（1980 年）

图版 58. 无暑清凉（1993 年）

图版 59. 延薰山馆（1980 年）

图版 60. 延薰山馆匾额（1980 年）

图版 61. 观莲所（1980 年）

图版 62. 水芳岩秀（乐寿堂）（1980 年）

图版 68. 一片云楼南侧面
（1980 年）

图版 69. 烟雨楼（北面）（1919 年）

图版 70. 烟雨楼门殿（1978 年）

图版 71. 烟雨楼匾额（1978 年）

图版 72. 烟雨楼（1978 年）

图版 73. 烟雨楼假山及翼亭
（1980 年）

图版 74. 金山、天宇咸畅、镜水云岑（1919 年）

图版 75. 金山及建筑遗迹（1933 年前后）

图版 76. 复建后之天宇咸畅、镜水云岑（1980 年）

图版 77. 天宇咸畅（金山亭）（1980 年）

图版 78. 镜水云岑长廊（1980 年）

图版 79. 热河泉（1980 年）

图版 80. 甫田丛樾（1980 年）

图版 81. 莺啭乔木（1980 年）

图版 82. 濠濮间想（1980 年）

图版 83. 水流云在（1980 年）

图版 84. 绿毯八韵碑（1980 年）

图版 85. 万树园及永佑寺（1919 年前）

图版 86. 文津阁全景（全面修复前）（1980 年）

图版 87. 文津阁（1980 年）

图版 88. 广元宫建筑旧貌（1933 年前后）

图版 89. 梨花伴月（1933 年前后）

图版 90. 珠源寺（1919 年前）

图版 91. 珠源寺山门（1980 年）

图版 92. 珠源寺宗镜阁（铜殿）（1933 年前后）

图版 93. 珠源寺石幢竿座（1980 年）

图版 94. 普宁寺（大佛寺）（1919 年前）

图版 95. 普宁寺（大佛寺）（1953 年）

图版 96. 普宁寺（大佛寺）全景（1980 年）

图版 97. 普宁寺天王殿（1980 年）

图版 98. 普宁寺大碑亭（1980 年）

图版99. 普宁寺钟楼（1980年）

图版100. 普宁寺大雄宝殿（1980年）

图版101. 普宁寺三角殿（1980年）

图版102. 普宁寺大乘之阁（1980年）

图版 103. 普宁寺大佛像侍者（善财像）（1980 年）

图版 104. 普宁寺千手千眼观世音菩萨像头部（1980 年）

图版 105. 普宁寺大乘之阁东配殿（日光殿）（1980 年）

图版 106. 普宁寺大乘之阁西配殿（月光殿）（1980 年）

图版 107. 大乘之阁西重层白台（1980 年）

图版 108. 大乘之阁侧面之喇嘛塔（1980 年）

图版 109. 大乘之阁东重层白台及喇嘛塔（1980 年）

图版 110. 普宁寺大乘之阁后之财宝天王殿（1980 年）

图版 111. 普佑寺旧址（1980 年）

图版 112. 安远庙远景（1919 年）

图版 113. 普乐寺全景（1919 年）

图版 114. 普乐寺旭光阁（1982 年）

图版 115. 普乐寺正殿（宗印殿）
（1982 年）

图版 116. 普乐寺中层平台及琉璃塔
（1982 年）

图版 117. 普乐寺旭光阁藻井
（1958 年）

图版 118. 普乐寺阁藻井修复后（1982 年）

图版 119. 普陀宗乘之庙全景（1919 年）

图版 120. 普陀宗乘之庙侧视（1933 年前后）

图版 121. 普陀宗乘之庙全景（1953 年）

图版 122. 普陀宗乘之庙大碑亭（1980 年）

图版 123. 五塔门（1980 年）

图版 124. 石象生（1980 年）

图版 125. 普陀宗乘之庙琉璃牌坊（1980 年）

图版 126. 普陀宗乘之庙大红台（1980 年）

图版 127. 普陀宗乘之庙万法归一殿修复情况（1980 年）

图版 128. 普陀宗乘之庙万法归一殿鎏金瓦顶（1980 年）

图版 129. 洛伽胜境殿（1980 年）

图版 130. 权衡三界亭（修复中）（1980 年）

图版 131. 广安寺（1933 年前后）

图版 132. 殊像寺山门（1980 年）

图版 133. 殊像寺石狮（1980 年）

图版 134. 殊像寺钟楼（1980 年）

图版 135. 大殿（会乘殿）（1980 年）

图版 136. 罗汉堂（1933 年前后）

图版 137. 须弥福寿之庙全景（1919 年前）

图版 138. 须弥福寿之庙（1953 年）

图版 139. 须弥福寿之庙碑亭（1980 年）

图版 140. 须弥福寿之庙琉璃牌坊及大红台（1982 年）

图版 141. 须弥福寿之庙琉璃牌坊及碑亭（1980 年）

图版 142. 石象生（1980 年）

图版 143. 妙高庄严殿鎏金瓦顶（1980 年）

图版 144. 须弥福寿庙之吉祥法喜殿（1980 年）

图版 145. 须弥福寿庙之东山门（1980 年）

图版 146. 须弥福寿庙之琉璃宝塔（1980 年）

图版 147. 磬锤峰（1982 年）

彩版1. 康熙皇帝像

彩版2. 乾隆皇帝戎装像

彩版3. 清盛避暑山庄图

彩版4．康熙皇帝亲题避暑
山庄匾额

彩版5．公元1771年避暑山
庄初具规模，清冷枚康熙
三十六景图

彩版6. 盛夏之避暑山庄（1992年）

彩版7. 避暑山庄湖区航拍照片（1993年前）

彩版8. 澹泊敬诚殿内部陈设（1993年）

彩版9. 烟波致爽殿内部陈设（1993年）

彩版10. 文园狮子林恢复前旧貌

彩版11. 文园狮子林

彩版12. 芝径云堤（1992年）

彩版13. 水芳岩秀（乐寿堂）内部陈设（1993年）

彩版14. 沧浪屿（2003年）

彩版15. 如意湖、锤峰落照（1992年）

彩版16. 芳渚临流亭（1992年）

彩版17. 双湖夹镜（1992年）

彩版18. 长虹饮练（1992年）

彩版19. 烟雨楼及翼亭（1933年）

彩版20. 热河泉东船坞（1992年）

彩版21. 苹香沜（1992年）

彩版22. 春好轩（1992年）

彩版23. 春好轩巢翠亭（1992年）

彩版24. 乾隆盛世时
万树园

彩版25. 永佑寺舍利塔及基址（1992年）

彩版26．南山积雪（1992年）

彩版27．青枫绿屿（1992年）

彩版28. 鼍画窗（1992年）

彩版29. 避暑山庄西北门（1992年）

彩版30. 避暑山庄西北门东虎皮石墙（1992年）

彩版31. 广元宫古俱亭（1992年）

彩版32. 锤峰落照（1993年）

彩版33. 绮望楼（1993年）

彩版34. 溥仁寺（1993年）

彩版35.普宁寺（大佛寺）（1933年）

彩版36.普佑寺法轮殿（1960年以前）

彩版37. 普宁寺千手千眼观世音菩萨像（1993年）

彩版38. 安远庙（修复后）（1993年）

彩版39. 普乐寺全景（1993年）

彩版40. 普陀宗乘之庙正视（1937年前后）

彩版41. 万法归一殿内藻井（1993年）

彩版42. 全面修复后之普陀宗乘之庙全景（1992年）

彩版43. 须弥福寿之庙（1992年）

彩版44. 须弥福寿之庙（1933年前后）

彩版45. 妙高庄严殿鎏金瓦脊及鎏金铜龙（1993年）

彩版46. 双塔山（1993年）